أهمية الأراضي

أهمية الأراضي

هل يفلح تحسين الحوكمة وإدارة الندرة في منع وقوع أزمة وشيكة في منطقة الشرق الأوسط وشمال أفريقيا؟

آنا كورسي وهاريس سيلود

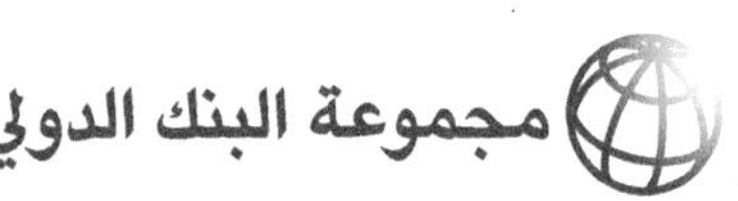

1818 H Street NW, Washington, DC 20433
هاتف: 202-473-1000؛ موقع الإنترنت: www.worldbank.org

23 24 25 26 4 3 2 1

نشر البنك الدولي هذا العمل أساسا باللغة الإنجليزية في 2023 تحت عنوان
"Land Matters: Can Better Governance and Management of Scarcity Prevent a Looming Crisis in the Middle East and North Africa?".
وفي حالة وجود أي تناقضات، تكون اللغة الأصلية هي الحاكمة.

ISBN (نسخة ورقية): 978-1-4648-1889-9
ISBN (نسخة إلكترونية): 978-1-4648-1892-9
DOI: 10.1596/978-1-4648-1889-9

صورتا الغلاف: الأعلى: بقع ري خضراء دائرية لزراعة المحاصيل في الصحراء، دبي، الإمارات العربية المتحدة.
© SkyMediaPro/Shutterstock.com. بإذن من SkyMediaPro/Shutterstock.com. ويجب الحصول على إذن آخر عند إعادة استخدامها.
الأسفل: مبانٍ جديدة في الصحراء، مصر. © Amir Elsayed/Shutterstock.com. بإذن من
Amir Elsayed/Shutterstock.com. ويجب الحصول على إذن آخر عند إعادة استخدامها.

الغلاف والتصميم الداخلي: جيهان الخوري رودرير وسيرجيو أندريس مورينو

رقم مراقبة مكتبة الكونجرس: 2023900706

المحتويات

الإطارات

الأشكال

الخرائط

الجداول

توطئة

كيف يمكن لبلدان الشرق الأوسط وشمال أفريقيا ضمان استخدام أراضيها، التي تتزايد محدوديتها، بكفاءة وإنصاف لصالح الأجيال الحالية والمقبلة؟

يجيب مؤلفا تقرير أهمية الأراضي على هذا السؤال الأساسي. وفي معرض ذلك يوضحان بالتفصيل التحديات المتعددة المرتبطة بسوء حوكمة الأراضي في المنطقة، وكذلك مخاطر ترك هذه التحديات دون حل. وتقدم هذه الدراسة، على وجه الخصوص، نظرة ثاقبة على المواقف القانونية والمجتمعية تجاه الأراضي، على نحو يسلط الضوء على العديد من قضايا التنمية المهمة الأخرى في المنطقة – سيادة القانون، وعدم المساواة بين الجنسين، والتنافسية والشفافية، ودور الدولة في إدارة الأراضي – وكيف يمكن تسخير هذه المسائل إما للنهوض بالتنمية الاجتماعية والاقتصادية أو الحد منها.

وبشكل أكثر تحديداً، تبحث هذه الدراسة من جديد الطرق التي تعاملت بها المنطقة مع إدارة الأراضي وحوكمتها. وبالاستفادة من عمل تجريبي جديد، يحدد التقرير ويقيم الطرق العديدة التي تتقاطع بها الأراضي والتنمية، لا سيما في مجالات الإنتاجية الزراعية، والتنمية الحضرية، والسلام الاجتماعي، والأمن الغذائي، والحفاظ على المياه. وفي إطار دراسة العقد المتشابكة لهذه المسائل، يضع التقرير الأراضي في صدارة الحوار المعني بالتنمية، ويشرح الصلات ويقدم لواضعي السياسات إطاراً عملياً لفهم قضايا الأراضي وتناولها. وأنا أدعو الأكاديميين وواضعي السياسات على حد سواء إلى مطالعة هذا العمل المهم بعناية.

كما يصف تقرير أهمية الأراضي الطرق التي تحد بها التحديات القانونية والمؤسسية والحوكمة الراسخة من إمكانية الحصول على الأراضي واستخدامها بكفاءة، مما يؤدي إلى تفاقم التحديات الإنمائية الأوسع نطاقاً. كما أن عدم وجود أطر قانونية ومؤسسية فعالة لحماية ملكية الأراضي وأمن حيازتها يؤدي أيضاً إلى تضخيم التفاوتات الاجتماعية في المنطقة. وعلى وجه الخصوص، كثيراً ما تحرم الثغرات التشريعية النساء من حقوقهن في الأراضي والميراث، مما يؤدي إلى فقدان الأصول التي من شأنها أن توفر الاستقرار المالي لهن ولأطفالهن عند وفاة الزوج أو أحد أقاربهن الذكور.

وحتى في مواجهة هذه التحديات، فإن تقرير أهمية الأراضي يقدم مساراً بناء للمضي قدماً. ومع ذلك، فإن طرق هذا المسار لن يكون سهلاً. يشير المؤلفان إلى نُهج شاملة تتعلق بتحسين إدارة الأراضي العامة والخاصة – نُهج تدعو إلى تعزيز دور القطاع الخاص، وتحسين التخطيط المكاني والتنمية الحضرية المدارة، ومواءمة الأطر القانونية والمؤسسية الناشئة عن عقود من التغير السياسي، على سبيل المثال لا الحصر. وتحتل الحلول الإنمائية الصدارة في هذا التقرير. ويمكن للحكومات والعاملين في مجال التنمية النظر في هذه الحلول لتحرير الأراضي من أجل تحقيق نمو مستدام وشامل للجميع. والواقع أن الوقت قد حان الآن لمناقشة الخيارات المتاحة في هذه الدراسة التي تتمتع بمصداقية البحث، خاصة أنه لم يعد هناك متسع من الوقت لمواجهة العواقب الوخيمة لتغير المناخ. وبوجه عام، فإن قضايا الأراضي تلوح في الأفق في كثير من قرارات السياسات العامة، ولكن لا يتم دائماً الاعتراف بها أو بحثها صراحة.

وعلى الرغم من أن إصلاح حوكمة الأراضي قد لا يحدث بين عشية وضحاها، فإنني مقتنع بأنه من الأهمية بمكان القضاء على الفقر المدقع وتعزيز الرخاء المشترك في منطقة الشرق الأوسط وشمال أفريقيا. ويحدوني الأمل في أن تتيح النتائج والأفكار الواردة في تقرير أهمية الأراضي زخماً جديداً للتصدي للتحديات المتعلقة بالأراضي، مع التأكيد في الوقت نفسه على أن حماية الأراضي وحقوق الملكية أمر قابل للتحقيق في جميع بلدان المنطقة. ويمثل هذا التقرير مساهمة تشتد الحاجة إليها في معالجة "مشكلة ذات شأن" لمواطني منطقة الشرق الأوسط وشمال أفريقيا.

فريد بلحاج
نائب الرئيس لشؤون منطقة الشرق الأوسط وشمال أفريقيا
البنك الدولي

شكر وتقدير

أعد هذا التقرير فريق بقيادة آنا كورسي وهاريس سيلود (المؤلفان الرئيسيان) ويضم ميريام عبابسة، وأماني أبو حرب، ومشعل الخويطر، ونجيب عياشي، وجناناراج شيلاراج، وكاليب ترافيس جونسون، ورفيق خوري، وإيفا كلاوس، وسيوبهان موراي، وكاجلار أوزدن، وخافيير بارادا، وهوجيون بارك، وسليمان سوماهورو (المساهمون الرئيسيون). وكان ذلك الفريق يعمل تحت إشراف رباح أرزقي، وروبرتا جاتي، ودانييل ليدرمان، ووائل زكوت. ومن بين المساهمين الآخرين الذين قدموا بيانات وأفكاراً للدراسة معروضة هنا: محمود الجرف، وعاصف إسلام، ومحمد ندا، وديفيد سيمز، وأرادهيا سود. وقامت منظمة ألفا الدولية بإجراء المسح التجريبي للنوع الاجتماعي والأراضي في الضفة الغربية وقطاع غزة. وقام بتمويل مسح النوع الاجتماعي والأراضي في تونس الوكالة الألمانية للتعاون الدولي في إطار برنامج بروسول (حماية وإعادة تأهيل التربة المتدهورة في تونس) تحت إشراف جيني رست وسعد الدين بن علي. ووردت أيضاً مدخلات بيانات من دائرة الأراضي والمساحة الأردنية ووزارة العدل السعودية.

وقد استفاد هذا التقرير، منذ بداية العمل فيه، من إرشادات الزملاء المراجعين، ومن بينهم جيل دورانتون، وإرينا كليتشنيكوفا، وبول بريتيتور، وفورهاد شيلبي، ومن المناقشات مع العديد من الخبراء داخل البنك الدولي وخارجه، ومن بينهم: عماد عميرة، وبشرى بلحاج حميدة، وتوفيق بنونة، ويسرا بوعزيز، ونبيل شاهرلي، وعلي داودي، وأوليفييه دوراند، وعبد الرحيم الفرايجي، وريتشارد جاينور، وريتشارد جروفر، وأليسون هارتنيت، وعدنان إبراهيم، وتيمور كوران، وجيزلين واسبا، ومحمد السوافين، وآني طومسون. وقدم كل من عصام أبو سليمان، وجعفر فريعة، وجسكو هنتشل، وساروج جاه، وآيات سليمان، وطوني فيرهيجين، وسامح وهبة، ومارينا ويس إرشادات ومساندة قيمة.

ويود الفريق أيضاً أن يشكر جميع المشاركين في الفعاليات التالية التي عرضت فيها نتائج الدراسة الأولية: سلسلة حلقات عمل مراكش، ومجموعة محاور التركيز المعنية بالأراضي، ومجموعة الحلول الجغرافية المكانية والأرضية العالمية؛ والعرض التقديمي للمؤلفَين على المديرين القُطْريِّين؛ والمشاورة الإقليمية في المؤتمر الثاني للأراضي العربية؛ ومشاورات تونس القُطْرية؛ وجلسة منتدى لتبادل الآراء في كلية الخدمة الخارجية في جامعة جورج تاون. والفريق ممتن أيضاً للمناقشات التي جرت مع موظفي الشبكة العالمية لأداة الأراضي التابعة لموئل الأمم المتحدة والتحالف الدولي للأراضي. وأخيراً، يود الفريق أن يقدم شكره الخاص للأفراد التالية أسماؤهم الذين يسروا تنظيم بعض الفعاليات أو تنشيطها: صادق العياري، وليلى تشيليفا، وأوليفييه دوراند، ومحمد علي جربوج، وأولفا ليمام، وبيرز ميريك، وأنيس موراي، وسليم روحانا، وإليونورا سيربي، وأمبريتا تيمبرا. يتقدم المؤلفون بالشكر إلى منة الله إمام موسى على مراجعة الترجمة العربية لهذا التقرير.

ويعتمد هذا التقرير على بيانات من مصادر متعددة، بما في ذلك قاعدة بيانات تقرير ممارسة أنشطة الأعمال 2020 . وقد أوقف البنك الدولي إصدار تقرير ممارسة أنشطة الأعمال في سبتمبر/أيلول 2021 بسبب بعض المخالفات التي لم تؤثر على البيانات المستخدمة في هذا التقرير.

نبذة عن المؤلفَين والمساهمين

المؤلفان

آنا كورسي أخصائية أولى في إدارة الأراضي، وصاحبة عقدين من الخبرة في مجال حيازة الأراضي والاستثمارات الإدارية، والإقراض لأغراض السياسات، والعمل التحليلي في أكثر من 20 بلداً على مستوى أمريكا اللاتينية والبحر الكاريبي، وأفريقيا جنوب الصحراء، وأوروبا وآسيا الوسطى، والشرق الأوسط وشمال أفريقيا. وقادت كورسي حوارات بشأن السياسات في كل من البلدان متوسطة الدخل والبلدان المؤهلة للاقتراض من المؤسسة الدولية للتنمية، بما في ذلك في البيئات الهشة، عندما كانت في واشنطن، وفي كولومبيا وجنوب أفريقيا. وهي تركز على تشجيع الحوكمة الرشيدة للأراضي وتقديم الخبرات ذات الصلة بالأراضي في العمليات ذات الروابط القوية بالأراضي. وقبل انضمامها إلى البنك الدولي، عملت في لجان الشؤون السياسية والبيئية التابعة للجمعية البرلمانية لمجلس أوروبا في ستراسبورج بفرنسا بشأن قضايا الإصلاح المؤسسي وحقوق الإنسان في أوروبا الشرقية. ومارست المحاماة في وقت سابق، في بولونيا بإيطاليا. وهي حاصلة على درجة الماجستير في العلاقات الدولية والدراسات البيئية من كلية الدراسات الدولية المتقدمة بجامعة جونز هوبكنز.

هاريس سيلود خبير اقتصادي أول في مجموعة بحوث التنمية التابعة للبنك الدولي. وتركز أبحاث سيلود على التنمية الحضرية، بما في ذلك القضايا المتعلقة بالنقل واستخدام الأراضي، وكذلك حيازة الأراضي وأسواق الأراضي في البلدان المنخفضة والمتوسطة الدخل. وتغطي مقالاته مجموعة متنوعة من الموضوعات في الاقتصاد الحضري والعام، وقد نُشِرَت في مجلات أكاديمية رائدة مثل المجلة الاقتصادية الأمريكية، والمجلة الاقتصادية، ومجلة الاقتصاد القياسي التطبيقي، ومجلة اقتصاديات التنمية، ومجلة الاقتصاد العام، ومجلة الاقتصاد الحضري. كما يشارك في تنظيم مؤتمر البنك الدولي السنوي لبحوث التوسع الحضري والحد من الفقر. وقد عمل في البنك الدولي أستاذاً زائراً مدعواً، وخبيراً في سياسات الأراضي منتدباً من الحكومة الفرنسية، ورئيساً لمجموعة محاور التركيز المعنية بسياسات الأراضي وإدارتها بالبنك الدولي (2011–2013). وقبل انضمامه إلى البنك الدولي عام 2007، عمل باحثاً في المعهد الوطني الفرنسي للبحوث الزراعية وأستاذاً مشاركاً في كلية باريس للاقتصاد. وهو حاصل على درجة الدكتوراه في الاقتصاد من جامعة السوربون، وبكالوريوس/ماجستير العلوم في الإحصاء من الكلية الوطنية للإحصاء والإدارة الاقتصادية، وبكالوريوس إدارة الأعمال/ماجستير إدارة الأعمال من ESCP Europe (الكلية العليا للتجارة في باريس).

المساهمون

ميريام عبابسة هي جغرافية اجتماعية منتسبة إلى المعهد الفرنسي للشرق الأدنى (إيفبو عمان). وهي مؤلفة كتاب الرقة: الأقاليم والممارسات الاجتماعية لمدينة سورية (إيفبو، 2009). وهي كذلك محررة مشاركة في مطبوعة الإسكان الشعبي وحيازة الأراضي الحضرية في الشرق الأوسط (مركز جامعة القاهرة للطباعة والنشر، 2012) ومحررة أطلس الأردن (إيفبو، 2013). وهي طالبة سابقة في المدرسة العليا للأساتذة بفونتيناي وباريس 1، وتحمل درجة الدكتوراه من جامعة تور (فرنسا).

أماني أبو حرب تعمل في مؤسسة التمويل الدولية، حيث يركز عملها على إيجاد مشروعات صحية وتعليمية جديدة للمؤسسة. وقبل انضمامها إلى المؤسسة، عملت في مكتب رئيس الخبراء الاقتصاديين بإدارة منطقة الشرق الأوسط وشمال أفريقيا بالبنك الدولي. وهناك، أسهمت في هذا التقرير بإجراء تحليل للبيانات عن فرص الجنسين في الحصول على الأراضي بمنطقة الشرق الأوسط وشمال أفريقيا. وهي حاصلة على درجة الماجستير في السياسات العامة من جامعة شيكاغو.

مشعل الخويطر استشاري لرئيس الخبراء الاقتصاديين في منطقة الشرق الأوسط وشمال أفريقيا بالبنك الدولي. وقبل التحاقه بالبنك الدولي، أتم درجة الماجستير في السياسات العامة بجامعة جورج تاون، وعمل مع وزارة العمل والتنمية الاجتماعية في المملكة العربية السعودية لمدة ثلاث سنوات في العديد من موضوعات سوق العمل مثل البطالة بين الشباب والنساء. وهو حالياً طالب في السنة الأولى لنيل درجة الدكتوراه بكلية لندن للاقتصاد، ويدرس إعادة التوزيع والسياسات الاقتصادية على مستوى الدول الريعية.

نجيب عياشي هو مؤسس مركز المغرب العربي، وهو مركز بحثي مقره واشنطن، يتمحور تركيزه على منطقة شمال أفريقيا والقضايا السياسية والاقتصادية والأمنية في منطقة الساحل. وهو عضو في هيئة التدريس بجامعة جورج ماسون منذ عام 2015، وشغل سابقا مناصب تدريسية في معهد السلك الدبلوماسي التابع لوزارة الخارجية وجامعة جورج واشنطن. وعياشي حاصل على درجتي الماجستير والدكتوراه في العلوم السياسية من جامعة السوربون (فرنسا)، ودرجة البكالوريوس في الدراسات الإنجليزية والأمريكية من جامعة باريس 8.

جاناراج شيلاراج هو استشاري لدى البنك الدولي. وقد عمل في البنك الدولي في مناصب ومناطق مختلفة، تركز على القضايا المشتركة بين القطاعات ذات الصلة بالغذاء والمسائل المتعلقة بالأراضي، والبنية التحتية، والتنمية البشرية، والتجارة الدولية، والهجرة. وعمل، بين عامي 2002 و 2005، مستشارا لحكومة سنغافورة. وهو حاصل على درجة الدكتوراه في الاقتصاد الزراعي من جامعة بورديو وماجستير في الصحة العامة من جامعة هارفارد.

كاليب ترافيس جونسون هو أخصائي إدارة الأراضي لدى قطاع الممارسات العالمية للتنمية الحضرية وإدارة مخاطر الكوارث والقدرة على الصمود وإدارة الأراضي بالبنك الدولي. وهو حاصل على درجة البكالوريوس في العلاقات الدولية والتاريخ من كلية هوتون، وماجستير في الشؤون العالمية: الحوكمة والإدارة العامة من جامعة جورج ماسون.

رفيق خوري استشاري أول في إدارة الأراضي، وله اهتمام خاص بحقوق المرأة في الإسكان والأراضي والملكية في العالم العربي. ويساند مبادرة الأراضي العربية التابعة للشبكة العالمية لأدوات الأراضي، وانتخب رئيساً مشاركا للمجموعة المهنية للجنة التوجيهية للشبكة العالمية لأدوات الأراضي في عامي 2018 و 2020. وقد شغل منصب كبير الموظفين الدوليين في منظمة مهندسي المساحة الفرنسيين. ويحمل خوري درجة الدكتوراه في اقتصاديات التنمية من جامعة السوربون (فرنسا).

إيفا كلاوس زميلة باحثة في مركز النوع الاجتماعي والعدالة والأمن بمركز المرأة والسلام والأمن في كلية لندن للاقتصاد والعلوم السياسية. وهي حاصلة على درجة الماجستير في الاقتصاد الدولي والتنمية الدولية من كلية جونز هوبكنز للدراسات الدولية المتقدمة، وبكالوريوس في الاقتصاد والدراسات الدولية من جامعة جونز هوبكنز.

سيوبهان موراي خبيرة فنية في فريق دعم العمليات الجغرافية المكانية التابع لمجموعة بيانات التنمية بالبنك الدولي. وهي تعمل مع فريق دراسة قياس مستويات المعيشة – الدراسات الاستقصائية المتكاملة في مجال الزراعة، لتشجيع استخدام أنظمة تحديد المواقع العالمية وغيرها من البيانات المستمدة من البيانات الجغرافية في تحليل بيانات المسوح ونشرها، وتسهيل دمج بيانات الاستشعار عن بُعد والبيانات المكانية دعماً لمجموعة واسعة من مشروعات البنك الدولي.

كاجلار أوزدن كبير الخبراء الاقتصاديين في مجموعة البحوث التابعة للبنك الدولي، والمدير المشارك لفريق إعداد مطبوعة تقرير عن التنمية في العالم 2023 الصادر عن البنك الدولي بشأن الهجرة الدولية، والمؤلف الرئيسي للتقرير الرئيسي الذي صدر مؤخراً بعنوان "التحرك من أجل الرخاء: الهجرة العالمية وأسواق العمل". ويستكشف بحثه العلاقة الترابطية لتكامل أسواق العمل العالمية، والسياسات الحكومية، والتنمية الاقتصادية. وقد قام على تحرير ثلاثة كتب ونشر مقالات في مجلات أكاديمية رائدة مثل المجلة الاقتصادية الأمريكية والمجلة الاقتصادية . وأوزدن حاصل على درجة الدكتوراه في الاقتصاد من جامعة ستانفورد.

خافيير بارادا عالم بيانات مبتدئ بمجموعة بيانات التنمية التابعة للبنك الدولي. وهو يتحرى أوجه التقدم في مجال الاستشعار عن بعد، التي تسمح بقياس التغيرات في استخدام الأراضي في البلدان الهشة باستخدام صور الأقمار الصناعية. وهو حاصل على درجة الدكتوراه في اقتصاديات الزراعة والموارد الطبيعية من جامعة كاليفورنيا، ديفيس، حيث نمَّى اهتماماً بالتنمية الدولية، والإنتاجية الزراعية، والتحليل الجغرافي المكاني.

هوجوين بارك موظف فني مبتدئ بقطاع الممارسات العالمية للتنمية الحضرية وإدارة مخاطر الكوارث والقدرة على الصمود وإدارة الأراضي بالبنك الدولي. وينتج عمله تحليلات متقدمة للتحديات الحضرية المعقدة من منظور مكاني. وقد نشر مقالات على نطاق واسع في مجلات رائدة عن التخطيط الحضري والتحليلات المكانية. وشارك في إعداد التقرير الرئيسي للبنك الدولي المعنون "من السفح إلى الهرم: نموذج مدن لتعزيز النمو المستدام"، وقاد التحليلات المكانية لمختلف المنتجات المعرفية. وقبل انضمامه إلى البنك الدولي، كان زميلاً في مرحلة ما بعد الدكتوراه في مجال الصور عالية الدقة هائلة الحجم (Big Pixel) في جامعة كاليفورنيا بسان دييجو.

سليمان سوماهورو خبير اقتصادي وزميل باحث في مؤسسة الدراسات والبحوث المعنية بالتنمية الدولية. ولديه خبرة متعمقة في البحوث المستندة إلى الشواهد في الاقتصاد والسياسة العامة. ومن خلال خلفيته في التحليل الاقتصادي وتصميم البحوث وتقييم السياسات، شارك بالقيادة والإسهام في العديد من التقارير الرئيسية للبنك الدولي عن قضايا التنمية الاقتصادية في مناطق أفريقيا جنوب الصحراء وأمريكا اللاتينية والبحر الكاريبي والشرق الأوسط. ويحمل سليمان درجة الدكتوراه في الاقتصاد من جامعة أوكلاهوما ودرجة الماجستير في الاقتصاد الدولي من جامعة أوفيرنيي كليرمون فيران (فرنسا).

موجز وافٍ

التحديات

تتسم الأراضي في مختلف أنحاء الشرق الأوسط وشمال أفريقيا بالندرة والقيمة الهائلة بسبب القيود الجغرافية والمناخية القوية (84% من الأراضي في المنطقة قاحلة و3.5% فقط مزروعة). وتدل الزيادة المتوقعة في الطلب على الأراضي والناتجة عن الاتجاهات الديموغرافية، مقترنة بتقلص المعروض من الأراضي نتيجة العوامل المناخية وعوامل الحوكمة، على أزمة تلوح في الأفق في وقت تواجه فيه المنطقة أيضاً تحولاً اجتماعياً وسياسياً هائلاً. وقد أُسْتُنْفِدَت تقريباً احتياطيات جميع الأراضي الصالحة للزراعة، والمجال المتاح لتوسيع الأراضي المحصولية في ظل ظروف الاعتماد على الأمطار هو أدنى مجال على مستوى العالم، إذ يقتصر على 9-17% فقط من المساحة المزروعة حالياً، مقابل 150% على مستوى العالم. وكذلك تفرض اتجاهات التوسع العمراني ضغوطاً على الأراضي. فمع توقعات زيادة عدد سكان الحضر بنسبة 60% (190 مليون نسمة) بحلول عام 2050، من المرجح في ظل الظروف الحالية أن يزداد إجمالي المساحة الحضرية المبنية في منطقة الشرق الأوسط وشمال أفريقيا بنسبة 50% على الأقل (1.3 مليون هكتار إضافي). ومع ذلك، لا تزال الأراضي تستخدم بأساليب غير فعالة وغير منصفة وغير مستدامة.

وفي الوقت نفسه، تواجه الشركات والأفراد معاً عوائق كبيرة في الحصول على الأراضي، مع ما يترتب على ذلك من آثار سلبية في جميع أنحاء منطقة الشرق الأوسط وشمال أفريقيا. وترى 23% من الشركات في قطاعي الصناعات التحويلية والخدمات أن إمكانية الحصول على الأراضي تمثل قيداً رئيسياً أمام عملياتها التجارية. وتُستغل الارتباطات السياسية في الحصول على الأراضي، وهو ما قد يؤدي إلى سوء تخصيص الأراضي للشركات التي تتمتع بعلاقات سياسية نافذة بدلاً من الشركات الأكثر إنتاجية. وفي منطقة الشرق الأوسط وشمال أفريقيا، يوجد عدد من الشركات ذات الارتباطات السياسية (5.9%) ضعف ما هو موجود في منطقة أوروبا وآسيا الوسطى (2.4%)، مع معاناة عدد قليل من البلدان من مستويات عالية جداً من الارتباطات السياسية لدى بعض الشركات (تصل إلى 28%).

وتؤدي العوائق التي تحول دون الحصول على الأراضي إلى الحد من الكفاءة الاقتصادية داخل القطاعات وفيما بينها، وتديم عدم المساواة، لا سيما بين النساء والفئات الأولى بالرعاية. ولدى النساء في الشرق الأوسط وشمال أفريقيا أدنى معدل لملكية الممتلكات الزراعية في العالم، ويزداد احتمال خوفهن من فقدان ممتلكاتهن مرتين إلى ثلاث مرات في حالة وفاة الزوج أو الطلاق. ولا تدعم المؤسسات الرسمية وغير الرسمية والأعراف والممارسات الاجتماعية غير المتوازنة بين الجنسين (لا سيما في المناطق الريفية وفي مسائل الميراث وإدارة الأصول) حقوق المرأة بشكل كاف. والواقع أن النساء يواجهن عادة ضغوطا اجتماعية للتخلي "طواعية" عن ميراثهن من الممتلكات – وفقاً لبيانات المحاكم الشرعية الأردنية، على مدى العقد الماضي يتخلى ما يصل إلى ثلث الوارثات عن حقوقهن بالكامل في الميراث كل عام. ويواجه اللاجئون أيضاً صعوبة في الحصول على الأراضي، حيث يتسبب الصراع في الشرق الأوسط وشمال أفريقيا في نزوح ملايين الأشخاص الذين يفتقرون إلى حقوق السكن والأراضي والملكية في بلدان المنشأ وبلدان المقصد على حد سواء. وفضلاً عن ذلك، تتفاقم أزمة ندرة الأراضي بسبب الصراعات، وهي عوامل إضافية تسهم في تدهور الأراضي. وفي الواقع، تظهر مقارنة بين مناطق الأراضي المحصولية بالقرب من حدود تركيا وسوريا أن الصراع تسبب في خسارة الجانب السوري 7% من أراضيه المحصولية بحلول عام 2017.

ويؤدي سوء حوكمة الأراضي إلى تفاقم ندرتها وصعوبة الحصول عليها. وفي منطقة الشرق الأوسط وشمال أفريقيا، تتسم أنظمة حوكمة الأراضي بالتعقيد لأنها تعكس تراكم التغيرات في أنظمة الحكم وما يرتبط بها من إصلاحات على مر التاريخ. وكثيراً ما تكون الأطر القانونية متقادمة ولا تساير الواقع أو احتياجات الاقتصاد الحديث. وفي جميع البلدان باستثناء البلدان الغنية في المنطقة والأردن، لا يزال ضعف تسجيل الممتلكات يمثل مشكلة رئيسية، مما يعكس الأوضاع المعقدة لحيازة الأراضي، وإجراءات التسجيل المرهقة، وانخفاض إدراك منافع التسجيل. وفضلاً عن ذلك، غالباً ما تُنفذ سياسات حوكمة الأراضي تنفيذاً سيئاً بسبب التجزؤ المؤسسي على المستوى المركزي وضعف موثوقية البنية التحتية لإدارة الأراضي، وهو ما يعقد تبادل المعلومات والتنسيق فيما بين مؤسسات الدولة المركزية. وليس من غير المألوف أن يكون لدى بلدان المنطقة ما يصل إلى 10 مؤسسات تتنافس على مسؤوليات إدارة أراضي الدولة. وأخيراً، أسهم ارتفاع مستويات ملكية الأراضي العامة في العديد من بلدان المنطقة، وقوة سيطرة الدولة على قطاع الأراضي، واتخاذ القرارات المركزية المبهمة بشأن تخصيص الأراضي خارج نطاق مبادئ التخصيص السوقي، في عدم كفاءة استخدام الأراضي وتسهيل سيطرة النخبة والمحسوبية. ووفقا للتقارير القُطْرية لمؤشر

برتلسمان للتحول لعام 2020، فقد أثر الفساد أو التدخل السياسي أو المحسوبية على حقوق الملكية في 16 من أصل 17 بلداً من بلدان منطقة الشرق الأوسط وشمال أفريقيا المشمولة بالتقرير.

وأدت السياسات المشوهة ولا سيما السياسات الخاصة بالزراعة إلى تفاقم انعدام كفاءة إدارة حقوق الملكية وتوزيعها. فعلى سبيل المثال، يحفز دعم المياه المقدم للزراعة الاستخدام غير المستدام للأراضي، ويعد ممارسة شائعة جداً في منطقة تنفق 2% من إجمالي ناتجها المحلي على دعم المياه – وهو أعلى مستوى في العالم. أما فيما يتعلق بالقيود التنظيمية، فإن عدم كفاية اللوائح التنظيمية الخاصة بتقسيم المناطق يسهم في انخفاض الكثافة السكانية، وعدم كفاءة استهلاك الأراضي، والأضرار البيئية. ولا تشجع أنظمة الضرائب على الممتلكات التي تتسم بسوء التصميم والأداء على استخدام الأراضي بكفاءة. فعلى سبيل المثال، تعفي عدة بلدان الوحدات السكنية الشاغرة من الضرائب العقارية، مما يعطي المالكين حافزاً على إبقاء العقارات خالية. ويوجد ببعض المدن في المنطقة مساحات كبيرة من الأراضي الشاغرة (أكثر من 75% من المساحة، في بعضها)، وهو ما دفع بضعة بلدان إلى محاولة استخدام أدوات المالية العامة، مثل ضريبة الأراضي الشاغرة، لتشجيع استخدام الأراضي لأغراض الإنشاء في المراكز الحضرية.

ويؤدي عدم كفاءة تخصيص الأراضي والسيطرة الشديدة من جانب الدولة إلى الحد من فعالية سياسات التنمية الاقتصادية المحلية. فعلى سبيل المثال، ليس من غير المألوف إنشاء مناطق صناعية في مواقع لا توجد بها بنية تحتية كافية ومقطوعة الصلة بأسواق العمل. ويحول ضعف إدارة الأراضي (التسجيل والتقييم) دون استخدام الأراضي كضمان، ويحد من الأموال المتاحة للاستثمار، ويقوض نمو أسواق الائتمان والتمويل العقاري. فعلى سبيل المثال، لا تتجاوز النسبة المئوية للأسر في الشرق الأوسط وشمال أفريقيا التي لديها رهن عقاري قائم على عقاراتها (نسبة انتشار قروض الإسكان) 9% فقط، وهو ما يقل عن المتوسط العالمي. وقد أسهم ضعف إدارة الأراضي، ولا سيما عدم الاعتراف بحقوق الحيازة وعمليات تقنين الإجراءات المكلفة والمرهقة، إلى جانب محدودية المعروض الرسمي من الأراضي وسوء التخطيط الحضري، في انتشار المساكن العشوائية والأحياء العشوائية. والواقع أن 24% من سكان الحضر يعيشون حاليا في أحياء عشوائية، مما يؤدي إلى استمرار انعدام أمن الحيازة، وتعقيد تسوية المنازعات، وزيادة تكاليف تقديم الخدمات، والإضرار بالبيئة المحيطة.

وإذا كان لبلدان المنطقة أن تتفادى الأزمة التي تلوح في الأفق والنابعة من ندرة الأراضي، وعدم تكافؤ فرص الحصول عليها، واستخدامها استخداماً غير منتج، فيتعين عليها صرف اهتمامها على وجه السرعة إلى قطاع الأراضي. ويتطلب ذلك التركيز على القضايا الخاصة بالقطاع تحديداً، وإدراك ضرورة وضع سياسات تطلعية للأراضي للاستجابة للتوجهات الكبرى المتمثلة في ارتفاع معدلات النمو السكاني وتغير المناخ والتطلع إلى التحول الاقتصادي والسياسي والاجتماعي.

الطريق نحو المستقبل

تحديث أنظمة إدارة الأراضي

ينبغي لبلدان الشرق الأوسط وشمال أفريقيا أن تبدأ بإعطاء الأولوية لتحديث أنظمة إدارة الأراضي. وتتمثل الأولويات الواضحة للإجراءات التدخلية فيما يلي: تسجيل الملكية، ورقمنة السجلات، وتحسين الشفافية وإمكانية الحصول على المعلومات الخاصة بالأراضي.

وتعد التكنولوجيا مهمة نظراً لنطاق التحول الرقمي في المنطقة والفرص التي تتيحها التكنولوجيا للحلول الفعالة من حيث التكلفة، وتوليد البيانات وتبادلها، وتقديم الخدمات، والشفافية، وكلها عوامل تفتقر إليها المنطقة بشدة. وقد تأخر كثيراً تحديث الأطر القانونية لتتسق مع احتياجات الاقتصادات الحديثة والحد من تعقيدات أنظمة حيازة الأراضي. وثمة حاجة أيضاً إلى إجراء إصلاحات مؤسسية معقدة للتغلب على تحديات حوكمة الأراضي. وينبغي اتخاذ خطوات لمعالجة التجزؤ المؤسسي وتبسيط وظائف إدارة الأراضي، والحد من السيطرة المفرطة للأطراف الفاعلة الحكومية، وتحسين الشفافية لاقتلاع المحسوبية. ويمكن لإصلاحات حوكمة الأراضي، لا سيما تلك التي تعزز أنظمة الضرائب على الأراضي والإدارة العامة للأراضي، أن تحقق إيرادات إضافية وتحسن موارد المالية العامة. وهناك حاجة إلى أنظمة فعالة لإدارة الأراضي لتنفيذ تحصيل قيمة الأراضي ومساندة زيادة كفاءة استخدام الأراضي وقرارات إدارة الأراضي، وخاصة بشأن الأراضي العامة. ويجب أن تكون عمليات تخصيص الأراضي أكثر شفافية ومستندة إلى قوى السوق لضمان أن تخدم أراضي الدولة الوظائف الاجتماعية والاقتصادية والمالية العامة.

مراعاة الأهداف الأوسع نطاقاً للسياسات

بالإضافة إلى الإجراءات التدخلية الخاصة بقطاعات محددة، تحتاج بلدان المنطقة إلى اعتماد نهج أكثر شمولية في قطاع الأراضي. وينبغي للحكومات أن تسعى إلى الاستخدام الأمثل للأراضي لتحقيق أهداف الاستدامة الاقتصادية والاجتماعية والبيئية في ظل السياق المتطور لتغير المناخ، والنمو السكاني، والعديد من التحديات التي تواجه اقتصادات المنطقة. وتشمل هذه التحديات البطالة، وعدم المساواة بين الجنسين والتفاوت الاقتصادي، وتقادم نموذج ريع الموارد. وستكون هناك حاجة إلى دراسة متأنية لما يمكن للحكومات تحقيقه وما الذي من الأفضل تركه للأسواق.

وستتبع ذلك مفاضلات ضرورية من حيث الإنتاج الزراعي والسيادة الغذائية والحفاظ على المياه والتوسع الحضري (للإسكان والأنشطة التجارية والتنمية الصناعية). وتمثل الجهود الرامية إلى تجميع قطع الأراضي الزراعية المجزأة والابتعاد عن أصناف المحاصيل كثيفة الاستخدام للمياه أمراً ضرورياً للتحوط من خسائر الأراضي المحصولية. ويمكن أيضاً الاحتياج إلى التحول من نموذج الاكتفاء الذاتي الذي يتعين تحقيقه مهما كلف الأمر إلى نموذج توفُّر الغذاء والأمن الغذائي من أجل الوفاء بضرورات الاستدامة. وفي الوقت نفسه، سيتعين على الحكومات إعطاء الأولوية لاستخدام الأراضي في المناطق الحضرية على نحو أكثر كفاءة من خلال تقديم حوافز ملائمة، وإزالة العقبات المؤسسية التي تحول دون استجابة المعروض الرسمي من الأراضي للطلب على الأراضي. وستكون هذه الخطوة أكثر أهمية لأن المنطقة تواجه نمواً هائلاً في عدد سكان المناطق الحضرية. وأخيراً، على الرغم من أن الاستخدام الواسع النطاق للأراضي للوفاء بالعقد الاجتماعي في بلدان المنطقة قد تكون له أهداف اجتماعية جديرة بالثناء، فقد أدى إلى عدم كفاءة استخدام الأراضي ويبدو أنه ثاني أفضل نهج يفتقر إلى الكفاءة لمعالجة المشاكل الأكثر أهمية المتمثلة في الافتقار إلى إعادة التوزيع الاقتصادي والشمول الاقتصادي. وسيكون تحسين حقوق المرأة في الأراضي والملكية جانباً أساسياً في الجهود الرامية إلى الحد من الفقر وتمكين المرأة اقتصاديا في منطقة الشرق الأوسط وشمال أفريقيا.

الاعتراف بالاختلافات بين البلدان

لا تواجه جميع البلدان تحديات تتعلق بندرة الأراضي وحوكمتها بالحدة ذاتها، مما يعني ضمناً عدم انطباق جميع التوجهات المقترحة للسياسات على الجميع على قدم المساواة. فالبلدان الغنية في الخليج تواجه ندرة شديدة في الأراضي، لكنها تتمتع بإدارة جيدة نسبياً لها. وعلى الرغم من أن هذه البلدان لا تزال بحاجة إلى مواصلة جهودها في مجال الحوكمة (خاصة فيما يتعلق بالشفافية وإدارة الأراضي العامة)، يتعين عليها تحديد اتجاهات واضحة (استنادا إلى تحليلات اجتماعية واقتصادية وبيئية قوية) لمعالجة المفاضلات الاستراتيجية بشأن استخدام أراضيها. وينبغي لها التركيز على إزالة حوافز السياسات السلبية التي أدت إلى الاستخدام غير الكفء وغير المستدام للأراضي (مثل الأراضي الحضرية الشاغرة واستخدام الأراضي الزراعية كثيفة الاستخدام للمياه). وسيكون ذلك شرطاً أساسياً لكي تتمكن من الاستجابة على نحو مستدام لزيادة الطلب على الأراضي التي يغذيها النمو السكاني. وهناك مجموعة أخرى من البلدان – بلدان المغرب العربي وكذلك إيران والعراق وسوريا – تواجه تحديات أكثر خطورة بسبب ضعف حوكمة الأراضي فيها، لكنها أقل تعرضاً لتحديات ندرة الأراضي مقارنة بالمجموعة الأولى. وسيتعين على هذه البلدان إعطاء الأولوية لتحديث أنظمة حوكمة الأراضي وإدارتها. وبهذه الطريقة وحدها يمكن أن يكون لديها قطاع للأراضي قادر على البقاء يساند النمو وأن تضع سياسات تتناول بصورة فعالة استدامة الأراضي والإنصاف (بما في ذلك المساواة بين الجنسين). وبالنسبة للبلدان المتأثرة بالصراعات في هذه المجموعة، سيكون تحديث إدارة الأراضي وتحسين الحوكمة أمراً أساسياً لتحقيق استمرارية عملية إعادة الإعمار على الأجل الطويل. وأخيراً، تواجه المجموعة الثالثة من البلدان – جيبوتي ومصر والضفة الغربية وقطاع غزة واليمن – تحديات خطيرة في كل من حوكمة الأراضي وندرتها. وبالنسبة لهذه البلدان، فإن تحسين حوكمة الأراضي ومعالجة قضايا ندرة الأراضي في الوقت نفسه أمران ضروريان. وإلى أن تتحسن حوكمة الأراضي، لن تكون هذه البلدان قادرة على التصدي بفعالية لندرة الأراضي (على سبيل المثال، تعتبر المعرفة بحصر الأراضي شرطا مسبقا)، مما يزيد من إلحاح إصلاحات تحديث قطاع الأراضي. غير أن الإصلاحات الشاملة، وإن كانت مطلوبة، قد تكون غير عملية. ومن المرجح أن تكون النُهج التدريجية أكثر جدوى.

إصلاح قطاع الأراضي: من الأولويات القصوى

لما كان الحصول على الأراضي وتأمين الحقوق فيها يأتي في مقدمة جميع الأنشطة الاقتصادية، فيتعين أن يكون إصلاح قطاع الأراضي من بين الأولويات القصوى في منطقة الشرق الأوسط وشمال أفريقيا. ويجب أن يكون نطاق سياسات الأراضي شاملاً وأن يراعي مبادئ السوق والاعتبارات الاقتصادية والمتعلقة بالاستدامة. وعلى الرغم من أن بعض البلدان حققت تقدماً لا يمكن إنكاره في تحسين حوكمة الأراضي لديها، لا تزال هناك حاجة ماسة إلى مسارات واضحة للإصلاح. ومع ذلك، ثمة أسئلة مهمة معلّقة بشأن قابلية جهود الإصلاح الناجحة للتكرار في مختلف بلدان المنطقة بسبب اختلاف السياقات السياسية والاجتماعية فيها. وبالإضافة إلى ذلك، ستكون مشاركة الأطراف الفاعلة في المجتمع المدني والتحول في الأعراف الاجتماعية المحيطة بحقوق الأراضي والملكية جانبا أساسيا في جهود الإصلاح. ويتطلب تحقيق النجاح التصدي لاختناقات الاقتصاد السياسي والمصالح السياسية المكتسبة التي حالت طويلاً دون إجراء الإصلاحات. وعلى نحو ما، لا تختص هذه القضايا بقطاع الأراضي، لكنّ معالجتها في سياق قطاع معين يمكن أن تكون أكثر جدوى من بذل جهود متزامنة في جميع القطاعات.

وباختصار، يحدد هذا التقرير ويحلل الآثار الاقتصادية والبيئية والاجتماعية المرتبطة بالأراضي في منطقة الشرق الأوسط وشمال أفريقيا، ملقياً الضوء على خيارات السياسات للتصدي لها. ويضع في الصدارة ضرورة أن تفكر بلدان المنطقة في الأراضي على نحو أكثر شمولا، وأن تعيد تقييم المفاضلات الإستراتيجية التي تنطوي على الأراضي، مع الحد من تشوهات

الأراضي. وذلك موجه لواضعي السياسات، والعاملين في مجال الأراضي، والأطراف الفاعلة في المجتمع المدني، والأكاديميين، بهدف إثراء الحوار بشأن السياسات مع الأطراف الفاعلة الحكومية وغير الحكومية، ليتسنى لبلدان المنطقة تعبئة الأراضي بشكل أفضل من أجل التنمية الاقتصادية والاجتماعية. كما يعد محاولة لسد الفجوات الرئيسية في البيانات وتعزيز ثقافة البيانات المفتوحة، والشفافية، والحوار الشامل بشأن الأراضي التي ستعود بالنفع على جميع الأطراف المعنية، وتحفز المساءلة، وتسهل اتخاذ قرارات مستنيرة ومستندة إلى الشواهد في مجال السياسات. وتسهم هذه الخطوات المهمة في تجديد العقد الاجتماعي، ومصاحبة التحول الاقتصادي والرقمي، وتسهيل التعافي وإعادة الإعمار في المنطقة.

الاختصارات

BTI	مؤشر برتلسمان للتحول
CE	العصر المشترك
CEDAW	اتفاقية القضاء على جميع أشكال التمييز ضد المرأة
DID	الاختلاف في الاختلافات
FAO	منظمة الأغذية والزراعة (الفاو)
GCC	مجلس التعاون الخليجي
GDP	إجمالي الناتج المحلي
GIZ	الوكالة الألمانية للتعاون التقني
GRD	الانقطاع الانحداري الجغرافي
HLP	السكن والأراضي والممتلكات
IDP	النازحون داخلياً
ISIS	الدولة الإسلامية في العراق والشام (داعش)
MENA	الشرق الأوسط وشمال أفريقيا
MODIS	مقياس الطيف التصويري المتوسط التحليل
NCPSLU	المركز الوطني لتخطيط استخدامات أراضي الدولة (جمهورية مصر العربية)
OECD	منظمة التعاون والتنمية الاقتصادية
PPP	الشراكة بين القطاعين العام والخاص
REPD	مصلحة الشهر العقاري والتوثيق (جمهورية مصر العربية)
TFP	الإنتاجية الكلية لعوامل الإنتاج
UNDP	برنامج الأمم المتحدة الإنمائي
UNRWA	وكالة الأمم المتحدة لإغاثة وتشغيل اللاجئين الفلسطينيين في الشرق الأدنى (الأونروا)
WBL	تقرير المرأة وأنشطة الأعمال والقانون

مسرد المصطلحات العربية

فقه	التفسير الاجتهادي لنصوص الشريعة
إفراز	تقسيم الأراضي
متروكة	أراضي الملكية العامة في قانون الأراضي العثماني
موات	أراض (غير مستعملة) تعتبر تلقائياً أراضي أميرية/مملوكة للدولة
ميري (أميري)	الأراضي المملوكة للدولة التي تخضع إلى التصرف، وهو الحق في استخدام الأراضي واستغلالها والتصرف فيها (الانتفاع)
مُلك/ مِلك	أراض مملوكة ملكية خاصة بموجب ملكية مطلقة
مشاع	الأراضي المشتركة غير المقسمة (الأراضي العامة أو الأراضي المملوكة عرفياً)
الشريعة	بمعنى "الطريق"، وهي مجموعة القواعد العملية للحياة والسلوك في المجتمع، وفقاً للإسلام.
سلاليات	نساء من القبائل المغربية يطالبن بحقوقهن في الأراضي والتعويض المناسب (سلالة تعني صلة الدم، القبيلة)
تخارج	الإخراج من النصيب من الميراث (مع توقيع مستند قانوني)
تكريم	تعويض أو هدية أو مبلغ متواضع من المال الممنوح للمرأة
طابو/سند الطابو (الحجة/سند الملكية)	سجل الأراضي (القانون العثماني)/سند الملكية
تصرف	الحق في استخدام الأراضي واستغلالها والتصرف فيها (انتفاع)
عرف	العادات أو الثقافة المحلية المقبولة في الإسلام كمصدر للقانون المحلي (ما دامت لا تتعارض مع الشريعة الإسلامية)
عُشر	ضريبة على الأراضي (جزء من الزكاة)
أصول وفروع	الأقارب المقربون (الأب، الأم، الزوجة، الزوج، الأخ، الأخت، الأطفال)
وقف	الهبات المخصصة بشكل دائم للأغراض الدينية (وليس بالضرورة إسلامية) أو الخيرية
زكاة	أشبه بالضريبة السنوية التي يلتزم كل مسلم بدفعها على سبيل الفرض الديني. وتستخدم هذه الأموال لأغراض خيرية ودينية. وفي الإسلام، تعد الزكاة ركناً من أركانه الخمسة، وبمثابة التنقية لثروة الفرد.
زمام	حدود الأراضي الزراعية القروية المزروعة وغير المزروعة في مصر الخاضعة لضريبة الأراضي الزراعية

مقدمة

مقدمة

تشهد منطقة الشرق الأوسط وشمال أفريقيا تحولاً جذرياً من جراء تزايد تعرضها لمخاطر تغير المناخ، وندرة المياه، والضغوط الديموغرافية القوية، وتراجع نموذج ريع النفط والغاز، والمطالب الاجتماعية الهائلة بالإصلاح في أعقاب مظاهرات الربيع العربي، والصراعات الجارية. وقد أدت هذه الاتجاهات إلى زيادة الطلب على الأراضي في مقابل العرض المقيد، وبالتالي كان لها تداعيات على طرق استخدام الأراضي والحصول عليها وإدارتها في المنطقة. ومن شأن تحسين حوكمة الأراضي وإدارتها أن يؤدي دوراً مهماً في التصدي لكل من هذه التحديات ووضع المنطقة على الطريق نحو التعافي والنمو.

وتعتبر كفاءة استخدامات الأراضي واستدامتها، فضلاً عن الإنصاف في الحصول على الأراضي من القضايا المحورية في جميع أنحاء المنطقة. وهناك ثلاثة عوامل تلعب دوراً في هذا الصدد. أولاً، بالمقارنة بالمناطق الأخرى، فإن الأراضي المناسبة للزراعة والسكن والأنشطة الأخرى في منطقة الشرق الأوسط وشمال أفريقيا شديدة الندرة بسبب طبيعتها الصحراوية في الغالب. وتؤدي هذه الندرة إلى التنافس بين مختلف استخدامات الأراضي والاعتماد على سائر العالم في إنتاج الغذاء والواردات الغذائية. وبالتالي، سيتعين على بلدان المنطقة إجراء مفاضلات إستراتيجية بشأن أفضل استخدام للأراضي لخدمة الأهداف الاقتصادية والاجتماعية وتلك المتعلقة بالاستدامة والسيادة. وتستند هذه المفاضلات إلى الأهداف التي ينبغي للحكومات أن تسعى إلى تحقيقها بصورة مشروعة بشأن استخدام الأراضي، وما يفضل أن يترك منها للأسواق والمزايا النسبية.

ثانياً، على الرغم من الإصلاحات الجارية في بعض البلدان، لا يزال ضعف حوكمة الأراضي يكبل إمكانية الحصول على الأراضي، ويخفق في تهيئة بيئة مواتية للاستثمار، ويمنع السلطات من استغلال الأراضي بكفاءة لتحقيق الإيرادات والأهداف الإنمائية.

ثالثاً، تؤثر التفاوتات الاقتصادية والاجتماعية المستمرة في بلدان منطقة الشرق الأوسط وشمال أفريقيا على السبل التي يمكن من خلالها الحصول على الأراضي وتوزيعها. وتُحرَم النساء على وجه الخصوص من سبل الحصول على الأراضي وإنفاذ حقوقهن فيها. فعلى سبيل المثال، تحد ممارسات التوريث غير العادلة من فرصهن الاقتصادية وتزيد من تعرضهن للمعاناة. وبالمثل، فإن نزوح السكان بفعل الصراعات له تداعيات كبيرة على استخدام الأراضي، ويطرح مشاكل معقدة بالنسبة للجهود الرامية إلى حماية حقوق اللاجئين في السكن والأراضي والملكية.

إطار لمناقشة قضايا الأراضي

يعتمد هذا التقرير إطاراً بسيطاً لمناقشة قضايا الأراضي في منطقة الشرق الأوسط وشمال أفريقيا (انظر الشكل م-1). ويبدأ الإطار بالإشارة إلى وجود معوقين رئيسيين –ندرة الأراضي وضعف حوكمتها – يؤثران على كيفية استخدام الأراضي وإمكانية الحصول

الشكل م-1 **الإطار المفاهيمي لقضايا الأراضي، منطقة الشرق الأوسط وشمال أفريقيا**

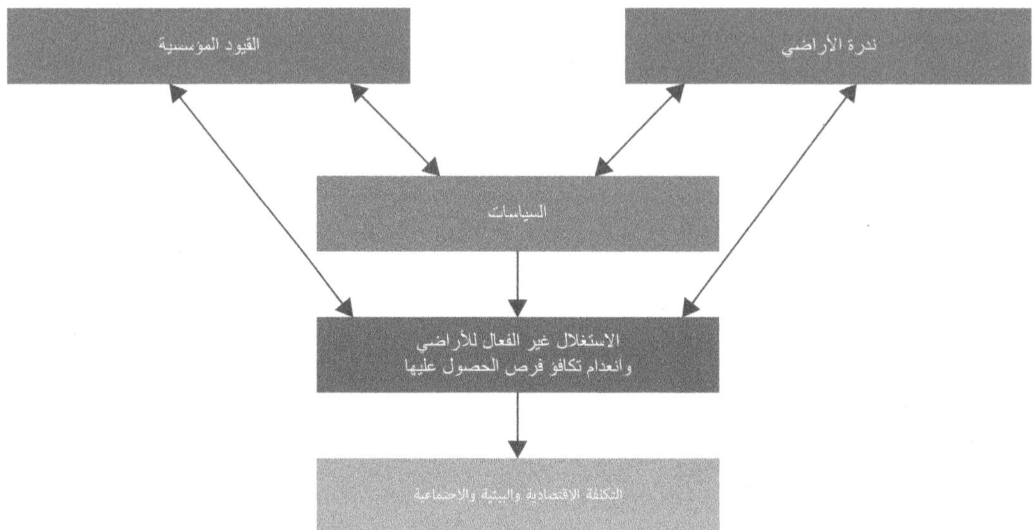

المصدر: البنك الدولي.

عليها. ويؤدي هذان المعوقان إلى أوجه قصور وعدم مساواة، تخلف بدورها تكاليف اقتصادية واجتماعية. وفي هذا السياق، فإن السياسات التي تعتمدها بلدان منطقة الشرق الأوسط وشمال أفريقيا تتصدى لهذه المعوقات ولأوجه القصور وعدم المساواة وتؤثر عليها على حد سواء.

وانطلاقاً من هذا الإطار، يحدد هذا التقرير ويحلل الآثار الاقتصادية والبيئية والاجتماعية المرتبطة بالتحديات التي تواجهها بلدان المنطقة في التعامل مع الأراضي. ومع أن التقرير يستند إلى بحوث متعمقة لإلقاء مزيد من الضوء على هذا الوضع، فإنه لا يقدم تحليلاً شاملاً لجميع القضايا المتعلقة بالأراضي في منطقة الشرق الأوسط وشمال أفريقيا، فضلاً عن أن يقدم تغطية كاملة لقضايا الأراضي في كل بلد من بلدان المنطقة. والجمهور المستهدف بهذا التقرير هم واضعو السياسات، والعاملون في مجال الأراضي، والمجتمع المدني، والأكاديميون، وذلك بهدف إثراء الحوار بشأن السياسات مع الأطراف الفاعلة الحكومية وغير الحكومية، لمساعدة بلدان المنطقة على تعبئة الأراضي بشكل أفضل من أجل التنمية الاقتصادية والاجتماعية.

ويستعان، في هذا التقرير بأحدث البحوث الاقتصادية لتحديد سبل قائمة على الشواهد لتحسين التوزيع المنتج للأراضي، وإيجاد استجابات مراعية للنوع الاجتماعي لانعدام التكافؤ في فرص الحصول على الأراضي، والتصدي للتحديات المتعلقة بالأراضي الناجمة عن نزوح السكان بسبب الصراعات وتغير المناخ. وتتطلب معالجة هذه التحديات نهجاً يتجاوز حل القضايا الفنية والمتعلقة بإدارة الأراضي؛ كما سيتعين عليه معالجة القيود الناشئة عن عدم كفاية الأطر القانونية، والسيطرة المفرطة للأطراف الفاعلة الحكومية، وانعدام الشفافية، والمحسوبية، وهو ما يتطلب إجراء إصلاحات مؤسسية كبيرة ومعقدة. وعلى نحو ما، لا تختص هذه القضايا بقطاع الأراضي، لكنّ معالجتها في سياق قطاع معين يمكن أن تكون أكثر جدوى من بذل جهود متزامنة في جميع القطاعات. ولما كان الحصول على الأراضي وتأمين الحقوق فيها يأتي في مقدمة جميع الأنشطة الاقتصادية، وله آثار على العديد من القطاعات الأخرى (انظر الشكل م-2)، فإن إصلاح قطاع الأراضي ينبغي أن يكون من بين الأولويات في منطقة الشرق الأوسط وشمال أفريقيا. وستتمثل إحدى المهام الرئيسية في سد الفجوات الرئيسية في البيانات وتعزيز ثقافة البيانات المفتوحة بشأن الأراضي التي ستعود بالنفع على جميع الأطراف المعنية، وتحفز المساءلة، وتسهل اتخاذ قرارات مستنيرة ومستندة إلى الشواهد في مجال السياسات. وتمثل هذه الجهود خطوات مهمة في تجديد العقد الاجتماعي، وتشجيع التحول الاقتصادي والرقمي، وتسهيل التعافي وإعادة الإعمار في المنطقة.

الشكل م-2 مركزية العلاقات الترابطية للأراضي

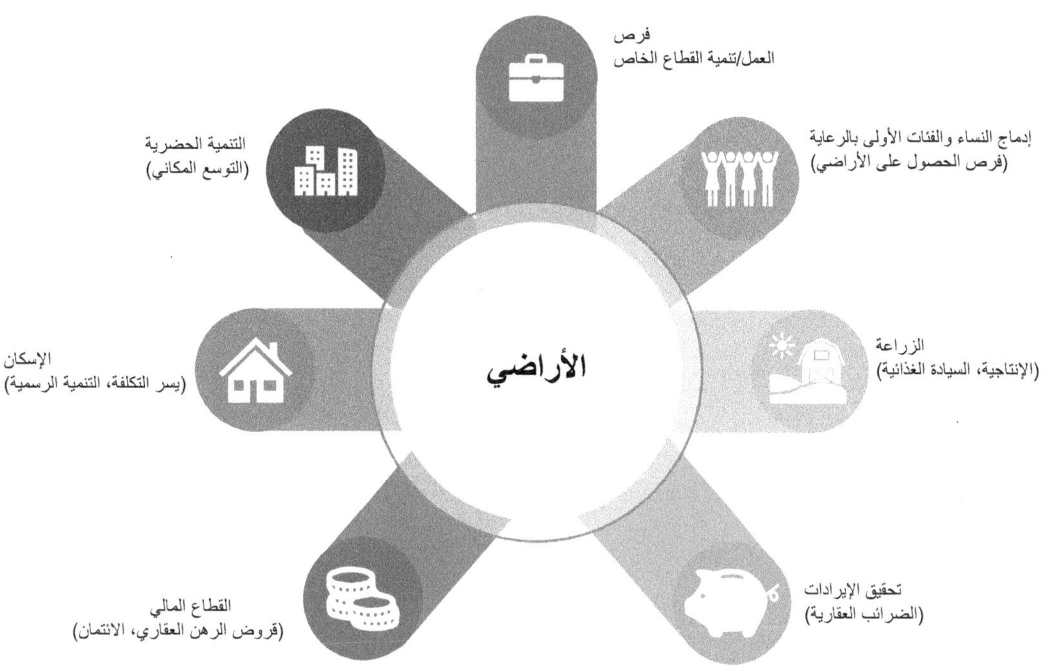

المصدر: البنك الدولي.

الفصل الأول

ندرة الأراضي، وديناميكيات استخدام الأراضي، وقضايا استخدام الأراضي في منطقة الشرق الأوسط وشمال أفريقيا

مقدمة

يتناول هذا الفصل مدى توافر الأراضي واستخداماتها في منطقة الشرق الأوسط وشمال أفريقيا، وكذلك المفاضلات بين الاستخدامات المتنافسة. ويبدأ بالتعريف بقواعد بيانات الغطاء الأرضي التي حُشدت لهذه الدراسة قبل وصف أنماط استخدام الأراضي، ومحدداتها، وتطورها مع مرور الوقت. والقضية الحرجة التي أسفر عنها التحليل هي الندرة الشديدة للأراضي في منطقة الشرق الأوسط وشمال أفريقيا. وتشير الاتجاهات الديموغرافية والمناخية التي خضعت للتحليل أيضاً إلى أن الطلب على الأراضي آخذ في الازدياد في المنطقة، ومع ذلك تتعرض الأراضي لضغوط متزايدة بسبب تغير المناخ. ويفضي تزايد ندرة الأراضي إلى إجراء مفاضلات إستراتيجية بشأن الاستخدام الأمثل للأراضي لتحقيق الأهداف المتنافسة الاقتصادية والاجتماعية وتلك المتعلقة بالاستدامة والسيادة.[1]

استخدام الأراضي في منطقة الشرق الأوسط وشمال أفريقيا: الاتجاهات التاريخية والوضع الحالي

استُخدمت في هذه الدراسة الإحصاءات المنسقة على المستوى الوطني وصور الأقمار الصناعية في قياس أنماط استخدام الأراضي. ويعد قياس هذه الأنماط على نطاق واسع أمراً معقداً ويتطلب بناء مؤشرات ملائمة من مصادر متنوعة، بما في ذلك الإحصاءات الوطنية والبيانات النموذجية، وبصورة متزايدة، القياسات المباشرة من الفضاء. غير أن هذه البيانات لا تخلو من المشكلات، من بينها عدم وجود فئات مفصلة تفصيلاً كافياً لاستخدام الأراضي، أو محدودية التغطية المكانية أو الزمنية، أو عدم كفاية الدقة والموثوقية.

وتحشد هذه الدراسة العديد من مجموعات البيانات العالمية بما يسمح بإجراء مقارنات بين المناطق وفيما بين البلدان بشأن الاستخدامات المجمعة للأراضي، وإجراء تحليلات أكثر تفصيلاً مستمدة من البيانات الجغرافية التي تعتمد على معلومات عن استخدام الأراضي في مواقع محددة تحديداً دقيقاً. ولتحديد الغطاء الأرضي على نطاق جغرافي دقيق، توسعت هذه الدراسة في استخدام منتج بيانات نوع الغلاف الأرضي لمقياس الطيف التصويري المتوسط التحليل (موديس MODIS)، الذي أنشئ من صور الأقمار الصناعية المتاحة منذ عام 2001. وتستند القياسات الإجمالية للأراضي الزراعية على المستوى الوطني إلى نوع الغطاء الأرضي لمقياس موديس (والذي سيطلق عليه من الآن فصاعداً موديس MCD12Q1)، وكذلك قاعدة البيانات الإحصائية لدى الفاو (FAOSTAT)، وهي قاعدة بيانات السلاسل الزمنية التي جمعتها منظمة الأمم المتحدة للأغذية والزراعة. ويعرض الإطار 1-1 خصائص هاتين المجموعتين من البيانات المتكاملة ويصف استخدامها في هذه الدراسة.

الإطار 1-1 مجموعات بيانات نوع الغطاء الأرضي في قاعدة البيانات الإحصائية لدى الفاو ومقياس الطيف التصويري المتوسط التحليل (موديس)

تعتمد هذه الدراسة على بيانات استخدام الأراضي من قاعدة البيانات الإحصائية لدى الفاو (/http://www.fao.org/faostat) ونوع الغطاء الأرضي (MCD12Q1) لمقياس موديس (MCD12Q1) الإصدار 6 (/https://lpdaac.usgs.gov/products/mcd12q1v006).

قاعدة البيانات الإحصائية لدى الفاو متاحة على مجال استخدام الأراضي لدى الفاو، عن الفترة من 1961–2018 حالياً. وتجمع البيانات من الدول الأعضاء في الفاو من خلال استبيان الفاو السنوي بشأن استخدام الأراضي والري والممارسات الزراعية. وتقدم قاعدة البيانات الإحصائية لدى الفاو تعريفات متداخلة لاستخدام الأراضي. وتشمل فئة "الأراضي الزراعية" الواسعة كلاً من "الأراضي المزروعة بالمروج والمراعي الدائمة" و"الأراضي المحصولية". و"الأراضي المحصولية" بدورها عبارة عن مجموع "الأراضي المزروعة بمحاصيل دائمة" و"الأراضي الصالحة للزراعة". وتضم فئة "الأراضي الصالحة للزراعة" الأراضي المزروعة بمحاصيل مؤقتة، والمروج والمراعي المؤقتة، وأراضي الإراحة المؤقتة.

بيانات **نوع الغطاء الأرضي لمقياس الطيف التصويري المتوسط التحليل (موديس)** عبارة عن منتج مشتق من بيانات انعكاس القمرين تيرا وأكوا لمقياس الطيف التصويري المتوسط التحليل (موديس) التي ينتجها قمران صناعيان يصوران الأرض كل 1–20 يوماً لقياس الديناميكيات البيئية العالمية الواسعة النطاق بدقة متوسطة (500 متر). وتستخدم هذه الدراسة بيانات سنوية للفترة 2001–2019 من منتج MCD12Q1، الذي يقدم فئات غطاء أرضي عالمية بنفس الدقة المكانية البالغة 500 متر بناء على التصنيف الخاضع للإشراف لانعكاس موديس (سولا-مناشي وفريدل 2018).

ولأغراض تبسيط التحليل في هذه الدراسة، يعاد تصنيف أنواع استخدامات الأراضي إلى ثماني فئات: (1) المسطحات المائية (المسطحات المائية الدائمة تغطي ما لا يقل عن 60% من المساحة)؛ (2) الغابات (الغطاء الشجري أكبر من 60%)؛ (3) الشجيرات والأراضي العشبية (تهيمن عليها المعمرات الخشبية والحوليات العشبية)؛ (4) الأراضي الرطبة (هي أراض غمرتها المياه بشكل دائم ذات غطاء مائي بنسبة 30–60% وغطاء نباتي أكثر من 10%)؛ (5) الأراضي المحصولية (أكثر من 60% من مساحة البيكسل [عنصر الصورة] أراض محصولية مزروعة)؛ (6) فسيفساء الأراضي المحصولية/الغطاء النباتي الطبيعي (فسيفساء من الزراعات الصغيرة الحجم والأشجار الطبيعية أو الشجيرات أو الغطاء النباتي العشبي، مع مساحات زراعة صغيرة تغطي 40–60% من مساحة البيكسل) يشار إليها هنا باسم "فسيفساء الأراضي المحصولية"؛ (7) حضرية (30% على الأقل من المساحات السطحية غير المنفذة للماء، بما في ذلك مواد البناء والأسفلت والمركبات)؛ (8) غير مغطاة بالخضرة/قاحلة (60% على الأقل من المساحة قاحلة غير مغطاة بالخضرة – رمال، صخر، تربة – أو ثلوج وجليد دائمان يقل الغطاء النباتي فيها عن 10%). ويتم الحصول على الأرقام الإجمالية لاستخدام الأراضي عن طريق جمع مناطق البيكسل تحت فئة الأراضي المحصولية في مقياس موديس (المعرَّفة باحتوائها على 60% أو أكثر من مساحة البيكسل التي تم تحديدها على أنها مزروعة) وتحت فئة فسيفساء الأراضي المحصولية في مقياس موديس (المعرَّفة باحتوائها على ما يتراوح بين 40 و 60% من مساحة البيكسل محددة بكونها مزروعة). وغالباً ما توجد فسيفساء الأراضي المحصولية على هامش بيكسلات الأراضي المحصولية. غير أنه في منطقة الشرق الأوسط وشمال أفريقيا، تكاد تكون فئة فسيفساء الأراضي المحصولية ضئيلة لأن مساحتها تعادل أقل من 0.4% من إجمالي مساحة الأراضي المحددة باعتبارها أراضي محصولية.

يورد هذا الفصل القيم الإجمالية من قاعدة البيانات الإحصائية لدى الفاو لعام 2018 ومن نوع الغطاء الأرضي لمقياس موديس خلال الفترة من 2017 إلى 2019 (تحرياً لمزيد من الدقة، يعين لكل بيكسل الفئة الغالبة على مدى هذه السنوات الثلاث المتعاقبة من أجل تخفيف أثر التحيزات الناجمة عن سوء التصنيف المحتمل). ومن المهم ملاحظة أن فئات استخدام الأراضي في كل من قاعدة البيانات الإحصائية لدى الفاو ومقياس موديس مختلفان ومن ثم يصعب المقارنة بينهما. وثمة عيب في بيانات قاعدة البيانات الإحصائية لدى الفاو حيث إنها تعتمد على بلاغات من المكاتب الإحصائية الوطنية وتضع افتراضات في حالات عدم الرد. والأمر المهم لهذه الدراسة أن تقسيم الأراضي الصالحة للزراعة إلى أراض تزرع بمحاصيل مؤقتة ومروج ومراع مؤقتة وأراضي إراحة، غير متاح لجميع البلدان، مما يجعل من المستحيل حساب إجمالي المساحات المزروعة بالمحاصيل (التي من شأنها أن تجمع المحاصيل الدائمة والمؤقتة). وفي الواقع، فإن مقياس قاعدة البيانات الإحصائية لدى الفاو للأراضي المحصولية يشمل أراضي أكثر مما هو مزروع فعليا لأن تعريف قاعدة البيانات الإحصائية لدى الفاو للأراضي المحصولية يشمل أيضاً المروج المؤقتة والمراعي وأراضي الإراحة. وبالنسبة لهذه الدراسة الإقليمية، توفر بيانات مقياس موديس لنوع الغطاء الأرضي مقاييس متسقة ومحددة للغطاء الأرضي في مواقع محددة يمكن تجميعها على المستوى الوطني. وتشمل عيوبها سوء التصنيف المحتمل للبيكسلات التي تظهر خصائص مختلطة، والتقريب الناتج عن تجميع مساحات من البيكسلات تحت تصنيف للغطاء الأرضي يختلف عن تصنيف قاعدة البيانات الإحصائية لدى الفاو.

وتبرز منطقة الشرق الأوسط وشمال أفريقيا بشكل صارخ مقارنة بسائر مناطق العالم من حيث إنها تتكون من أراض قاحلة إلى حد كبير. ويكشف تقسيم الغطاء الأرضي حسب الفئة في منتج الغطاء الأرضي لمقياس موديس (الشكل 1-1) أن أكثر من 84% من مساحة الأراضي في المنطقة تصنف على أنها صحراء، في حين أن 3.5% فقط من مساحة الأراضي عبارة عن أراضٍ محصولية، و0.3% فقط مبنية. وتكاد تكون المسطحات المائية (0.3%) والغابات (0.2%) معدومة في المنطقة. غير أن هناك تفاوتات كبيرة في الغطاء الأرضي داخل المنطقة. والبلد الذي يوجد به أكبر غطاء نباتي هو لبنان (1% فقط من الأراضي اللبنانية قاحلة)، في حين يصنف أكثر من 90% من الغطاء الأرضي لثمانية بلدان على أنه قاحل (الجزائر ومصر والكويت وليبيا وعمان وقطر و السعودية والإمارات).

تواجه ملاءمة الأراضي لأغراض الزراعة قيوداً شديدة بسبب الجغرافيا والمناخ. وتعد منطقة الشرق الأوسط وشمال أفريقيا أدنى منطقة من حيث نصيب الفرد من الأراضي المحصولية ولديها هامش ضئيل للغاية للتوسع. ويؤكد الشكل 1-2 (اللوحة أ)، الذي يجمّع البيانات الوطنية لقاعدة البيانات الإحصائية لدى الفاو عن استخدام الأراضي على المستوى الإقليمي، أن منطقة الشرق الأوسط وشمال أفريقيا، التي تبلغ مساحتها 62 مليون هكتار من الأراضي المحصولية، لديها أصغر مساحة من الأراضي المحصولية على مستوى العالم. ومن هذا المجموع، يخصص 10 ملايين هكتار للمحاصيل الدائمة، و52 مليون هكتار من الأراضي صالحة للزراعة (انظر الإطار 1-1 للتعاريف).

وتتفاقم هذه الندرة بسبب النسبة غير المتوازنة بين الأراضي المحصولية وسكان المنطقة. فعلى الرغم من أنه وفقا لهذه المقاييس، تضم منطقة الشرق الأوسط وشمال أفريقيا 4% من الأراضي المحصولية في العالم، فإنها تضم كذلك 6% من سكان العالم. ومن حيث نسبة نصيب الفرد من الأراضي المحصولية (الشكل 1-2، اللوحة ب)، تقع منطقة الشرق الأوسط وشمال أفريقيا في أدنى سلم التوزيع، في مرتبة أعلى قليلاً من منطقة جنوب آسيا ومنطقة شرق آسيا والمحيط الهادئ. فنصيب الفرد من الأراضي المحصولية (0.14 هكتار) لا يتجاوز ثلثي المتوسط العالمي (0.20 هكتار) وربع المتوسط في أمريكا الشمالية (0.54 هكتار).

ويبين الشكل 1-3 (اللوحة أ) المقاييس البديلة للأراضي المحصولية المقيسة مباشرة من الفضاء باستخدام مجموعة بيانات مقياس موديس. وعلى الرغم من اختلاف الرسوم البيانية بين قاعدة البيانات الإحصائية لدى الفاو ومقياس موديس بسبب التباين فيما يعتبر أراضي محصولية وفي طبيعة البيانات (انظر الإطار 1-1)، فإن بيانات مقياس موديس ترسم صورة مماثلة إلى حد ما، مما يؤكد أن منطقة الشرق الأوسط وشمال أفريقيا تقع في أسفل سلم التوزيع حيث لا تتجاوز مساحة الأراضي المحصولية فيها 38 مليون هكتار. وعند القياس من الفضاء، يبدو أن منطقة الشرق الأوسط وشمال أفريقيا هي المنطقة الوحيدة التي لا يصل فيها نصيب الفرد من الأراضي المحصولية حتى إلى 0.1 هكتار للفرد في المتوسط (الشكل 1-3، اللوحة ب). ويكشف الشكل 1-4، الذي يعرض توزيع الأراضي المحصولية ونصيب الفرد منها في المنطقة استنادا إلى بيانات مقياس موديس، وجود تفاوتات كبيرة فيما بين البلدان. وبلدان البحر الأبيض المتوسط، التي تتمتع بالمناخ الأكثر ملاءمة على طول سواحلها، هي أكثر ثراء في نصيب الفرد من الأراضي مقارنة بدول الخليج التي تتميز بالمناخ الأكثر جفافاً. وفي الهلال الخصيب، فحتى بلد مثل إيران الذي يوجد به

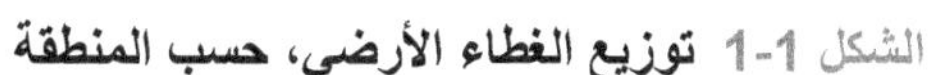

الشكل 1-1 توزيع الغطاء الأرضي، حسب المنطقة

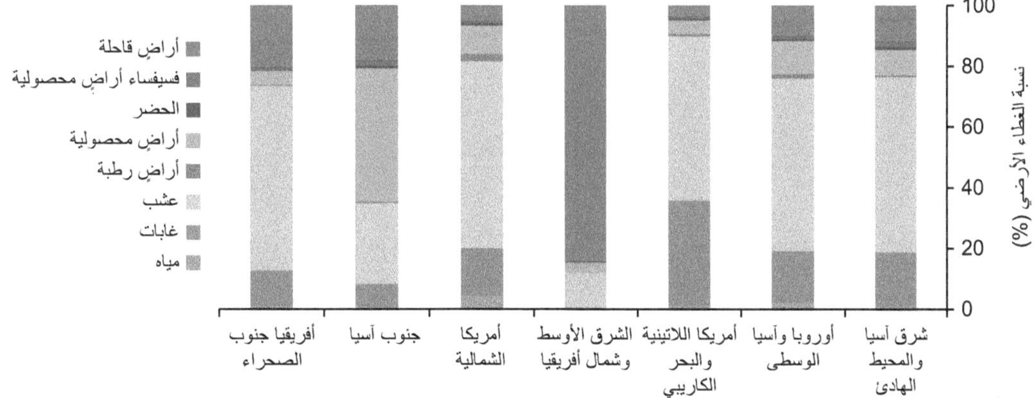

المصادر: حسابات المؤلفين، استناداً إلى سولا-منِاشي وفريدل (2018)، ونوع الغطاء الأرضي لمقياس موديس (MCD12Q1) الإصدار 6، https://lpdaac.usgs.gov/products/mcd12q1v006/.
ملحوظة: يتوافق التقسيم الإقليمي مع تعريفات البنك الدولي.

الشكل 1-2 المساحة المزروعة بالمحاصيل الدائمة والأراضي الصالحة للزراعة ونصيب الفرد من مساحة الأراضي المحصولية، حسب المنطقة، 2018 (قاعدة البيانات الإحصائية لدى الفاو)

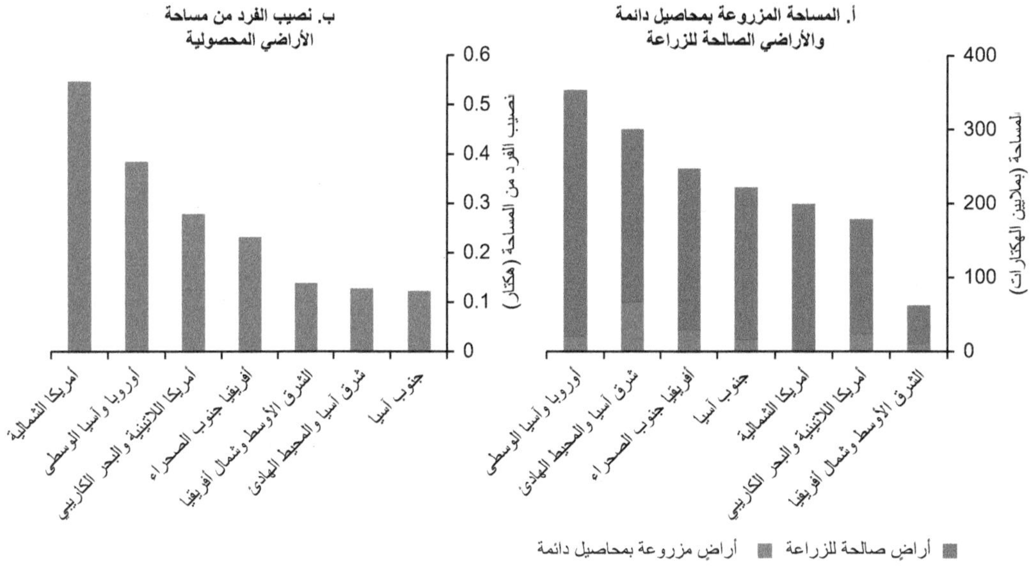

المصدر: حسابات المؤلفين، استناداً إلى منظمة الأغذية والزراعة، وقاعدة البيانات الإحصائية لدى الفاو (لوحة متابعة)، /http://www.fao.org/faostat.

الشكل 1-3 الأراضي المحصولية وفسيفساء الأراضي المحصولية، حسب المنطقة، 2018 (مقياس الطيف التصويري المتوسط التحليل)

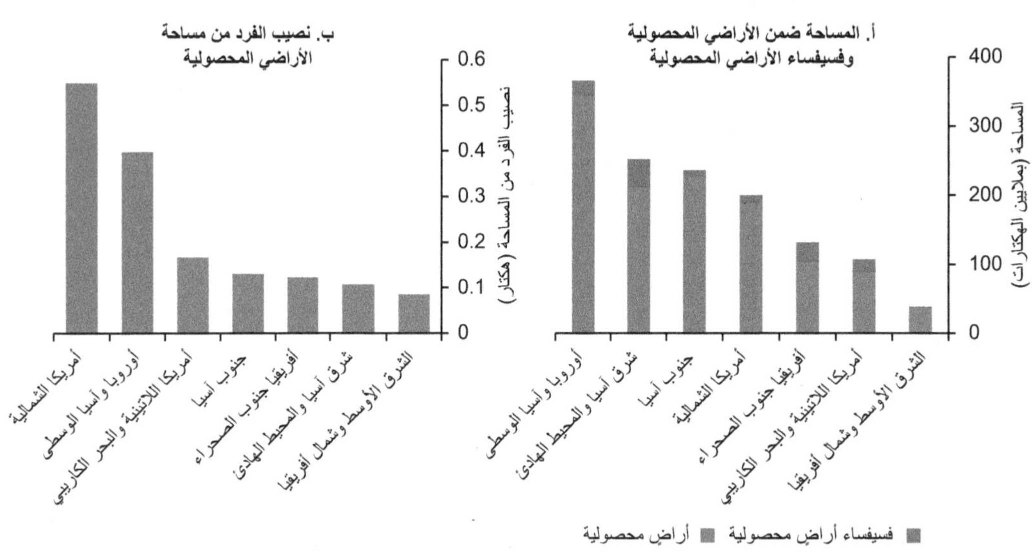

المصدر: حسابات المؤلفين، استناداً إلى نوع الغطاء الأرضي لمقياس موديس (MCD12Q1) الإصدار 6، /https://lpdaac.usgs.gov/products/mcd12q1v006.

الشكل 1-4 الأراضي المحصولية وفسيفساء الأراضي المحصولية، منطقة الشرق الأوسط وشمال أفريقيا، 2018 (مقياس الطيف التصويري المتوسط التحليل)

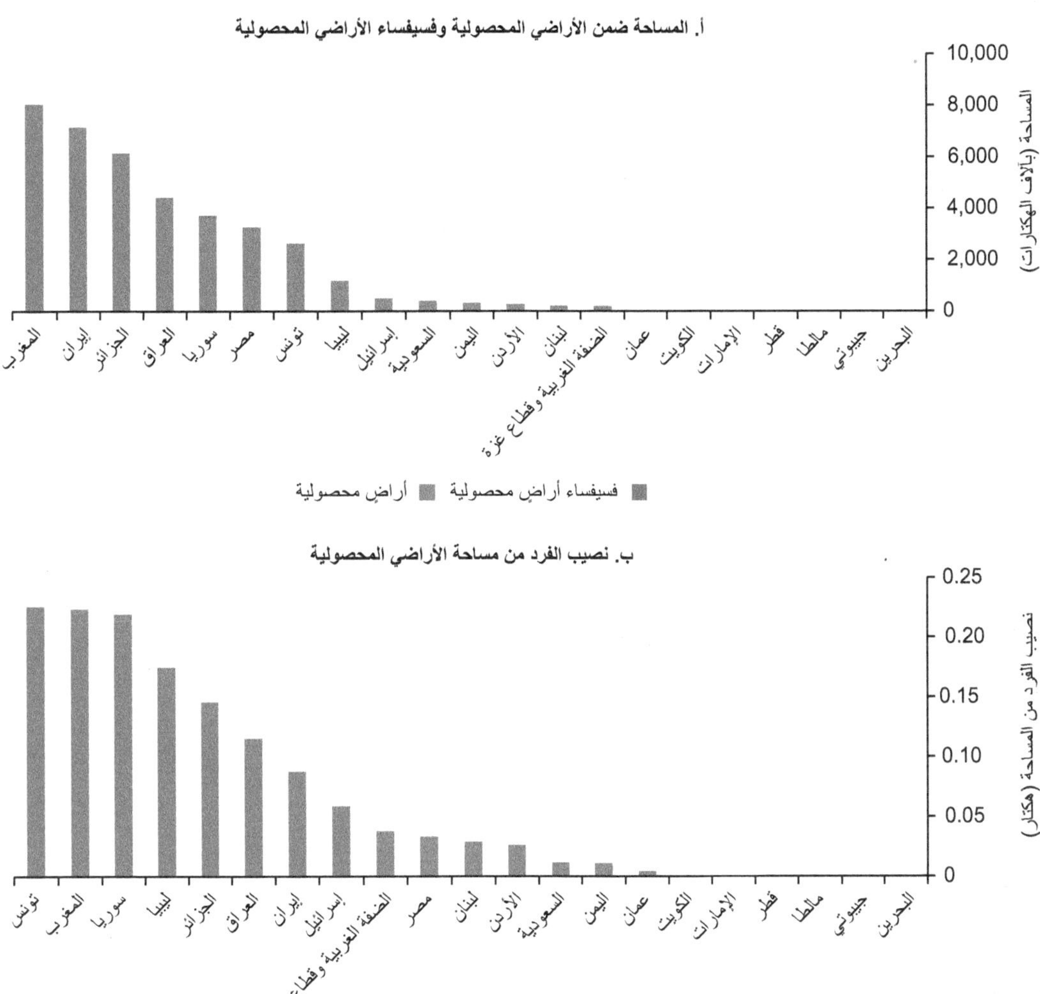

المصدر: حسابات المؤلفين، استناداً إلى نوع الغطاء الأرضي لمقياس موديس (MCD12Q1) الإصدار 6، /https://lpdaac.usgs.gov/products/mcd12q1v006.

مناطق شاسعة تجري زراعتها، لا يعد نصيب الفرد من الأراضي المحصولية فيه كبيراً، نظراً لضخامة عدد السكان. في الواقع، فإن البلدان الأعلى في نصيب الفرد من الأراضي بمنطقة الشرق الأوسط وشمال أفريقيا – المغرب وسوريا وتونس – لا يزيد نصيب الفرد فيها من الأراضي المحصولية على ما يقرب من 40% فقط من نصيب الفرد في أمريكا الشمالية.

وتعكس ندرة الأراضي المحصولية القيود الإيكولوجية الزراعية أمام التوسع، وبوجه عام، لا يوجد هامش يذكر في الشرق الأوسط وشمال أفريقيا لتوسيع الأراضي المزروعة دون زيادة استنزاف المياه. ويبرز هذا الوضع من خلال تقديرات مساحة الأراضي العشبية الحالية التي يمكن تحويلها إلى الزراعة البعلية، والتي يمكن حسابها عن طريق تراكب المعلومات المستمدة من البيانات الجغرافية عن ملاءمة الأراضي مع بيانات الغطاء الأرضي (انظر المنهجية الواردة في المرفق 1أ). وعلى الرغم من كون ذلك مؤشراً غير دقيق، فإنه يعطي مؤشراً معقولاً على حدود التوسع الزراعي في المنطقة. وكما هو مبين في الجدول 1أ-1 في المرفق، في ظل سيناريو المدخلات المرتفعة للإنتاج الزراعي، فإن إجمالي كمية الأراضي العشبية المناسبة لزراعة واحد على الأقل من المحاصيل الدولية السبعة الرئيسية في بلدان المنطقة دون اللجوء إلى الري يعادل أقل من 10% من الكمية الإجمالية الحالية للأراضي المحصولية في المنطقة (مقارنة بنسبة 150% على مستوى العالم). فمن أجل زراعة محصول واحد على

الأقل من أصل 27 محصولاً رئيسياً زرعت بالفعل في المنطقة دون ري، فلن تنمو الأراضي المحصولية بنسبة أكثر من 17%. وبالتالي، فإن إمكانية زيادة الإنتاج الزراعي في المنطقة محدودة للغاية لأن أراضيها متدهورة إلى حد كبير، كما أن تكثيفها على نطاق واسع ليس خياراً مستداماً.

وعلى مستوى العالم، فإن منطقة الشرق الأوسط وشمال أفريقيا هي أكثر المناطق تعرضاً للجفاف إلى حد بعيد. ويبين الشكل 1-5 توزيع مساحة الأراضي المحصولية حسب التعرض للجفاف في جميع المناطق (اللوحة أ) ومنطقة الشرق الأوسط وشمال أفريقيا (اللوحة ب). وتم الحصول على هذا التوزيع عن طريق تراكب مواقع الأراضي المحصولية الحالية باستخدام قياسات صور الأقمار الصناعية للجفاف على مدى 15 عاماً. وتبلغ القيمة الوسيطة للتعرض للجفاف الشديد خلال هذه الفترة 55 شهراً. ولذلك، فإن الأراضي المحصولية في منطقة الشرق الأوسط وشمال أفريقيا معرضة لأوضاع جفاف شديدة بنسبة 30% من الوقت أو لمدة أربعة أشهر في المتوسط كل عام. ويشكل الجفاف، إذا ما اقترن بتذبذب درجات الحرارة وكميات هطول الأمطار، قيداً شديداً يسرع من وتيرة تدهور الأراضي (الهيئة الحكومية الدولية المعنية بتغير المناخ 2019).

وتخسر منطقة الشرق الأوسط وشمال أفريقيا الأراضي المحصولية بوتيرة هي الأسرع في جميع المناطق. ويظهر تتبع ديناميكيات التغير في الغطاء الأرضي على مستوى العالم أن كتلة الأراضي المزروعة أبعد ما تكون عن الثبات، حيث تكتسب بعض المناطق أراضي محصولية فيما تخسر أخرى. ويكشف تحليل صور الأقمار الصناعية من 2003 إلى 2018 أن جميع مناطق العالم شهدت مستويات كبيرة من المكاسب والخسائر خلال هذه الفترة (الجدول 1-1)، ولكن المعدل الإجمالي لفقدان الأراضي المحصولية لم يكن الأعلى في منطقة الشرق الأوسط وشمال أفريقيا على الرغم من تغير المناخ والملوحة. وقد تعكس هذه النتيجة الجهود التي تبذلها بلدان المنطقة للحفاظ على الأراضي المزروعة (على وجه الخصوص، من خلال مخططات الري). وفيما يتعلق بالمكاسب التي تحققت في الأراضي المحصولية، فإن السمة الملحوظة هي أن منطقة الشرق الأوسط وشمال أفريقيا لديها أعلى نسبة من الأراضي المحصولية الجديدة المكتسبة في مواقع كانت تصنف سابقاً على أنها قاحلة، وهو ما يعكس على الأرجح استصلاح الأراضي الصحراوية الذي جرت العادة على ممارسته في المنطقة. وعلى الرغم من أن النتيجة الصافية لهذه الديناميكيات كانت مكسباً إجمالياً في الأراضي المحصولية في بعض المناطق (أمريكا اللاتينية وجنوب آسيا وأمريكا الشمالية)، فإن جميع المناطق الأخرى شهدت خسارة صافية، حيث فقدت منطقة الشرق الأوسط وشمال أفريقيا الأراضي المحصولية بشكل عام بوتيرة أسرع (–2.4% خلال هذه الفترة، أو –0.17% سنوياً).

الشكل 1-5 تعرض الأراضي المحصولية للجفاف، حسب جميع المناطق ومنطقة الشرق الأوسط وشمال أفريقيا، 2003–2018

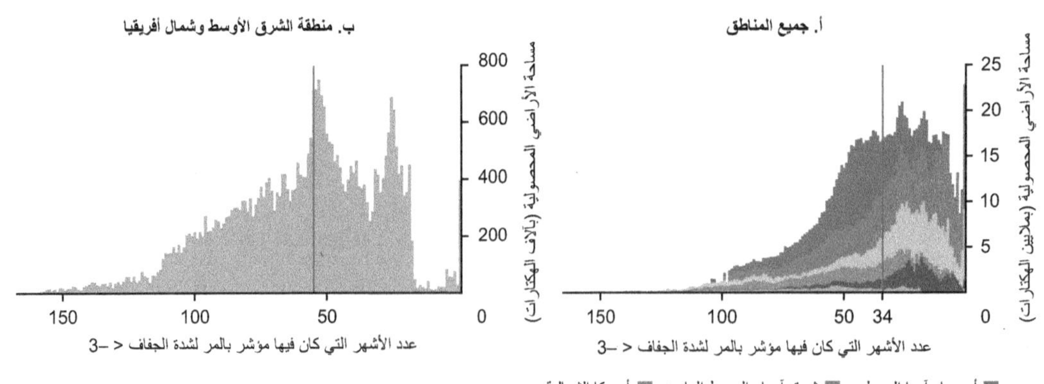

المصادر: مختبر علم المناخ، TERRACLIMATE، https://www.climatologylab.org/terraclimate.html؛ نوع الغطاء الأرضي لمقياس موديس (MCD12Q1) الإصدار 6، https://lpdaac.usgs.gov/products/mcd12q1v006/.

ملحوظة: تظهر هذه الأشكال توزيع مساحة الأراضي المحصولية حسب عدد شهور الجفاف خلال الفترة 2003–2018 بالنسبة لمناطق العالم (اللوحة أ) ومنطقة الشرق الأوسط وشمال أفريقيا (اللوحة ب). حُددت مواقع المحاصيل من خلال بيانات موديس بدقة 500 × 500 متر. المعلومات الجغرافية عن موجات الجفاف، التي تعرف بأنها عدد الأشهر التي كان مؤشر بالمر لشدة الجفاف أقل من –3، مأخوذة من TERRACLIMATE (مختبر علم المناخ، https://www.climatologylab.org/terraclimate.html). ويظهر الخط الأحمر الرأسي الرقم الوسيط لموجات الجفاف في الأراضي المحصولية في عام 2018.

الجدول 1-1 **التحركات داخل الأراضي المحصولية وخارجها، حسب المنطقة، 2003–2018**

مكاسب وخسائر الأراضي المحصولية	شرق آسيا والمحيط الهادئ	أوروبا وآسيا الوسطى	أمريكا اللاتينية والبحر الكاريبي	الشرق الأوسط وشمال أفريقيا	أمريكا الشمالية	جنوب آسيا	أفريقيا جنوب الصحراء
النسبة المئوية للتغير في الأراضي المحصولية	-2.0	-2.3	14.3	-2.4	0.4	2.3	-1.3
النسبة المئوية للأراضي المحصولية المفقودة في عام 2003	11.7	8.9	13.8	11	6.5	4.5	20.3
النسبة المئوية للأراضي المحصولية المكتسبة في عام 2018 (من الأراضي القاحلة)	10.57 (0.00)	6.9 (0.00)	23.8 (0.01)	9 (0.23)	6.94 (0.00)	6.9 (0.05)	19.29 (0.00)

المصدر: حسابات المؤلفين، استناداً إلى سولا-مناشي وفريدل (2018)؛ نوع الغطاء الأرضي لمقياس موديس (MCD12Q1) الإصدار 6، https://lpdaac.usgs.gov/products/mcd12q1v006/.

الشكل 1-6 **تحويل استخدام الأراضي، منطقة الشرق الأوسط وشمال أفريقيا، 2003–2018**

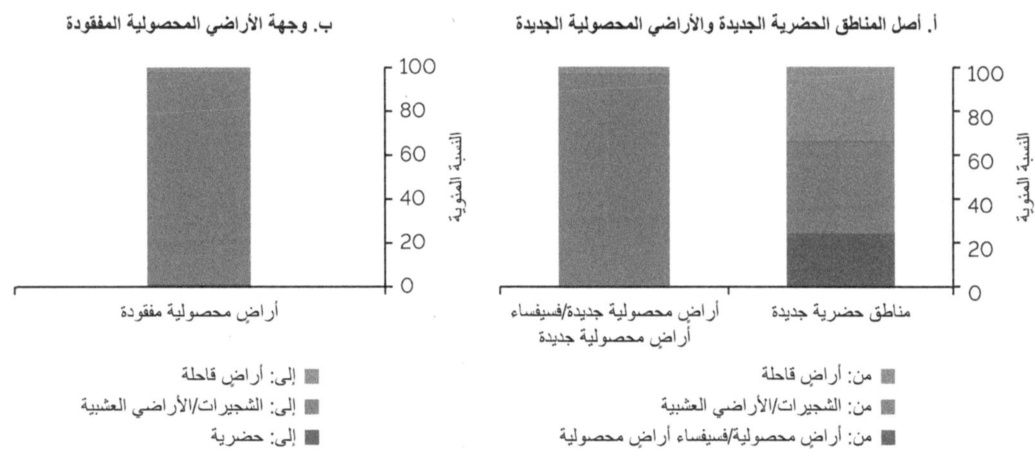

المصدر: حسابات المؤلفين، استناداً إلى نوع الغطاء الأرضي لمقياس موديس (MCD12Q1) الإصدار 6، https://lpdaac.usgs.gov/products/mcd12q1v006/.

وقد زادت المساحات المبنية الحضرية بسرعة في منطقة الشرق الأوسط وشمال أفريقيا، وغالباً ما يكون ذلك على حساب الأراضي المحصولية النادرة بالفعل. وعلى الرغم من أن المساحة المعمورة لا تمثل سوى 0.2% من الغطاء الأرضي، فإنها نمت نمواً كبيراً على مدى العقود الماضية. وتشير بيانات مقياس موديس إلى زيادة بنسبة 10% في المساحة المبنية في المناطق الحضرية على مدى الفترة 2003–2018، وهي نسبة أقل كثيراً مما كانت عليه في آسيا وأفريقيا جنوب الصحراء، ولكنها أكبر بكثير مما هي عليه في المناطق الأخرى.[2] وفي بلدان الشرق الأوسط وشمال أفريقيا، غالباً ما تتوسع المدن على حساب الأراضي الزراعية الرئيسية المحيطة بها. ووفقاً لصور الأقمار الصناعية، فإن 24% من النمو الحضري المكاني في المنطقة على مدى السنوات الخمس عشرة الماضية جرى على أراضٍ كانت تزرع بمحاصيل من قبل (انظر الشكل 1-6، اللوحة أ). وبالنسبة لبعض الاقتصادات، فإن الرقم الخاص بالتوسع الحضري في الأراضي المحصولية أعلى بكثير: 39% في الضفة الغربية وقطاع غزة، و43% في سوريا، و47% في مصر خلال فترة الخمسة عشر عاماً نفسها.[3] وبالنسبة للمنطقة ككل، يمثل هذا تدميراً لنسبة 0.1% فقط من إجمالي كتلة الأراضي المحصولية (الشكل 1-6، اللوحة ب)، لكن أكثر من 0.9% من كتلة الأراضي المحصولية في مصر و1.8% في الضفة الغربية وقطاع غزة فقدت بسبب النمو الحضري. وفي هذا السياق، تعد مسألة ما إذا كان ينبغي تثبيط تحويل الأراضي الزراعية إلى أراضٍ حضرية أم تركها للأسواق مسألة مهمة على صعيد السياسات، وهو ما يناقشه هذا التقرير بمزيد من التفصيل.

المحركات الرئيسية لأنماط استخدام الأراضي في بلدان منطقة الشرق الأوسط وشمال أفريقيا

يقيّم هذا القسم المحركات الرئيسية لاستخدام الأراضي – العوامل السكانية، والمناخ، والمؤسسات، والصراع[4] – بالنسبة للمدن والزراعة في منطقة الشرق الأوسط وشمال أفريقيا. وبوجه عام، تؤثر الموارد الطبيعية تأثيراً كبيراً على أماكن عيش الناس وإقامة الأنشطة الاقتصادية، خاصة في المناطق القاحلة. وتكشف نظرة سريعة على أي خريطة أن المدن والزراعة في بلدان المنطقة تقع في معظمها على طول الساحل وعلى مقربة من الأنهار. وهذه المناطق أكثر جاذبية بسبب مناخها الأنسب، والأراضي الأكثر ملاءمة للزراعة، وإمكانية الوصول الأفضل إلى التجارة. غير أن أنماط استخدام الأراضي يمكن أن تتغير بمرور الوقت استجابة للاحتياجات المتغيرة للاقتصادات والسياقات المتطورة.

فقد أدى النمو السكاني في المناطق الحضرية في الشرق الأوسط وشمال أفريقيا إلى توسع حضري كما هو الحال في أماكن أخرى من العالم. وفي المنطقة، تشهد المساحة المبنية في المناطق الحضرية نمواً مطردا استجابة لنمو سكان الحضر بها بنسبة 2.5% سنوياً على مدى العقدين الماضيين.[5] غير أن استجابة المدن تمثلت في استخدام الأراضي على نحو أقل كفاءة، وشهدت المدن الكبيرة انخفاضاً في الكثافة. وللتقييم الكمي لآثار النمو السكاني في المناطق الحضرية على استخدام الأراضي، استخدمت قاعدة بيانات المؤشرات الحضرية لموئل الأمم المتحدة (موئل الأمم المتحدة 2018) في رسم معدلات استهلاك الأراضي مقابل معدلات النمو السكاني للفترة 2000–2015 (الشكل 1-7).

ويظهر تحليل إحصائي بسيط وجود مرونة للمساحة المبنية إزاء تعداد السكان بنسبة 0.93% - وبعبارة أخرى، فإن زيادة السكان بنسبة 10% تصاحبها زيادة بنسبة 9.3% في المساحة المبنية الحضرية. وبالتالي، فإن الزيادة بنسبة 10% في عدد سكان مدينة افتراضية تبلغ مساحتها 100 ألف هكتار ستتطلب تحويل 9300 هكتار إلى مساحة مبنية. ومن المثير للاهتمام أن مرونة مدن المنطقة أكبر من سائر العالم بنسبة 14% تقريباً، مما يعني ضمناً أن استجابة مدن المنطقة للطلب على المساحات،

الشكل 1-7 النمو في استهلاك الأراضي وتعداد سكان الحضر، منطقة الشرق الأوسط وشمال أفريقيا وسائر العالم، 2000–2015

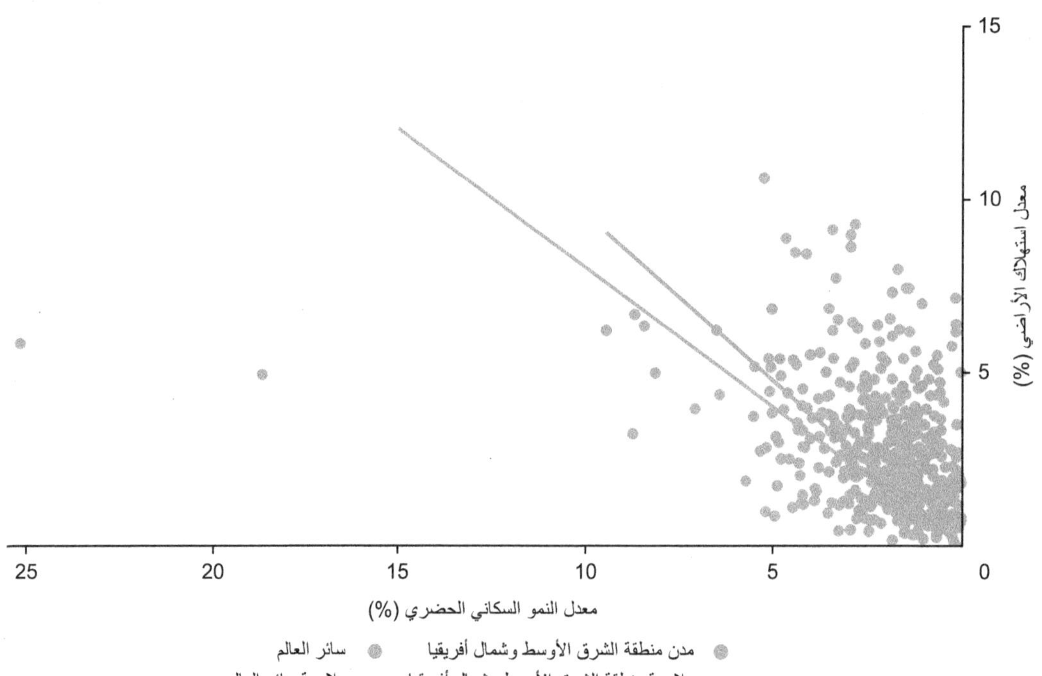

المصدر: حسابات المؤلفين، استناداً إلى موئل الأمم المتحدة (2018).
ملحوظة: يميز هذا الرسم البياني بين المدن الواقعة في منطقة الشرق الأوسط وشمال أفريقيا (النقاط الصفراء) والمدن في بقية العالم (النقاط الرمادية). ويعرف معدل استهلاك الأراضي بأنه $ln\ (Urb_{t+1}/Urb_t)/y$، حيث يمثل كل من Urb_{t+1} و Urb_t إجمالي مساحة الامتداد الحضري في السنة الحالية وفي السنة الأولى على التوالي، و y هو عدد السنوات بين القياسين. وبالمثل، يعرف النمو السكاني في المناطق الحضرية بأنه $ln\ (Pop_{t+1}/Pop_t)/y$. والبيانات متاحة عن 581 مدينة. وهناك مجموعة بيانات أخرى أكبر قليلاً متاحة من موئل الأمم المتحدة للفترة نفسها، ولكن عن نسبة هذين المعدلين فقط، وليس عن المعدلات نفسها.

في المتوسط، أقل كفاءة من المدن الأخرى في العالم. ويتسق هذا مع النتائج التي خلصت إليها دراسة حديثة للبنك الدولي تكشف أن مدن المنطقة تنمو في العادة بطريقة مجزأة ومتوسعة (البنك الدولي 2020). وخلص تحليل مجموعة من البيانات التكميلية لسكان المناطق الحضرية والمساحات المبنية أجراه بلانكسبور وخان وسيلود (2017) إلى أن المدن الأكبر حجماً في منطقة الشرق الأوسط وشمال أفريقيا (تلك التي يبلغ عدد سكانها 300 ألف نسمة أو أكثر) أقل كفاءة من المدن الأصغر حجماً، حيث تبلغ المرونة التقديرية 1.15، مقابل 0.73 للمدن الأصغر حجماً في المنطقة.[6] وتشير المرونة التي تزيد على 1 إلى ميل المدن الأكبر حجماً في المنطقة إلى شهود كثافات تناقصية بشكل عام مع نمو سكان الحضر.

ومن المرجح أن يكون النمو السكاني، والضغوط المناخية، وضعف إدارة الأراضي عوامل رئيسية للتغيرات في استخدام الأراضي الزراعية. وفي منطقة الشرق الأوسط وشمال أفريقيا، تؤدي الزيادة السكانية وارتفاع الدخل في العادة إلى زيادة الطلب على الأراضي الزراعية (للإنتاج الغذائي المحلي) سواء محلياً أو في الخارج من خلال الواردات والاستثمار الأجنبي المباشر. وفي الوقت نفسه، فإن العوامل المناخية الشديدة (تدهور الأراضي الناجم عن ارتفاع درجات الحرارة، وانخفاض معدلات هطول الأمطار، والملوحة، وارتفاع منسوب مياه البحر) تحد من جدوى زراعة الأراضي في منطقة الشرق الأوسط وشمال أفريقيا. وتحشد ورقة مرجعية أعدت لهذه الدراسة (بارك وآخرون، قيد الإصدار) مجموعة بيانات مقياس موديس على مستوى العالم لدراسة كيفية تأثير هذه العوامل على الديناميكيات المكانية للأراضي المحصولية، مع التركيز على الفاقد الإجمالي للأراضي المحصولية. وعلى الرغم من توقع حدوث تحركات معتدلة داخل الأراضي المحصولية وخارجها من خلال الأنشطة الزراعية، تؤكد الدراسة أن الجفاف، وسوء ملاءمة الأراضي، والملوحة (حسب القرب من الساحل)، والافتقار إلى إمكانية الري السطحي (قياساً على بعد المسافة من النهر) كلها عوامل تسهم في تدهور الأراضي. وبالإضافة إلى هذه العوامل البيوفيزيائية، خلصت الدراسة إلى أن المجتمعات الأكثر ثراء والأكثر تفاوتاً – البلدان التي يكون فيها الضغط الديموغرافي على استخدام الأراضي أقوى (كما يقاس عكسياً بمقدار نصيب الفرد من الأراضي المحصولية) والبلدان التي تعاني من سوء إدارة الأراضي – تتدهور فيها الأراضي بوتيرة أعلى (انظر الإطار 1-2 والمرفق 1ب للاطلاع على المنهجية ونتائج الانحدار). ويوضح الشكل 1-8 تأثير ندرة الأراضي وسوء حوكمتها على فقدان الأراضي المحصولية، حيث يُظهر مؤشراً على المستوى القُطْريّ لتدهور الأراضي على

الإطار 1-2 محركات الخسارة العالمية لمساحة الأراضي المحصولية

بالاستعانة بالمعلومات الطولية في منتج مقياس موديس (انظر الإطار 1-1)، تم بناء عمليات تحويل استخدام الأراضي من الأراضي المحصولية وإليها على مستوى البيكسل (500 × 500 متر) للعالم بين عامي 2003 و2018. ومن ثم دمجت بيكسلات هذه التحولات مع مختلف قواعد البيانات المستمدة من البيانات الجغرافية التي تزود بقياسات للعوامل المحلية الدافعة لديناميكيات الأراضي المحصولية. وتشمل هذه العوامل الدافعة المتغيرات البيوفيزيائية المحلية (درجة الحرارة وهطول الأمطار وشدة الجفاف والمسافة إلى النهر والمسافة إلى الساحل) والخصائص السكانية المحلية والخاصة بالبنية التحتية (زمن السفر إلى أقرب مدينة). وأُجري بعد ذلك التحليل التجريبي على مرحلتين، مما جعل في الإمكان التمييز بين المحركات المحلية والمحركات على المستوى القُطْريّ.

المحركات المحلية

يتم أولا تقدير التحولات في استخدام الأراضي (بدقة 500 متر بالنسبة للعالم) كمتغير ناتج عن الإنحدار على جميع المحددات المحلية المحتملة لتغير استخدام الأراضي في قاعدة البيانات والآثار القُطْرية الثابتة. وترصد هذه الآثار الثابتة – المستخدمة في المرحلة الثانية من التحليل – جميع المحددات على المستوى الوطني المشتركة بين جميع البيكسلات داخل نفس البلد. وتظهر نتائج هذه المرحلة الأولى (الجدول 1ب-1 في المرفق 1ب) بشكل لا لبس فيه أن فقدان الأراضي المحصولية يرتبط ارتباطاً قوياً بالصدمات المناخية السلبية، والمسافة إلى النهر (بسبب الجفاف وصعوبة الري)، والقرب من الساحل (بسبب الملوحة)، وزمن الانتقال إلى الأسواق المحلية (بسبب تكاليف النقل).

المحركات على المستوى القُطْريّ

في المرحلة الثانية، استمدت الآثار القُطْرية الثابتة من المرحلة الأولى وتم تقدير الإنحدار على المتغيرات الوطنية التي تقيس السياقات الاقتصادية والمؤسسية (انظر الجدول 1ب-2 في المرفق 1ب). وخلص التحليل إلى أن فقدان الأراضي المحصولية يرتبط ارتباطاً إيجابياً بالعوامل التي يمكن أن تؤدي إلى تدهور الأراضي من خلال زيادة كثافة استخدام الأراضي – أي انخفاض مقدار نصيب الفرد من الأراضي المحصولية وارتفاع نصيب الفرد من إجمالي الناتج المحلي. وخلص التقرير أيضاً إلى أن المجتمعات غير المتكافئة (مؤشر جيني مرتفع) أقرب إلى أن تشهد تدهوراً للأراضي بوتيرة أسرع، وهو ما قد يشير إلى اعتماد الفقراء لإستراتيجيات غير مستدامة لكسب الرزق من استخدام الأراضي. وأخيراً، يخلص الانحدار إلى أن درجة سهولة ممارسة أنشطة الأعمال الخاصة بمؤشر جودة إدارة الأراضي[أ] تحد من معدل تدهور الأراضي، مسلطاً الضوء على الدور الذي تلعبه الإدارات العملية للأراضي في الحفاظ على الموارد الطبيعية.

ويمكن الاطلاع على المزيد من التفاصيل في بارك وآخرين. (قيد الإصدار).

أ. البنك الدولي، تقرير ممارسة أنشطة الأعمال 2004–2020 (قاعدة بيانات)، https://archive.doingbusiness.org/en/doingbusiness.

الشكل 1-8 آثار ندرة الأراضي وحوكمة الأراضي على فقدان الأراضي المحصولية، حسب المنطقة

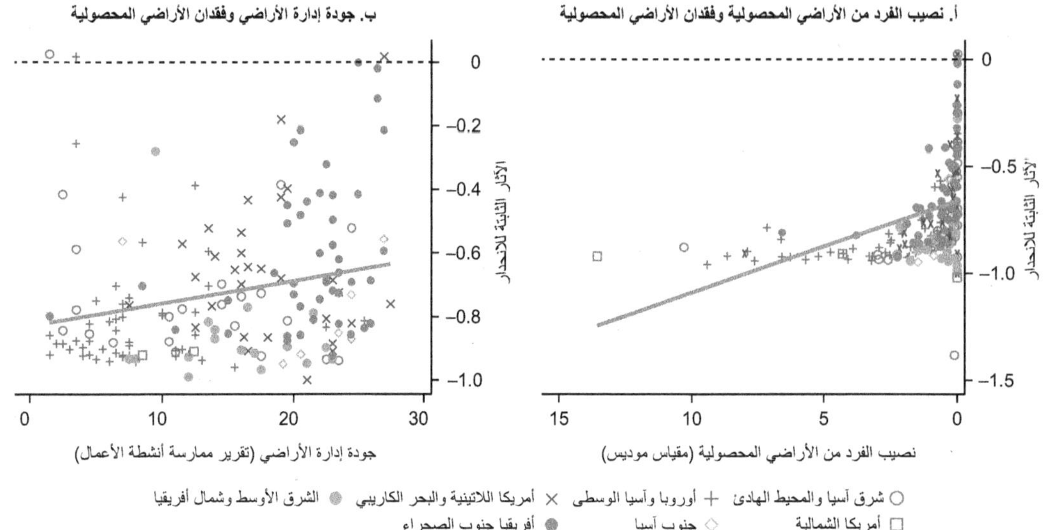

المصادر: اللوحة أ: حسابات المؤلفين استناداً إلى نوع الغطاء الأرضي لمقياس موديس (MCD12Q1) الإصدار 6، https://lpdaac.usgs.gov/products/mcd12q1v006/؛ اللوحة ب: حسابات المؤلفين استناداً إلى البنك الدولي، تقرير ممارسة أنشطة الأعمال 2004–2020 (قاعدة بيانات)، https://archive.doingbusiness.org/en/doingbusiness.

نصيب الفرد من الأراضي المحصولية (اللوحة أ) وعلى مؤشر جودة إدارة الأراضي (اللوحة ب) الذي يقيسه مشروع ممارسة أنشطة الأعمال التابع للبنك الدولي.[7]

وتؤثر الصراعات، التي تعاني منها منطقة الشرق الأوسط وشمال أفريقيا،[8] على استخدام الأراضي من خلال فقدان حقوق الملكية ونزوح السكان. وقد أدت الصراعات إلى التخلي المؤقت عن الأراضي المحصولية في سوريا وتوسيع الأراضي المزروعة على الجانب الآخر من الحدود السورية التركية. ويمكن أن يكون للأحداث العنيفة آثار كبيرة على استخدام الأراضي، لا سيما في المناطق الريفية حيث يمكن أن تفقد فيها حقوق الأراضي، وتتعطل الإنتاجية الزراعية، وينزح السكان قسراً. فعلى سبيل المثال، وجدت دراسة حديثة أن هناك تراجعاً كبيراً في المناطق المزروعة في أعقاب الهجمات العسكرية التي شنها صدام حسين على الأكراد في إقليم كردستان بالعراق في عام 1988 (إكلوند وبيرسون وبيليسيو 2016). وتتسم هذه التغيرات في استخدام الأراضي بالعمق في كثير من الحالات، إذ لا يجري إعادة زراعة سوى نسبة ضئيلة من الحقول المهجورة فور توقف الأعمال المسلحة.[9]

وبالنسبة لهذه الدراسة، قيّم أوزدن وآخرون (قيد الإصدار) كيفية تأثير الحرب الأهلية السورية على استخدام الأراضي.[10] وسعى البحث إلى تحديد آثار الصراع على مقدار الأراضي المزروعة، التي تقاس مباشرة من الفضاء باستخدام منتج بيانات موديس. وتناول هذا البحث موقع العديد من التغيرات – حول الحدود السورية التركية – حيث يمكن تقدير تأثير الصراع على ديناميكيات الأراضي المحصولية تقديرا سببياً من خلال مقارنة المناطق ذات الأوضاع الإيكولوجية الزراعية المماثلة على كل من جانبي الحدود (انظر الإطار 1-3 للاطلاع على وصف موجز للمنهجية). ومع ذلك، لم تتأثر تركيا على الأرجح إلا بصورة غير مباشرة بالصراع لأن التحركات السكانية الكبيرة إلى تركيا ومخيمات اللاجئين الواقعة على الجانب التركي من الحدود كان يمكن أن تؤدي إلى زيادة المعروض من العمالة في قطاع الزراعة. وتؤكد الخريطة 1-1، التي تظهر تحولات الأراضي المحصولية في منطقة الدراسة بين عامي 2009 (قبل الصراع) و2017، أن الأراضي المحصولية كانت مهجورة (النقاط الحمراء) في معظمها في سوريا، في حين ظهرت أراضٍ محصولية جديدة (النقاط السوداء) في الغالب في تركيا، شمال الحدود.

ووفقاً لأوزدن وآخرين (قيد الإصدار)، أدى الصراع في سوريا إلى انخفاض مساحة الأراضي المحصولية على الجانب السوري بنسبة 7%، وزيادة مساحة الأراضي المحصولية بنسبة 5% على الجانب التركي، مما يعني وجود فجوة بنسبة 12% بين البلدين. لكن يبدو أن الأثر كان مؤقتاً وتوقف بحلول عام 2019 (انظر الشكل ب1-3-1 في الإطار 1-3). وبالنظر إلى الأدبيات السابقة على الصراع واستخدام الأراضي، فإن هذا أمر مثير للدهشة ويبدو أنه يشير إلى قدرة غير متوقعة على الصمود، ربما في إطار جهود تحقيق الاستقرار التي تبذلها الأطراف المعنية.

الإطار 1-3 تأثير الصراع السوري على الأراضي المزروعة

يعد تقدير أثر الصراع على استخدام الأراضي الزراعية أمراً صعباً لأنه يتطلب عزل أثر الصراع عن العوامل الأخرى المحتملة لتغير استخدام الأراضي. وللتغلب على هذه المشكلات، يجري تنفيذ تصميم للانقطاع الانحداري الجغرافي لمقارنة التغيرات في استخدام الأراضي في المساحات المحصولية (مقيسة من الفضاء عن طريق منتج بيانات مقياس موديس) على جانبي الحدود بين سوريا وتركيا. ونظرا لأن بيانات استخدام الأراضي متاحة سنوياً لكل بيكسل مساحته 500 × 500 متر، يمكن الجمع بين تصميم الانقطاع الانحداري الجغرافي ونهج الاختلاف في الاختلافات. ويسمح هذا الإطار التجريبي الموحد بتقدير كيفية تسبب الصراع في تقليص الأراضي المحصولية في سوريا مقارنة بتركيا كل عام، وتحليل الفجوة من حيث الخسائر في سوريا والمكاسب في تركيا بسبب أحداث العنف في سوريا ونزوح السكان من سوريا إلى تركيا.

ويبين الشكل ب1-3-1 المعاملات ذات الأهمية في الانحدار. وهي تقيس النسبة التراكمية للتغير في الأراضي المحصولية في سوريا (مقارنة بتركيا) نتيجة الصراع. ويظهر الرسم البياني بوضوح أن ديناميكيات الأراضي المحصولية بين البلدين بدأت تتباعد في عام 2011 عندما اندلع الصراع في سوريا، وبلغت ذروتها في عام 2017 مع انخفاض بنسبة 12% في مساحة الأراضي المحصولية على الجانب السوري من الحدود مقارنة بالجانب التركي. ويشير انخفاض الأثر في عام 2018 (وحتى الانتكاس في عام 2019) إلى أن الأثر كان يمكن أن يكون عابراً.[أ]

الشكل ب 1-3-1 تناقص الأراضي المحصولية في سوريا مقارنة بتركيا نتيجة للصراع السوري، 2019–2010

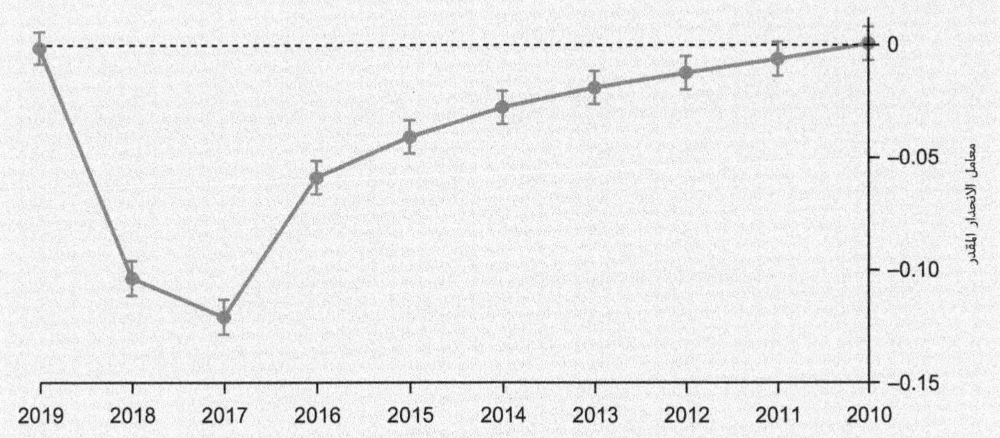

المصدر: حسابات المؤلفين، استناداً إلى نوع الغطاء الأرضي لمقياس موديس (MCD12Q1) الإصدار 6، https://lpdaac.usgs.gov/products/mcd12q1v006/.

ملحوظة: يبين الرسم البياني المعامل التقديري في نهج الانقطاع الانحداري الجغرافي/الاختلاف في الاختلافات المجمع في أوزدن وآخرين (قيد الإصدار). ويقيس النسبة المئوية المقدرة للتناقص في الأراضي المحصولية في سوريا مقارنة بتركيا نتيجة للصراع السوري.

أ. انظر أوزدن وآخرين. (قيد الإصدار) للمزيد من التفاصيل.

الاتجاهات المستقبلية والآثار على الطلب على الأراضي

تنشأ تكاليف اقتصادية مرتفعة بسبب تدهور الأراضي والتصحر اللذين طال أمدهما[11] في منطقة الشرق الأوسط وشمال أفريقيا، وخصوصاً في الجزائر ومصر وإيران والأردن والمغرب وسوريا (الهيئة الحكومية الدولية المعنية بتغير المناخ 2019). وتنبع هذه العمليات من عوامل مناخية وأنثروبولوجية على حد سواء. ويتوقع الخبراء أن تستمر التقلبات في درجات الحرارة والجفاف في التسبب في تدهور الأراضي، مما يشكل مشكلات كبيرة للزراعة. ففي السعودية، على سبيل المثال، تشير التقديرات إلى أن درجات الحرارة سترتفع بما يتراوح بين 1.8 و 4.1 درجات مئوية بحلول عام 2050، مما يؤدي إلى زيادة بنسبة 5–15% في الطلب على المياه الزراعية، وستؤثر على الواحات خصوصاً (الهيئة الحكومية الدولية المعنية بتغير المناخ 2019). وفيما يتعلق بدور التدخلات البشرية في تدهور الأراضي في منطقة الشرق الأوسط وشمال أفريقيا، فإنها تشمل ممارسات زراعية غير مستدامة (أبو حماد والطميزي 2012؛ الجندوبي وآخرون 2020)، والسياسات الحكومية (نيلسن وأدريانسن 2005)، والمؤسسات (كما أكد التحليل الوارد في القسم السابق). ولتدهور الأراضي على هذا النطاق تكلفة اقتصادية كبيرة. فعلى سبيل المثال، يقدر ريكييه-ديجاردين وبيبه-شاريتون (2006) تكلفة التدهور بحوالي 1% من إجمالي الناتج المحلي للجزائر ومصر و0.5% من إجمالي الناتج المحلي للمغرب وتونس. ويكلف تدهور الأراضي في المتوسط 1% من إجمالي الناتج المحلي في بلدان المنطقة (البنك الدولي 2019).

الخريطة 1-1 تغير الغطاء الأرضي على كلا جانبي الحدود بين سوريا وتركيا، 2009–2017

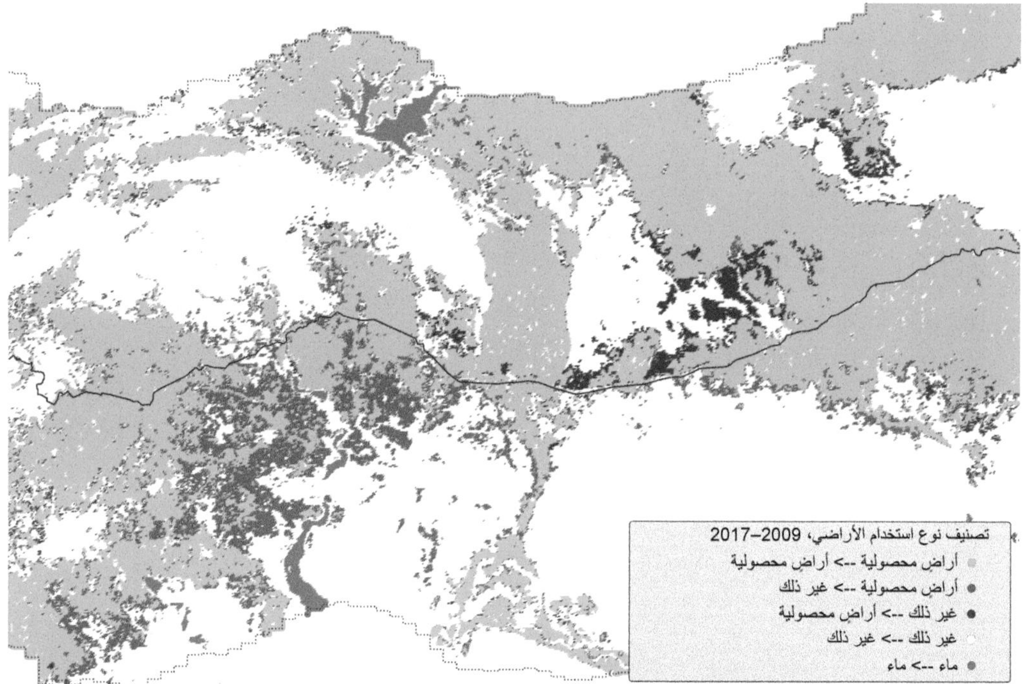

المصدر: نوع الغطاء الأرضي لمقياس موديس (MCD12Q1) الإصدار 6، /https://lpdaac.usgs.gov/products/mcd12q1v006.
ملحوظة: يمثل الخط الأسود الحدود السورية التركية، حيث سوريا إلى الجنوب وتركيا إلى الشمال من الحدود.

ونظراً لأن معظم المدن والزراعة في منطقة الشرق الأوسط وشمال أفريقيا تقع على طول سواحلها، فإن التراجع الساحلي وارتفاع منسوب سطح البحر يشكلان تهديداً للمنطقة بأسرها، مما يزيد من مخاطر الفيضانات، وتسرب مياه البحر في مكامن المياه الجوفية، وتملح الأراضي. وتتيح قاعدة بيانات عن آثار ارتفاع منسوب سطح البحر التنبؤات بمساحات الأراضي المتأثرة بهذه الارتفاعات بالمنطقة في سيناريوهات مختلفة تتراوح بين ارتفاع متر و 5 أمتار.[12] وتظهر الأرقام أن ما بين 0.4 و0.8% من الأراضي في منطقة الشرق الأوسط وشمال أفريقيا ستتأثر بهذه الظاهرة. ولكن بالنسبة لبعض البلدان، فإن هذه الأرقام أكثر مأساوية بكثير. فعلى سبيل المثال، سيتأثر ما بين 2.7% و13.3% من مساحة أراضي قطر. كما أن آثار ارتفاع منسوب سطح البحر على مساحة الأراضي الحضرية كبيرة أيضاً: إذ سيؤثر ارتفاع قدره 5 أمتار على 13.3% من مساحة الأراضي الحضرية في الإمارات ، و11.6% في مصر، و10.9% في ليبيا. ونتيجة لذلك، يتعرض توافر الأراضي لقيود متزايدة بسبب تقدم الصحراء والبحر على حد سواء.

وتشير التوقعات الديموغرافية والاقتصادية في منطقة الشرق الأوسط وشمال أفريقيا إلى زيادة كبيرة في الطلب على الأراضي في المستقبل. ومن المؤكد أن الزيادة المتوقعة بنسبة 40% في عدد السكان في المنطقة بحلول عام 2050 (إلى 650 مليون نسمة)، مقترنة بزيادة الدخل (مما يعني زيادة الوجبات الغذائية المحتوية على سعرات حرارية)، ستؤدي إلى زيادة الطلب على الأراضي لإنتاج الغذاء ما لم تستوعب الواردات الطلب الإضافي على الغذاء استيعاباً كاملاً أو حدوث زيادة (غير محتملة) في الإنتاجية.[13] ومن المتوقع أن تحدث الزيادة في عدد سكان المناطق الحضرية في المنطقة بوتيرة أسرع، حيث سترتفع بأكثر من 60% (بزيادة قدرها 190 مليون نسمة) بحلول عام 2050، في حين يتوقع أن يشهد سكان المناطق الريفية ركوداً أو تراجعاً. وتعني ضخامة الزيادة المتوقعة في عدد سكان الحضر (وهي أكثر من مجموع السكان الحاليين في فرنسا وإسبانيا والمملكة المتحدة) أنه في ظل ظروف التوسع الحضري الحالية (انظر الشكل 1-7) ومرونة نمو الأراضي المقابلة للنمو السكاني، سيتعين زيادة المساحة المبنية الحضرية في منطقة الشرق الأوسط وشمال أفريقيا بأكثر من 50% بحلول عام 2050.[14] واستنادا إلى إجمالي المساحة العمرانية الحالية في المنطقة (مقيسة من الفضاء بمنتج بيانات مقياس موديس)، فإن هذا سيقابل مساحة إضافية قدرها 2.6 مليون هكتار من الأراضي الحضرية الجديدة.

الشكل 1-9 **نصيب الفرد من توافر الأراضي الزراعية، منطقة الشرق الأوسط وشمال أفريقيا، 1961–2050**

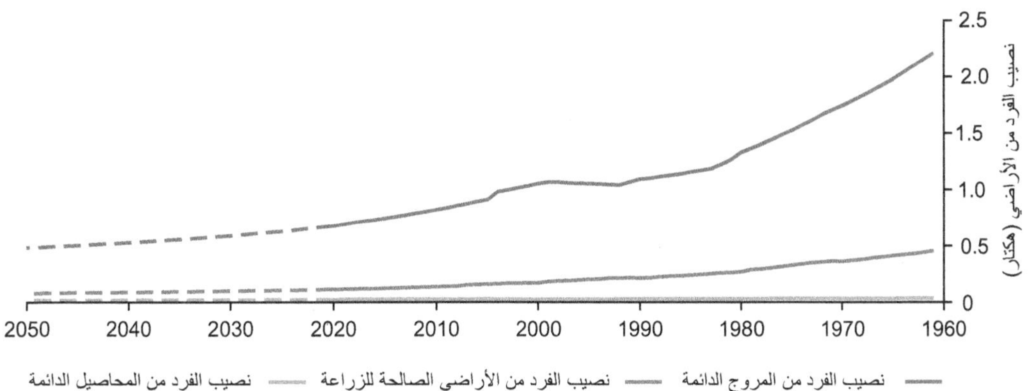

المصادر: حسابات المؤلفين، استنادا إلى منظمة الأغذية والزراعة، وقاعدة البيانات الإحصائية لدى الفاو (لوحة متابعة)، http://www.fao.org/faostat/؛ الأمم المتحدة (2019).

وإذا استمرت الاتجاهات المناخية والسكانية كما هو متوقع، فإن الأراضي الزراعية ستصبح أكثر ندرة في منطقة الشرق الأوسط وشمال أفريقيا، لتنخفض إلى مستوى يمكن أن يؤدي إلى أزمة كبيرة إذا لم تتم معالجتها. وتتجلى هذه الأزمة التي تلوح في الأفق في الانخفاض الكبير في نصيب الفرد من الأراضي الزراعية الذي تشهده المنطقة منذ عقود. ويبين الشكل 1-9 المسار النزولي السابق والمتوقع (حتى عام 2050) لنصيب الفرد من الأراضي الزراعية، مع الأخذ بعين الاعتبار النمو السكاني المتوقع في المنطقة.[15] ويثير هذا السياق من الندرة المتزايدة قضايا إستراتيجية مهمة بشأن أفضل استخدام للأراضي لخدمة الأهداف الاقتصادية والاجتماعية والاستدامة والسيادة. وبعبارة محددة، تواجه المنطقة معضلة بشأن أفضل وسيلة لاستخدام الأراضي في الإسكان أو الصناعة أو الأنشطة التجارية أو الإنتاج الزراعي مع الحفاظ على المياه والسعي لتحقيق هدفي الاكتفاء الذاتي من الغذاء والأمن الغذائي.[16] وكان السعي لتحقيق الاكتفاء الذاتي من الغذاء، على وجه الخصوص، هدفاً محورياً في منطقة الشرق الأوسط وشمال أفريقيا منذ سبعينيات القرن الماضي، وما له من آثار كبيرة على استخدام الأراضي. وكما ورد في الفصل الخامس، اتخذت الاستجابات على صعيد السياسات أشكالاً مختلفة، من الحفاظ على الأراضي الزراعية في المناطق شبه الحضرية إلى استصلاح الأراضي و"تصدير" احتياجات الأراضي من خلال استيراد الأغذية أو الاستحواذ المباشر على الأراضي الزراعية في الخارج.

المرفق 1أ: إمكانية التوسع في الأراضي المحصولية

أضيفت إلى معلومات الغطاء الأرضي لمنتج بيانات مقياس موديس معلومات عن ملاءمة الأراضي للزراعة من منهجية المناطق الإيكولوجية الزراعية في العالم GAEZ V4.0 لمحصول شامل يتألف من المحاصيل الرئيسية السبعة والعشرين في منطقة الشرق الأوسط وشمال أفريقيا الواردة في منظمة التعاون والتنمية الاقتصادية/منظمة الأغذية والزراعة (2018).[17] وكشفت الدراسة أن 6.3 ملايين هكتار إضافي فقط، من الأراضي العشبية في منطقة الشرق الأوسط وشمال أفريقيا، مناسبة للزراعة البعلية في ظل سيناريو الزراعة مرتفعة المدخلات. ويمثل هذا الرقم زيادة قصوى محتملة قدرها 16.5% فقط من مساحة الأراضي المحصولية الحالية كما هو مقيس في بيانات مقياس موديس. ويؤدي تكرار هذا الحساب مع سبعة محاصيل دولية رئيسية إلى 3.7 ملايين هكتار فقط من الأراضي العشبية في منطقة الشرق الأوسط وشمال أفريقيا مناسبة للزراعة البعلية في ظل سيناريو الزراعة مرتفعة المدخلات لهذه المحاصيل، أو إلى زيادة قصوى محتملة قدرها 9.6% من الأراضي المحصولية الحالية. ويسجل الجدول 1أ-1 "هوامش التوسع" هذه حسب المناطق بالنسبة لهذه المحاصيل الدولية الرئيسية السبعة.

الجدول 1أ-1 الأراضي المزروعة وإمكانية التوسع (سبعة محاصيل دولية رئيسية)، حسب المنطقة

المنطقة	الأراضي المحصولية (بملايين الهكتارات)	الأراضي المتاحة للزراعة البعلية (بملايين الهكتارات)	النسبة إلى الأراضي المحصولية القائمة (%)
شرق آسيا والمحيط الهادئ	252.5	237.5	94.1
أوروبا وآسيا الوسطى	365.7	223.1	61.0
أمريكا اللاتينية والبحر الكاريبي	106.9	499.6	467.4
الشرق الأوسط وشمال أفريقيا	38.3	3.7	9.6
أمريكا الشمالية	200.1	259.4	129.6
جنوب آسيا	235.9	28.5	12.1
أفريقيا جنوب الصحراء	131.9	755.8	573.0
المجموع العالمي	**1,331.3**	**2,007.6**	**150.8**

المصادر: نوع الغطاء الأرضي لمقياس موديس (MCD12Q1) الإصدار 6، /https://lpdaac.usgs.gov/products/mcd12q1v006؛ منظمة الأغذية والزراعة، منهجية الفاو الخاصة بالمناطق الإيكولوجية الزراعية في العالم (GAEZ) V4.0، https://gaez.fao.org/؛ الاتحاد الدولي لحفظ الطبيعة.

ملحوظة: تشمل الأراضي المحصولية فئتي الأراضي المحصولية وفسيفساء الأراضي المحصولية لمقياس موديس (انظر الإطار 1-1 للاطلاع على التعريفات). وتشمل الأراضي المتاحة للزراعة البعلية جميع الأراضي المصنفة على أنها أراض عشبية في مقياس موديس (خارج المناطق المحمية) ذات ملاءمة جيدة أو مرتفعة أو مرتفعة جداً في إطار الزراعة البعلية، وسيناريو الزراعة مرتفعة المدخلات لأحد المحاصيل الرئيسية السبعة على الأقل، وفقًا لمنهجية الفاو الخاصة بالمناطق الإيكولوجية الزراعية في العالم GAEZ V4.0. والمحاصيل السبعة هي الكسافا والذرة الشامية ونخيل الزيت والسورغوم وفول الصويا وقصب السكر والقمح.

المرفق 1ب: محددات التدهور العالمي للأراضي

الجدول 1ب-1 محددات التدهور العالمي للأراضي (المرحلة 1)

المتغيّر التابع: الانتقال خارج الأراضي المحصولية	
(معامل التقاطع)	9.886e-01*** (1.648e-01)
المسافة إلى المدينة	1.497e-07*** (9.628e-10)
عدد شهور الجفاف	5.473e-04*** (2.151e-06)
ملاءمة الأراضي للاستخدام الزراعي	−1.499e-03*** (2.584e-06)
المسافة إلى الساحل	−1.429e-08*** (1.413e-10)
المسافة إلى النهر	−3.348e-08*** (7.763e-10)
الآثار القُطرية الثابتة	Y
عدد الملاحظات	48,374,216
R^2	0.06

المصادر: مركز الأخطار المناخية، جامعة كاليفورنيا، سانتا باربرا، بيانات مجموعة الأخطار المناخية لهطول الأمطار المقيسة بالأشعة تحت الحمراء مع بيانات محطات الرصد (CHIRPS)، https://www.chc.ucsb.edu/data/chirps؛ مختبر علم المناخ، TERRACLIMATE (لوحة متابعة)، مؤشر بالمر لشدة الجفاف، https://www.climatologylab.org/terraclimate.html؛ الأرض الطبيعية؛ منظمة الأغذية والزراعة، منهجية الفاو الخاصة بالمناطق الإيكولوجية الزراعية في العالم (GAEZ) V4.0، https://gaez.fao.org/؛ بلانكسبور وخان وسيلود (2017).

ملحوظة: الأخطاء المعيارية موضوعة بين أقواس.

$^{***}p < 0.01$.

الجدول 1ب-2 محددات التدهور العالمي للأراضي (المرحلة 2)

المتغير	(1)	(2)	(3)	(4)
نصيب الفرد من الأراضي المحصولية	−0.0430*** (0.00726)	−0.0387*** (0.00731)	−0.0375*** (0.00729)	−0.0301*** (0.00684)
جودة إدارة الأراضي		−0.00387* (0.00221)	−0.00727*** (0.00272)	−0.00577** (0.00266)
نصيب الفرد من إجمالي الناتج المحلي (بالأسعار الجارية للدولار الأمريكي)			2.34e-06** (1.07e-06)	1.29e-06 (1.03e-06)
مؤشر جيني				0.00386* (0.00222)
الثابت	−0.660*** (0.0186)	−0.609*** (0.0354)	−0.590*** (0.0370)	−0.770*** (0.104)
عدد الملاحظات	187	171	167	148
R^2	0.160	0.188	0.213	0.237

المصادر: نصيب الفرد من الأراضي المحصولية: موديس 2018 (نوع الغطاء الأرضي لمقياس موديس [MCD12Q1] الإصدار 6، /https://lpdaac.usgs.gov/products/mcd12q1v006)؛ جودة إدارة الأراضي: البنك الدولي، تقرير ممارسة أنشطة الأعمال 2004–2020 (قاعدة بيانات)، https://archive.doingbusiness.org/en/doingbusiness؛ نصيب الفرد من إجمالي الناتج المحلي: البنك الدولي، مؤشرات التنمية العالمية (قاعدة بيانات)، https://databank.worldbank.org/source/world-development-indicators؛ مؤشر جيني: أحدث القيم الواردة في مؤشرات التنمية العالمية التابعة للبنك الدولي (قاعدة بيانات)، https://databank.worldbank.org/source/world-development-indicators.

ملحوظة: الأخطاء المعيارية موضوعة بين أقواس.

$*p < 0.1$; $**p < 0.05$; $***p < 0.01$.

ملحوظات

1. يعتمد هذا التقرير التعريف الإقليمي للبنك الدولي لمنطقة الشرق الأوسط وشمال أفريقيا التي تتألف من البلدان التالية: الجزائر والبحرين وجيبوتي ومصر وإيران والعراق وإسرائيل والأردن والكويت ولبنان وليبيا ومالطا والمغرب وعمان وقطر و السعودية وسوريا وتونس والإمارات والضفة الغربية وقطاع غزة واليمن.
2. اتساقا مع هذا الرقم، تشير مجموعة بيانات عالمية للمساحات المبنية الحضرية إلى أن إجمالي المساحة المبنية في مدن الشرق الأوسط وشمال أفريقيا نمت بنسبة 19% بين عامي 1990 و2010 (بلانكسبور وخان وسيلود 2017).
3. هذه الظاهرة هي الأكثر حدة في مصر، حيث تتعايش المدن والزراعة على مقربة من دلتا النيل وعلى ضفاف نهر النيل.
4. يناقش الفصلان اللاحقان تأثير السياسات على استخدام الأراضي.
5. يزيد ذلك على المعدل السنوي العالمي للزيادة في عدد سكان الحضر البالغ 2.1% خلال الفترة 2000–2020 (الأمم المتحدة 2019).
6. خلافاً لتحليل مونل الأمم المتحدة، الذي يستخدم بيانات طولية، تم الحصول على معاملات المرونة هذه ببيانات مقطعية لعام 2010 باستخدام مجموعة البيانات التي أنشأها بلانكسبور وخان وسيلود (2017). وينطوي المعامل الأكبر من 1 للمدن الكبيرة على زيادة الزحف العمراني للمدن الأكبر حجما في منطقة الشرق الأوسط وشمال أفريقيا إلى جنباً إلى جنب مع نمو سكانها.
7. البنك الدولي، تقرير ممارسة أنشطة الأعمال 2004–2020 (قاعدة بيانات)، https://archive.doingbusiness.org/en/doingbusiness. مؤشر تدهور الأراضي هو الأثر الثابت للانحدار في المرحلة الأولى المبين في الإطار 1-2. وكلما زادت قيمته، زادت سرعة فقدان الأراضي المحصولية.
8. تعصف الصراعات المسلحة بالمنطقة منذ سنوات، خاصة في العراق وليبيا وسوريا واليمن التي تضم معاً 21% من سكان المنطقة. وقد أدت هذه الصراعات إلى نزوح أعداد كبيرة من السكان داخل بلدان المنطقة ومنها: 15 مليون نازح داخلياً و7.2 ملايين لاجئ (أي 37% من النازحين داخلياً و30% من اللاجئين على مستوى العالم).
9. من ناحية أخرى، قد يؤدي الصراع بدلاً من ذلك إلى قيام المتحاربين بزيادة الإنتاج الزراعي لأغراض الاكتفاء الغذائي الإستراتيجي أو استخدام الإنتاج الزراعي كمصدر للدخل. فعلى سبيل المثال، يرى جعفر وويرتز (2016) أن إنتاج القمح والشعير والقطن كان مصدراً أساسياً للدخل لتنظيم الدولة الإسلامية في العراق والشام (داعش) في سوريا والعراق خلال الفترة من 2014 إلى 2016. وبسبب انخفاض الإمدادات الغذائية، قد يتفاعل المدنيون أيضا مع الصراع من خلال التوسع في الإنتاج الذاتي، وربما إدخال أراض جديدة في الزراعة.
10. من المحتمل أن تكون دراسة الحالة هذه صالحة لبلدان أخرى في المنطقة تمر بمصاعب مماثلة. وعلى الرغم من تركيزها على التخلي عن الأراضي المحصولية، هناك أيضاً شواهد على أن المباني في المدن تضررت على نطاق واسع. فعلى سبيل المثال، وجد لوبين وسليم (2019) أن 45–57% من حلب تضررت بين عامي 2011 و2017.
11. يعرف التصحر بأنه تدهور الأراضي الذي يحدث في مناطق الأراضي الجافة.

12. انظر S. Dasgupta, B. Laplante, C. Meisner, D. Wheeler, and J. Yan, Sea-Level-Rise (SLR) data set, 2006, https://datacatalog.worldbank.org (WLD_2006_SLR_v01_M); Dasgupta et al. (2009).

13. متوسط إنتاجية الأراضي في منطقة الشرق الأوسط وشمال أفريقيا منخفض للغاية، ولا يفوق سوى إنتاجية منطقة أفريقيا جنوب الصحراء. وتشير منظمة الأغذية والزراعة ومنظمة التعاون والتنمية الاقتصادية إلى أن القيمة السنوية لإجمالي الإنتاج لكل هكتار من الأراضي الزراعية في منطقة الشرق الأوسط وشمال أفريقيا تبلغ نحو 40% من قيمة أمريكا الشمالية و10% من قيمة أوروبا الغربية بزراعتها المكثفة (منظمة التعاون والتنمية الاقتصادية/منظمة الأغذية والزراعة 2018). ويعكس انخفاض الإنتاجية في الشرق الأوسط وشمال أفريقيا تدهور الأراضي واختيار المحاصيل المعتدلة منخفضة الغلة، باستثناء، على سبيل المثال، إنتاج الحبوب المروية في مصر.

14. تتأكد هذه التقديرات الإقليمية من خلال دراسات خاصة بكل مدينة على حدة - على سبيل المثال، يتنبأ الخوالدة (2016) بأن المساحة المبنية في عمان ستتوسع بنسبة 44% بين عامي 2014 و2030. ومع ذلك، يمكن صقل هذه التقديرات، مع الأخذ بعين الاعتبار جميع العوامل الكامنة وراء الطلب على الأراضي في المناطق الحضرية وكثافتها، بما في ذلك التنبؤات بحجم الأسرة، والدخل (الأرض سلعة عادية يرتفع استهلاكها مع الدخل)، وأنماط الاستيطان البشري والحيازة (المستوطنات الرسمية مقابل العشوائية، وأنواع المساكن، والنمو الرأسي).

15. يستند الشكل 1-9 إلى افتراض متحفظ بأن الأراضي الصالحة للزراعة والأراضي المحصولية والمروج ستظل ثابتة في المستقبل. غير أن انخفاض نصيب الفرد قد يصبح أكثر وضوحا لأن الأراضي الزراعية من المرجح أن تستمر في الانخفاض بدلاً من أن تظل ثابتة.

16. ثمة توضيح لهذا النوع من المعضلات في رضوان وآخرين (2019).

17. نوع الغطاء الأرضي لمقياس موديس (MCD12Q1) الإصدار 6، /https://lpdaac.usgs.gov/products/mcd12q1v006؛ منظمة الأغذية والزراعة، منهجية الفاو الخاصة بالمناطق الإيكولوجية الزراعية في العالم (GAEZ) V4.0، /https://gaez.fao.org. انظر أيضاً فيشر وآخرين (2021).

المراجع

Abu Hammad, A., and A. Tumeizi. 2012. "Land Degradation: Socioeconomic and Environmental Causes and Consequences in the Eastern Mediterranean." *Land Degradation and Development* 23 (3): 216–26.

Blankespoor, B., A. Khan, and H. Selod. 2017. "A Consolidated Dataset of Global Urban Populations: 1969–2015." Technical note, World Bank, Washington, DC.

Dasgupta, S., B. Laplante, C. Meisner, D. Wheeler, and J. Yan. 2009. "The Impact of Sea-Level Rise on Developing Countries: A Comparative Analysis." *Climatic Change* 93 (3): 379–88.

Eklund, L., A. Persson, and P. Pilesjö. 2016. "Cropland Changes in Times of Conflict, Reconstruction, and Economic Development in Iraqi Kurdistan." *Ambio* 45 (1): 78–88.

Fischer, G., F. O. Nachtergaele, H. T. van Velthuizen, F. Chiozza, G. Franceschini, M. Henry, D. Muchoney, and S. Tramberend. 2021. "Global Agro-Ecological Zones v4—Model Documentation." Food and Agriculture Organization, Rome. https://doi.org/10.4060/cb4744en.

IPCC (Intergovernmental Panel on Climate Change). 2019. *Climate Change and Land: An IPCC Special Report on Climate Change, Desertification, Land Degradation, Sustainable Land Management, Food Security, and Greenhouse Gas Fluxes in Terrestrial Ecosystems*, edited by P. R. Shukla et al. Geneva: IPCC.

Jaafar, H. H., and E. Woertz. 2016. "Agriculture as a Funding Source of ISIS: A GIS and Remote Sensing Analysis." *Food Policy* 64: 14–25.

Jendoubi, D., M. S. Hossain, M. Giger, J. Tomićević-Dubljević, M. Ouessar, H. Liniger, and C. I. Speranza. 2020. "Local Livelihoods and Land Users' Perceptions of Land Degradation in Northwest Tunisia." *Environmental Development* 33: 100507.

Khawaldah, H. A. 2016. "A Prediction of Future Land Use/Land Cover in Amman Area Using GIS-Based Markov Model and Remote Sensing." *Journal of Geographic Information System* 8 (3): 412–27.

Lubin, A., and A. Saleem. 2019. "Remote Sensing-Based Mapping of the Destruction to Aleppo during the Syrian Civil War between 2011 and 2017." *Applied Geography* 108: 30–38.

Nielsen, T. T., and H. K. Adriansen. 2005. "Government Policies and Land Degradation in the Middle East." *Land Degradation and Development* 16 (2): 151–61.

OECD (Organisation for Economic Co-operation and Development)/FAO (Food and Agriculture Organization). 2018. *OECD-FAO Agricultural Outlook 2018–2027.* Paris: OECD Publishing; Rome: FAO.

Ozden, C., J. Parada, H. Park, H. Selod, and S. Soumahoro. Forthcoming. "'Scorched and Revived': How the Syrian Conflict Caused Cropland Displacement." Background paper prepared for this report, World Bank, Washington, DC.

Park, H., H. Selod, S. Murray, and G. Chellaraj. Forthcoming. "The Drivers of Land Use Dynamics." Background paper prepared for this report, World Bank, Washington, DC.

Radwan, T. M., G. A. Blackburn, J. D. Whyatt, and P. M. Atkinson. 2019. "Dramatic Loss of Agricultural Land due to Urban Expansion Threatens Food Security in the Nile Delta, Egypt." *Remote Sensing* 11 (3): 332.

Réquier-Desjardins, M., and M. Bied-Charreton. 2006. "Évaluation économique des coûts économiques et sociaux de la désertification en Afrique." Centre d'Economie et d'Ethique pour l'Environnement et le Développement, Université de Versailles St Quentin-en-Yvelines, Paris.

Sulla-Menashe, D., and M. A. Friedl. 2018. *User Guide to Collection 6 MODIS Land Cover (MCD12Q1 and MCD12C1) Product.* Reston, VA: US Geological Survey.

UN-Habitat. 2018. "Metadata on SDGs Indicator 11.3.1 Indicator Category: Tier II." https://unhabitat.org/sites/default/files/2020/07/metadata_on_sdg_indicator_11.3.1.pdf.

United Nations. 2019. *World Urbanization Prospects: The 2018 Revision (ST/ESA/SER.A/420).* Department of Economic and Social Affairs, Population Division. New York: United Nations.

World Bank. 2019. *Sustainable Land Management and Restoration in the Middle East and North Africa Region: Issues, Challenges, and Recommendations.* Washington, DC: World Bank.

World Bank. 2020. *Convergence: Five Critical Steps toward Integrating Lagging and Leading Areas in the Middle East and North Africa*. Washington, DC: World Bank.

الفصل الثاني

التحديات القانونية والمؤسسية والمتعلقة بالحوكمة التي تواجه استخدام الأراضي في بلدان الشرق الأوسط وشمال أفريقيا

مقدمة

يصف هذا الفصل السياقات المؤسسية والقانونية التي تحكم قضايا الأراضي حاليا في منطقة الشرق الأوسط وشمال أفريقيا، مع تسليط الضوء على كيفية تشكّلها تاريخياً. كما يعرض التحديات الرئيسية التي تواجه حوكمة الأراضي وإدارة الأراضي في المنطقة.

الأسس التاريخية للأطر القانونية في منطقة الشرق الأوسط وشمال أفريقيا

تشكلت الأنظمة الحالية لحيازة الأراضي في بلدان المنطقة بشكل قوي عبر التاريخ ومختلف الأنظمة الحاكمة على مر الزمان. وسيسلط استعراض هذه العمليات التاريخية الضوء على مدى تعقيد أنظمة حيازة الأراضي والأطر القانونية في بلدان الشرق الأوسط وشمال أفريقيا حالياً.

فأنظمة حيازة الأراضي في المنطقة متنوعة بالفعل، حيث لعبت التحولات السياسية والاقتصادية العديدة على مر التاريخ دوراً بالغ الأهمية في تطورها.[1] فكثيراً ما سعى العديد من الإمبراطوريات والممالك والخلافات والدول التي حكمت أقاليم المنطقة وشعوبها إلى الاستفادة من الأراضي لزيادة الإنتاجية الزراعية و الضرائب، وهما أمران ضروريان لتوليد الإيرادات. وفي الغالب، كان كل نظام حكم يأتي بأساليب جديدة لحوكمة الأراضي تقوم على أنظمة حيازة الأراضي القائمة أو تحاول استبدالها. غير أن هذه العملية لم تكن قط متجانسة على مستوى المنطقة بأسرها. فبدلاً من ذلك، تطورت شبكة من أنظمة حيازة الأراضي تضمنت أشكالا عرفية ودينية ومن وضع الدولة لحوكمة الأراضي (سايت وليم 2006). وتعكس الأطر القانونية في بلدان الشرق الأوسط وشمال أفريقيا اليوم هذا التاريخ المتراكم الذي أثر على أنظمة الحيازة من حيث المبادئ والتشريعات والممارسات. وفي أجزاء كبيرة من المنطقة، أثرت المبادئ الإسلامية المدونة في قانون الأراضي العثماني (1858) والممارسات العرفية في كيفية

تطور أنظمة الأراضي وعلاقات الأراضي طوال تاريخ المنطقة، ولا تزال تشكل عناصر مهمة في القوانين والممارسات الحالية (فالدنر 2004).

وكما أشرنا، فإن الحكومات في جميع أنحاء منطقة الشرق الأوسط وشمال أفريقيا شجعت منذ وقت طويل الاستخدام المُنْتِج للأراضي لأغراض الزراعة لتحقيق إيرادات من خلال فرض الضرائب. ومنذ زمن الإمبراطورية الساسانية قبل القرن السابع الميلادي على الأقل، شجعت الحكومات استصلاح الأراضي، وإعادة توظيف الأراضي غير المستخدمة (الموات أو ما يسمى بالأرض المَيْتة) لأغراض الزراعة والسماح بملكية الأراضي الخاصة لأولئك الذين يريدون استصلاح الأراضي (أدامو والأنصاري 2020). وعادة ما يُفرض على هؤلاء الملاك معدلات ضريبية أقل. ولكن مع مرور الوقت، تعرض صغار المُلاك لضغوط متزايدة بسبب ارتفاع الضرائب التي تجاوزت دخولهم، مما أجبرهم على بيع أراضيهم لأصحاب الأراضي الأكبر مساحةً ممن لديهم القدرة المالية على دفع الضرائب. ونتيجة لذلك، كثرت الملكيات الكبيرة من الأراضي في جميع أنحاء المنطقة. وكان ينظر إلى هذه الملكيات، بدورها، على أنها تشكل تهديداً لشرعية السلطات المحلية الحاكمة، التي قامت، استجابة لذلك، بإجراء مزيد من الإصلاحات في مجال الأراضي للحد من التأثير المتزايد للملكيات الكبيرة، وتشجيع الحيازات الصغيرة من الأراضي مرة أخرى. وقد شهدت منطقة الشرق الأوسط وشمال أفريقيا حتى مرحلة ما بعد الاستقلال هذه الدورة من تركز الحيازات الكبيرة من الأراضي التي أعقبها التجزؤ وإجراء إصلاحات لاحقة.

وعلى الرغم من الاعتراف بالملكية الخاصة في المنطقة على مدى قرون، فقد تعايشت جنباً إلى جنب مع أشكال جماعية من الحيازة تدعمها الشريعة الإسلامية والأنظمة العرفية. ومع ذلك، ظلت الأشكال الجماعية للحيازة بدلاً من الملكية الخاصة سائدة حتى منتصف القرن العشرين إلى أواخره، لا سيما في المناطق الريفية. ومع ظهور الخلافة الإسلامية في منتصف القرن السابع الميلادي لم تغير الشريعة الإسلامية مبادئ وأنظمة الأراضي العرفية، بل اعترفت بها في جميع أنحاء المنطقة، ما دامت لا تتعارض مع المبادئ الإسلامية (ساليسو 2013). وبالتالي، ظل العديد من ترتيبات حيازة الأراضي في المجتمعات القبلية والأسرية على حالها إلى حد كبير، واحتفظت بدرجة الشرعية ذاتها التي كانت عليها قبل ظهور الإسلام. وغالباً ما تتضمن هذه الأشكال العرفية للحيازة مواصفات لكيفية استخدام الأراضي (للزراعة والرعي وما إلى ذلك) ومن يمكنه استخدامها. وبوجه عام، اقتصرت ترتيبات الحيازة هذه على مجتمعات محلية محددة، وكان الغرض منها تفادي فقدان الأراضي لصالح أطراف خارجية.

وقد شهد القرنان الماضيان مزيداً من التركيز على الخصخصة (على حساب أشكال الحيازة الجماعية) وتسجيل الملكية، التي بدأت خلال الإمبراطورية العثمانية، وخاصة بعد سن قانون الأراضي العثماني لعام 1858. وفي الوقت الذي سعت فيه الإمبراطورية العثمانية إلى تحديث اقتصادها وتشجيع الاستثمار الأجنبي المباشر من أوروبا، سعت أيضاً من خلال قانونها الخاص بالأراضي إلى تشجيع الملكية الفردية عن طريق الإشارة إلى مالك واحد أثناء تسجيل الملكية (الطابو / سند الملكية) بغرض تشجيع تطوير أسواق الأراضي والعقارات. وعلى الرغم من أن الإصلاح أفاد الأسواق العقارية في المدن، فإن نتائجه كانت أكثر تفاوتاً في المناطق الريفية من الإمبراطورية، حيث سجل العديد من زعماء القبائل مساحات شاسعة من الأراضي باسمهم أو تجاهل العديد من المجتمعات المحلية شرعية قانون الأراضي تماماً. ومع ذلك، فإن المحاولات الرامية إلى إضفاء الطابع الفردي على ملكية الأراضي بموجب قانون الأراضي العثماني كان من شأنها أن ترسي الأساس للعصر الاستعماري خلال النصف الأول من القرن العشرين.

ولا تزال هناك خمس فئات واسعة لحيازة الأراضي، قُنِّنَتْ في ظل الحكم العثماني، قيد الاستخدام في المنطقة. وهذه الفئات، المستمدة من الشريعة الإسلامية، هي (1) المُلك، الأرض المملوكة ملكية خاصة ويحتفظ بها ضمن ملكية مطلقة؛ (2) الوقف، الأراضي الموهوبة شرعياً والمحتفظ بها في صندوق خيري؛ (3) الميري، الأراضي المملوكة للدولة التي تحمل حق التصرف، والذي هو حق مالك الأرض في استخدامها واستغلالها والتصرف فيها (حق الانتفاع)؛ (4) المتروكة، الأرض المشاع؛ (5) الموات، الأرض "الميتة" غير المستصلحة. ويقدم الإطار 2-1 مزيداً من التفاصيل عن كل فئة من فئات الأراضي.

واستخدمت الأحكام القانونية المصممة خلال الفترة الاستعمارية لاستيعاب استيلاء المستوطنين على الأراضي ومكافأة العملاء المحليين. وفي أعقاب تفكك الإمبراطورية العثمانية، بُذلت محاولات في ظل الحكم الاستعماري الفرنسي والبريطاني لتوضيح ملكية الأراضي وتطبيقها على المستعمرين الذين هاجروا إلى الأراضي الخاضعة حديثاً للسيطرة. ففي المستعمرات الفرنسية في شمال أفريقيا، على سبيل المثال، أنشئت محاكم مختلطة لتسوية النزاعات بين المستعمرين والمجتمعات المحلية، على الرغم من أن الأحكام كانت في الغالب لصالح المستعمرين (هورش 2014). وفي ظل الانتداب البريطاني، سُنت عملية تسوية لتحديد الملكية وإصدار سند ملكية للممتلكات، وهو ما يخدم تطوير أسواق الأراضي والعقارات (سايت، وليم 2006). ونتيجة لذلك، أعقب ذلك خصخصة الأراضي في جميع أنحاء المنطقة، في حين تآكلت الأشكال الجماعية للحيازة أو بُذلت محاولات لتفكيكها. غير أن الأشكال المختلفة لنظم التسجيل التي استحدثها الفرنسيون والبريطانيون لا تزال قائمة إلى حد كبير اليوم وأصبحت معياراً للاعتراف بالحقوق الرسمية، وغالباً ما يكون ذلك بالتوازي مع النظم العرفية.

وخلال فترة ما بعد الاستقلال، بدأت الدولة في زيادة سيطرتها بشكل كبير على الأراضي والمسائل المتعلقة بها. وانطلاقاً من الحقبة الاستعمارية، استمرت إصلاحات الأراضي لتحفيز الإنتاجية الزراعية وأسواق الأراضي والعقارات، ولكن مع زيادة التركيز على خصخصة الأراضي وتوطين مجتمعات البدو الرحل ضمن حدود واضحة للأراضي والعقارات. كما أممت

الإطار 2-1 فئات حيازة الأراضي بموجب قانون الأراضي العثماني لعام 1858

على الرغم من ابتكارات الإمبراطورية العثمانية العديدة لتحديث الإطار القانوني لقطاع الأراضي فيها، فقد صمم قانون الأراضي العثماني لعام 1858 على نحو يحافظ على الاتساق مع الشريعة الإسلامية التي استُلهم منها. وفي إطار المحاولات الرامية إلى الاتساق، حافظ قانون الأراضي على أربع فئات لحيازة الأراضي في الشريعة الإسلامية، مع إضافة الأراضي الموات باعتبارها فئة خامسة.

المُلك. تضم هذه الفئة الأراضي المملوكة ملكية خاصة بموجب ملكية مطلقة. وكان المُلك يخضع عادة إلى العُشر، وهي أشبه بالضريبة الدينية، تشكل جزءاً من الزكاة لكنها تطبق على الأراضي على وجه التحديد. وكانت أكثر شيوعاً في المناطق الحضرية عنها في المناطق الريفية. ومع ذلك، يمكن تحقيق وضع المُلك في المناطق الريفية ببذل جهود لإحياء الأراضي الموات عن طريق الاستثمار والتنمية من أجل الإنتاجية الزراعية.

الوقف. تشير هذه الفئة إلى الأرض المخصصة التي لها حقوق انتفاع مكفولة للمؤسسات الدينية أو الخيرية. ومن الناحية النظرية، لا يمكن تحويل سوى أراضي المُلك إلى أراضي وقف، لكن التاريخ الفعلي لأراضي الوقف وتوزيعها يشير إلى وجود مرونة كبيرة في الممارسة العملية. وتنطوي عملية تحويل الأرض إلى وقف على تقرير "الواقف" أن يهب شيئاً من ممتلكاته الشخصية، ويسجل في صك الوقف الغرض المحدد الذي ستستخدم فيه الأرض وشروط إدارتها ويودعها لدى السلطات الحاكمة. ويحدد الواقف كيفية استخدام جميع الإيرادات المتأتية من الوقف بوضوح، ويمكن تخصيصها لغرض شرعي أو إلى مجموعة من المستفيدين. ويعهد بإدارة الأوقاف إلى أمناء الوقف. وبوجه عام، لا تزال ممارسة الأوقاف سارية في جميع أنحاء الشرق الأوسط وشمال أفريقيا، وربما شملت أيضاً ممتلكات مِلْك أخرى، مثل الأديرة المسيحية.

الميري/الأميري. تشير هذه الفئة إلى الأراضي المملوكة جماعياً لجماعة المسلمين كاملة ممثلة في الدولة، والتي لها الحق في استخدام الأراضي واستغلالها والتصرف فيها . ويتمتع المنتفع بوضع شبيه بالمالك، حيث يمكنه بيع الأرض وتأجيرها ورهنها عقارياً وإصدار حقوق استخدام الأرض لآخرين. ويمكن أن تنتقل حقوق المنتفع إلى ورثته، على أن تظل الملكية بيد الخلافة. وبالإضافة إلى ذلك، فإن صلاحية أي نقل لحقوق الانتفاع يجب أن تحصل على تصديق سلطات الدولة أو ممثليها. وتاريخياً، كانت معظم الأراضي الزراعية في المنطقة تندرج ضمن فئة الميري.

المتروكة. وتشمل هذه الفئة جميع الأراضي التي تعتبر من الممتلكات المشتركة لجماعة المسلمين، بما في ذلك معظم أراضي السهوب والصحراء. كما تضمنت ما اعتبره العثمانيون أرضاً "مهجورة" مخصصة للأنشطة العامة للقرى. وطبقت قواعد استخدام محددة على الأراضي المتروكة في قانون الأراضي العثماني، بما في ذلك الرعي وجمع الحطب والتعيين للاستخدام العام مثل أماكن العبادة والأسواق العامة.

الموات. على الرغم من اعتبارها إحدى فئات حيازة الأراضي بموجب الشريعة الإسلامية، فإن الأرض الموات، التي تشير إلى الأراضي "الميتة" أو غير المنتجة، تتقاطع مع الفئات الأربع الأخرى. وفي الماضي، كانت الأراضي الموات تحول في العادة إلى أراض ملك إذا تمكن المالك من استصلاح الأرض وجعلها منتجة. ومع ذلك، كانت هناك أنواع محددة فقط للاستخدامات المنتجة (مثل زراعة الأشجار، أو جرف التربة، أو حفر الآبار) هي المؤهلة لتصبح أراضي مُلك. بينما لا تعد الممارسات الأخرى مثل ترسيم الحدود بالأحجار أو استخدام الأرض للرعي من الاستخدامات المنتجة المُؤهّلة.

المصدر: جونسون وعياشي (قيد الإصدار).

الممتلكات الاستعمارية، ودُمج العديد من الأراضي القبلية في الأراضي العامة. وبالإضافة إلى ذلك، وللحفاظ على الشرعية العليا للأطر القانونية والمؤسسية للدولة، حاولت العديد من الحكومات دمج مبادئ الشريعة والقانون العرفي من خلال "إضفاء الطابع البيروقراطي" عليها (دمجها في قوانين الدولة). وطُبّق ذلك على وجه الخصوص على إدارة الأوقاف (وخصوصاً لتقليص الوقف الخاص أو إلغائه)، وتحويل استخدامات الأراضي، ومعاملات الأراضي والعقارات، والاستيلاء على الأراضي غير المخصصة (الميري والموات والمتروكة). وظلت مبادئ الإرث الشرعي والعرفي، وإن لم يُضفَ عليها الطابع البيروقراطي، شديدة التأثير، مع دمج أحكامها في الأطر القانونية الحديثة. والواقع أن العديد من هذه الأحكام لا يزال ساري المفعول اليوم.

ولا تزال جهود التوطين وإضفاء الطابع البيروقراطي جارية، مع تباين في نتائجها. وكان من بين أسباب فشل جهود التوطين أنها لم تكن مصحوبة بإتاحة الخبرة الفنية لضمان الاستخدام المنتج والمدر للدخل للأراضي، وأن الكثيرين من البدو الرحل الذين استقروا باعوا أراضيهم. وتشمل الأمثلة على ذلك محاولات إعادة توزيع الأراضي في السعودية خلال النصف الثاني من القرن العشرين، حيث إن جفاف التربة وندرة المياه جعلا الزراعة غير قابلة للاستمرار (حجرة 1974)، وفي مصر في أعقاب تعبئة الأراضي من أجل مبادرات الحكومة المعنية بالزراعة والسياحة في أوائل السبعينيات وأوائل التسعينيات (ريفكين 2014). وفضلاً عن ذلك، أدى إضفاء الطابع البيروقراطي إلى الفساد أو النزاع في معاملات الأراضي (بالغلي 2015). ففي المغرب، على سبيل المثال، أدت مبادرات الحكومة المعنية بالبنية التحتية، في إطار الشراكة مع الجهات الفاعلة في القطاع الخاص، إلى قيام وزارة الأوقاف والشؤون والإسلامية بإعادة تصنيف الأراضي الوقفية باعتبارها مُلكاً. وأدى هذا التغير في الحيازة – الذي تحركه المصالح السياسية والاقتصادية للسماح بتنفيذ مشروعات التنمية – إلى تعطيل حقوق الأراضي واستخداماتها في إطار ترتيبات الأوقاف (بالجلي 2015).

وشهدت فترة ما بعد الاستقلال أيضاً إصلاحات في الأراضي أثرت على توزيع الأراضي واستخدامها (من خلال التأميم وإعادة التوزيع). وكان الهدف من هذه الإصلاحات هو إفادة أصحاب الحيازات الصغيرة والمزارعين وتحفيز الإنتاجية الزراعية، حيث كانت الزراعة لا تزال القطاع الاقتصادي الرئيسي في معظم بلدان المنطقة. ولكن في غضون ذلك، نزعت جميع بلدان المنطقة تقريباً ملكية أراض كانت مملوكة للأجانب من أجل الصالح العام. ففي الجزائر، على سبيل المثال، سيطرت الحكومة الاشتراكية على المزارع التي هجرها المستعمرون الفرنسيون وحولتها إلى تعاونيات للفلاحين. كما استولى الجيش على عقارات كبيرة وقام بتأميمها. وفي مصر، سنت الحكومة بقيادة جمال عبد الناصر أيضاً إصلاحات في الأراضي نزعت بموجبها ملكية جميع حيازات الأراضي التي تزيد مساحتها على 200 فدان (84 هكتارا) لإعادة توزيعها على أصحاب الحيازات الصغيرة. غير أن هذه المحاولات الإصلاحية لم تحفز أهداف التنمية الزراعية المقصودة. ففي الجزائر، لم يعتبر النظام التعاوني كافياً لتلبية مطالب المزارعين الجزائريين لأن مستويات الإنتاج الزراعي المنخفضة لم تكن مجدية تجارياً بما يكفي لتكون شكلاً مستداماً من أشكال العمل (بن عيسية 2015). وبالتالي، تم استبداله لاحقاً بنظام الامتيازات الفردية الذي حفز المزارعين على مدى 40 عاماً على المشاركة في مشروعات خاصة حتى يمكنهم الاستفادة الكاملة من نواتجهم الزراعية. وفي مصر، لم يكن تخصيص فدانين (0.84 هكتار) للمزارعين كافياً لتطوير الزراعة على نطاق واسع، وسرعان ما وقعت إصلاحات عبد الناصر فريسة المحسوبية ونظام الوصاية، مع توزيع مساحات كبيرة من الأراضي على الحلفاء السياسيين وأصحاب المصلحة من ذوي المصالح المكتسبة.

كما لعبت مصادرة الأراضي وإعادة توزيعها، إلى جانب السيطرة على الموارد الطبيعية، دوراً أساسياً في الحروب الأخيرة في الشرق الأوسط وشمال أفريقيا. وكانت الأراضي والممتلكات تمثل أهمية خاصة في أنظمة المحسوبية في العراق وليبيا وسوريا واليمن، حيث استخدمت الأنظمة الاستبدادية مصادرة الأراضي واحتلالها وإحلال السكان لصالح الجماعات الداعمة والسيطرة على المعارضة. ففي ليبيا، على سبيل المثال، استخدم معمر القذافي مثل هذه الأساليب في عام 1969 لانتزاع أصول من النخبة الإيطالية والليبية المالكة للأراضي، وفعل الشيء نفسه مع المعارضين في عام 1978.[2] وفي عام 2006، أنشأ القذافي لجنة للتعويضات لمعالجة "سوء تطبيق القانون". غير أن هذه اللفتة لم تؤد إلى أي تغيير حقيقي أو تعويض مناسب. وبالمثل، بدأ نزع ملكية أراضي الأقليات والمعارضين في العراق بإصلاحات زراعية استُحدثت في وقت مبكر منذ عام 1958. وتحولت هذه السياسات فيما بعد إلى تعريب للمناطق الكردية حول كركوك في الثمانينيات.

وباختصار، يكشف استعراض تاريخي لأنظمة الأراضي عن ثلاث قضايا رئيسية لا تزال تواجهها المنطقة اليوم: التعددية القانونية، وصدارة الدولة، وتحديات فرض الضرائب على الأراضي. وبخصوص المسألة الأولى، فإن التعددية القانونية القائمة وتعايش أوضاع الحيازة (الرسمية والعرفية والدينية) لها جذورها في تراكب أنظمة الحيازة المختلفة على مر التاريخ، وهو ما كان له آثار كبيرة في الفترات العثمانية والاستعمارية وما بعد الاستقلال. وقد سعى العديد من الدول والحكومات المستقلة حديثاً، في معرض محاولاتها لتوطيد سلطتها وشرعيتها، إلى البناء على أنظمة الحيازة التي استحدثها الفرنسيون والبريطانيون، وفي الوقت نفسه دمج الشريعة والعرف لأهمية ألا ينظر إليها على أنها تواصل تطبيق نظام استعماري أثر سلبا على الكثير من السكان المحليين.

أما بالنسبة للمسألة الثانية، فإن إلقاء نظرة على التاريخ يكشف أن الدول كانت في العادة تشارك مشاركة كبيرة في قطاع الأراضي، سواء من خلال الملكية المباشرة للأراضي العامة أو من خلال سياسات تهدف إلى تغيير طبيعة حقوق الأراضي وإعادة توزيع الأراضي نفسها. ولا يزال هذا الحضور المطلق للدول في شؤون الأراضي، إلى جانب مشاركة العديد من المؤسسات في قطاع الأراضي، سمة رئيسية في معظم بلدان المنطقة اليوم.

أما بالنسبة للمسألة الثالثة، فقد سعت محاولات الإصلاح الزراعي على مر التاريخ إلى تحقيق إيرادات ضريبية لدول المنطقة المستقلة حديثاً. غير أن القطاعات الاقتصادية الرئيسية التي استند إليها هذا الإصلاح، مثل الزراعة، قد فقدت هيمنتها منذ ذلك الحين في معظم بلدان المنطقة. ونتيجة لذلك، لا تزال الحلول المتعلقة بتخفيف الخسائر في الإيرادات، مثل سياسات فرض ضرائب على الممتلكات في المناطق الحضرية، غائبة إلى حد كبير في جميع أنحاء المنطقة.

تحديات حوكمة الأراضي

تؤدي التحديات الرئيسية المشتركة بين بلدان المنطقة إلى إضعاف حوكمة الأراضي، وهو ما يتسبب في عدم كفاءة إدارة الأراضي وتنظيم شؤونها. وتتمثل التحديات الرئيسية الأربعة في (1) الأطر القانونية البالية المعقدة؛ (2) تعدد المؤسسات وتداخل اختصاصاتها؛ (3) المشاركة غير المتناسبة للدولة في قطاع الأراضي؛ (4) ضعف الضرائب العقارية. وكما هو موضح آنفاً، فإن لهذه التحديات جذوراً تاريخية وتعكس القيود الحالية على الاقتصاد السياسي التي تحول دون الإصلاحات أو تبطئها.

الأطر القانونية البالية المعقدة

يرجع تعقيد الأطر القانونية التي تحكم الأراضي في بلدان المنطقة إلى تراكم طبقات من الأنظمة العرفية والقانونية بمرور الوقت، فضلاً عن استمرار استخدام فئات حيازة الأراضي المجزأة. وينبع تراكم طبقات الأنظمة العرفية والقانونية من القوانين العثمانية

في القرن التاسع عشر، والقوانين الاستعمارية في أوائل القرن العشرين، وقوانين ما بعد الاستقلال الأحدث عهداً. ففي المغرب، على سبيل المثال، أدت القوانين المُستمدة من العرف والشريعة والمعتمدة على ما صدر خلال فترة الاستعمار الفرنسي وفترة ما بعد الاستقلال إلى خلق تعددية قانونية تحكم حيازة الأراضي وتنظيم شؤونها وإدارتها. وبسبب كل هذه الطبقات، أصبح الأمر شديد التعقيد في الاعتراف بملكية الأراضي وتسجيلها وإمكانية الحصول عليها – وخاصة بالنسبة للأراضي الزراعية والأراضي الخاضعة لمختلف أنظمة الحيازة العرفية. وتتجلى المسألة نفسها في الضفة الغربية وقطاع غزة، حيث لا يزال الإطار القانوني يتضمن أحكاماً من القوانين العثمانية والبريطانية والأردنية والمصرية والإسرائيلية، بالإضافة إلى قوانين السلطة الفلسطينية ومراسيمها. ويتفاقم هذا التعقيد أيضاً بسبب استمرار استخدام فئات حيازة الأراضي الخمس بقانون الأراضي العثماني في العديد من بلدان المنطقة (انظر الإطار 2-1)، على الرغم من انفصالها النسبي عن السياق الحديث. وأخيراً، يتفاقم هذا التعقيد بسبب حقيقة أن الأنظمة العرفية التي لا تزال موجودة في معظم بلدان المنطقة – مثلما هو الحال في العديد من البلدان في جميع أنحاء أفريقيا جنوب الصحراء وأمريكا اللاتينية وآسيا – لا يعترف القانون بها دائماً.

ومن الآثار الرئيسية لهذا التعقيد في الأطر القانونية أنه قد يؤدي إلى تداخل أو ثغرات في التشريعات، ويشوش فهم المواطنين للقانون، ويجعل إنفاذه أمراً بالغ الصعوبة. فعلى سبيل المثال، يتوقف مدى تطبيق وتفسير قوانين الأراضي الرسمية في المغرب على الموقع والملكية والرقابة المحلية على مسائل الأراضي. ففي منطقة الأطلس الوسطى الريفية في البلاد، قد تطبق بعض المجالس القروية قواعد عرفية للحصول على الأراضي واستخدامها تتعارض مع السياسة الحكومية الرسمية، أما في المناطق الزراعية المروية، فمن المرجح إنفاذ القانون الرسمي (الوكالة الأمريكية للتنمية الدولية 2011).

ومن الأمثلة الأخرى على الثغرات في الأطر القانونية وضع الأراضي المشاعة (الجماعية) في لبنان. فعلى الرغم من أن التقديرات تشير إلى أن المشاع يشكل نحو 20% من إجمالي مساحة الأراضي في لبنان، فإن وضعها الحالي كفئة مستقلة من الأراضي في سجل الأراضي في لبنان ليس واضحاً في الإطار القانوني. وبدلاً من ذلك، غالباً ما يعتبر المشاع أرضاً مملوكة للدولة تخضع لدرجات متفاوتة من سيطرة البلديات عليها. وعلى الرغم من صياغة العديد من القوانين للمساعدة في توضيح وضع المشاع،[3] فإنها كانت تصدر حسب الحاجة وتخصص لمناطق معينة في لبنان، مثل قرى جبل لبنان. ونظراً لعدم توافر أي تشريع شامل حتى الآن، لا يزال العديد من المجتمعات المحلية يكتنفها عدم اليقين بشأن الوضع الرسمي للمشاع. وهذا التعقيد، إلى جانب عدم وجود حافز لدى الناس للخضوع إلى إجراءات رسمية مرهقة لتسجيل الأراضي، يغذي الحيازة غير الرسمية، وغالباً ما يكون ذلك على حساب الناس وعلى حساب النظام ككل.

وكثيراً ما يؤدي تعقد أوضاع الحيازة إلى عدم وضوح حقوق الملكية وييسر ظهور مطالبات متنافسة على حقوق الملكية ومنازعات. فعلى سبيل المثال، ظهرت توترات في مصر بسبب المطالبات المتنافسة بين الحقوق التقليدية ومعاملات الأراضي غير المسجلة (يوهانسن ونبيل محروس وجريفرسون 2009). وتجنح التوترات الناشئة عن المطالبات المتنافسة إلى التحول إلى إشكالية بشكل خاص في أعقاب تغيير النظام، في وقت قد تصبح حقوق الملكية أكثر تشوشاً. ففي تونس على سبيل المثال، تقع قرية جمنة على أرض جماعية حصلت عليها القبائل المحلية في ظل الاستعمار، ثم انتقلت إلى الدولة بعد الاستقلال، ثم استردها القرويون في نهاية المطاف أثناء الربيع العربي (فرودي 2020). وبالمثل، في عام 1967، قام النظام الاشتراكي في اليمن الجنوبي بطرد شيوخ القبائل والسلاطين من أراضيهم، وألغى السلطنات، وحول الممتلكات إلى أراضٍ للدولة. وانتقل السلاطين إلى المملكة العربية السعودية، لكن وجهت لهم الدعوة للعودة مرة أخرى في عام 1990 عندما أعيد توحيد البلاد. وعند عودتهم، حاول العديد من شيوخ القبائل والسلاطين استعادة أراضيهم بالوسائل القانونية، لكنهم واجهوا نظاماً قضائياً فاسداً يرفض إعادة الملكية العرفية لأراضي الدولة. ونتيجة لذلك، طلب الكثيرون الدعم من القاعدة لحل الصراع، مما أدى إلى مواجهة مع الحوثيين (أنرو 2016).

وبالإضافة إلى تعقيد هذه القوانين، فإن القوانين القائمة المتعلقة بالأراضي بالية ومنفصلة عن السياقات الراهنة. كما أنها تقوّض من فعالية الاعتراف بحقوق الملكية وإنفاذها. وبدلا من الإصلاح الكامل لهذه الأطر القانونية وإعادة توجيهها للتصدي للتحديات الراهنة على نحو ملائم، قامت معظم البلدان ببساطة بإدخال تعديلات لمعالجة القضايا لدى ظهورها. فعلى سبيل المثال، لا يزال لبنان يعتمد على تشريع يعود إلى فترة الانتداب الفرنسي، بما في ذلك قانون تسجيل العقارات الذي صدر في عام 1926. ولأن القانون قد صيغ قبل قرن من الزمان، فإنه غير متزامن مع السياق الحالي مثل خدمات الأراضي الرقمية والحكومة الإلكترونية. وبالمثل، لا تغطي القوانين على مستوى المنطقة الممارسات التي أصبحت أساسية وواسعة الانتشار نتيجة للتنمية الاقتصادية، مثل التخطيط الحضري وقوانين البناء في العراق أو الزراعة المستأجرة في لبنان. ونتيجة لذلك، فإن الأطر القانونية التي تحكم الأراضي في معظم بلدان المنطقة لا تتسق مع الواقع والاحتياجات الحالية لاقتصاد كل منها. وعندما تعدل القوانين القائمة، تُحْدِث التغييرات في العادة ارتباكاً لأن المحاكم والمؤسسات المسؤولة عن التنفيذ قد تقدم تفسيرات مختلفة. وتسهم هذه التحديات أيضاً في جعل الاعتراف بحقوق الملكية وإنفاذها أمراً صعباً، إن لم يكن مستحيلاً.

وكانت الجهود المبذولة في جميع أنحاء المنطقة لتحديث الأطر القانونية والقوانين البالية بشأن حقوق الأراضي والملكية بطيئة. ولا تنبع التأخيرات من الوقت الكبير اللازم للتوفيق بين القوانين المتناقضة فحسب، بل أيضاً من الحساسيات السياسية لإصلاحات الأراضي. ومن الأمثلة الحديثة على ذلك المبادرة الجارية في مصر التي تهدف إلى توحيد الإجراءات المختلفة للتسجيل الشخصي

الإطار 2-2 تعقيدات أنظمة تسجيل عقود وسندات الملكية بالشهر العقاري والسجل العيني في مصر

تطبق مصر في آن واحد أنظمة للشهر العقاري والسجل العيني يحكمها قانونان منفصلان (القانون رقم 114 لسنة 1946 والقانون رقم 142 لسنة 1964 على التوالي). ويخول كلا القانونين مسؤوليات التسجيل لمصلحة الشهر العقاري والتوثيق التابعة لوزارة العدل. ويعد الشهر العقاري أبرز نظام لتسجيل الملكية في مصر لأنه يسمح بتسجيل مبنى أو جزء منه (مثل الشقة السكنية) كوحدة عقارية. وبالتالي، فإن نظام التسجيل الشخصي في مصر يغطي معظم المناطق الحضرية في البلاد، ويطبق أيضاً على الممتلكات في المجتمعات الحضرية الجديدة وعدة مشروعات إنمائية في الصحراء. ولكن بموجب هذا النظام، يجري إدخال عقود الملكية بالتسلسل الزمني حسب ترتيب قبولها للتسجيل وفهرستها وفقاً لأسماء أطراف العقود. ويؤدي هذا النظام إلى تعقيد مهمة التحقيق في الملكية. وفضلاً عن ذلك، يتطلب نظام التسجيل الشخصي في مصر تقديم أدلة على ملكية العقار موضوع المعاملة، ويتعين على مالك العقار تقديم نسخة من عقد الملكية، أو يتعين على موظفي السجل القيام بعملية بحث مضنية في فهرس مرتب أبجدياً.

وللتخفيف من التحديات بإثبات الملكية بموجب نظام التسجيل الشخصي، تحرص الحكومة المصرية على أن تستبدل به نظام التسجيل العيني الذي يعتبر سجلاً أكثر حجية للملكية والحقوق العقارية. ويستند نظام التسجيل العيني إلى العقار، وتفهرس المعلومات في مصلحة الشهر العقاري والتوثيق وفقاً لرقم تعريفي فريد خاص بقطعة الأرض أو الوحدة العقارية. غير أن عيب نظام التسجيل العيني في مصر أنه لا يسمح بتسجيل مبنى أو جزء منه كوحدة عقارية، على نحو يؤدي إلى تثبيط استخدامه في المناطق الحضرية في مصر، ولذلك يغطي الأراضي الزراعية في المقام الأول. وبالتالي، فإن أي محاولة لإحلال نظام التسجيل العيني محل نظام التسجيل الشخصي يجب أن تتضمن إعادة النظر في الإطار القانوني للسماح بتسجيل المباني بموجب نظام التسجيل العيني.

وبالإضافة إلى التعقيدات المتعلقة بإحلال نظام ما محل آخر، فإن إجراءات تسجيل الملكية في أي من النظامين تعتبر شديدة التعقيد ومرهقة. حيث يجب على مالكي العقارات الراغبين في تسجيل أو إجراء معاملة تقديم سلسلة واضحة من سندات الملكية أو عقود الملكية منذ آخر مرة تم فيها تسجيل ممتلكاتهم في السجل. ولكن بالنسبة لجميع العقارات في المناطق العشوائية، وخاصة في المدن الكبرى مثل القاهرة، وحتى بالنسبة للعديد من العقارات الرسمية، فإن إثبات هذه السلسلة التي يمكن أن تعود لعقود مضت، هو أمر يعد ببساطة مستحيلاً. ونتيجة لذلك، تعتبر معظم سجلات الأراضي المحتفظ بها في مصلحة الشهر العقاري والتوثيق قديمة وغير دقيقة. وعلى الرغم من تجريب الحكومة للقرارات المحتملة، لم تنفذ بعد أي إصلاحات رئيسية لمعالجة تعقيدات التعامل مع أنظمة تسجيل الملكية في البلاد. ونتيجة لذلك، فإن حوالي 10% فقط من جميع الأراضي والعقارات في مصر تعتبر مسجلة رسمياً.

المصادر: ندا وسيمز (2020)؛ البنك الدولي (2018).

(تسجيل العقود) والتسجيل العيني (تسجيل سندات الملكية) في البلاد، والتي كاد تعقيدها أن يدفع النظام إلى شفير التقادم (انظر الإطار 2-2). ففي عام 2014، اجتمعت لجنة تمثل الهيئات الرئيسية المشاركة في حوكمة الأراضي لصياغة مشروع قانون موحد لإدارة الأراضي. وعلى الرغم من إعداد مشروع القانون، فقد أوقفت الحكومة عمل اللجنة ولم يتم الانتهاء من مشروع القانون (ندا وسيمز 2020). وبالمثل، ضمن "الإطار الوطني لسياسات الأراضي" للسلطة الوطنية الفلسطينية (2008)، صيغت أربعة مشروعات قوانين تتعلق بإصلاحات رئيسية لحوكمة الأراضي، لكنها لم تُعتمد بعد.

تعدد المؤسسات وتداخل اختصاصاتها

يعاني العديد من بلدان المنطقة من تعدد المؤسسات وتداخل اختصاصاتها والمنافسة بين الهيئات على السيطرة على الأراضي، مما يحول دون اتباع نُهُج متكاملة لتنظيم شؤون الأراضي وإدارتها ويؤدي إلى تدني جودة خدمات إدارة الأراضي. وفي معظم البلدان، تعمل مؤسسات متعددة ومفككة ذات اختصاصات مستقلة بشأن الأراضي بطريقة غير منسقة. وغالباً ما يؤدي هذا النوع من العمليات إلى ازدواجية الجهود، والإجراءات البيروقراطية المرهقة، وحتى المنافسة بين المؤسسات على إدارة الأراضي. ففي العراق، على سبيل المثال، تعتبر وزارة المالية مسؤولة عن تسجيل وحماية وتخصيص أراضي الدولة وممتلكاتها. غير أن العديد من الوزارات العراقية الأخرى تسيطر على أراضي الدولة وممتلكاتها لأغراضها الخاصة، وتقوم بذلك من خلال إنشاء قواعد بيانات منفصلة للأراضي لا ترتبط بوزارة المالية بسبب المخاطر المتصورة بفقدان سيطرتها على حيازاتها. وهذا الافتقار إلى التنسيق بين المؤسسات العراقية المعنية يجعل من الصعب إجراء أي حصر لأراضي الدولة، ويتيح التعدي والمخالفات من جانب أصحاب العقود على أراضي الدولة وممتلكاتها.

وعندما يكون هناك تنسيق بين الوزارات والهيئات، يكون في العادة حسب الحاجة ويفتقر إلى الكفاءة. فعلى سبيل المثال، أنشئ المركز الوطني لتخطيط استخدامات أراضي الدولة في مصر في عام 2001 ليكون بمثابة هيئة تنسيق لمشروعات الحكومة لتطوير الأراضي العامة. وأصبح مجلس إدارته الوسيلة الرئيسية لمناقشة المقترحات المقدمة من مختلف الهيئات الراعية لحيازة وتعديل ولاياتها القضائية على أراضي الدولة. وعلى الرغم من حدوث قدر من التحسن في التنسيق بين مختلف الهيئات مع إنشاء المركز، لا يزال هناك نقص في التنسيق المتسق بشأن تخصيص الأراضي العامة. وكانت النتيجة عدم كفاءة نمط التنمية الإقليمية وعدم وجود توافق يذكر بين أهداف واختصاصات الهيئات الراعية التي يفترض أن تنسق مع المركز (ندا وسيمز 2020).

وقد أدى هذا التفتت، مقترنا بتداخل القوانين – وأحيانا تناقضها – إلى لبس بشأن المؤسسة المختصة بمسائل الأراضي. ويحول هذا الارتباك دون تطبيق نُهج متكاملة أو شاملة لإدارة الأراضي. فعلى سبيل المثال، غالبا ما تتخذ القرارات المتعلقة بتنمية الأراضي الحضرية والتوسع الحضري من قبل مؤسسات لا تأخذ في الاعتبار آثار تلك القرارات على تدمير الأراضي الزراعية وإنتاج الأغذية. كما يقدم تعدد المؤسسات وتداخل اختصاصاتها، إلى جانب ضعف سيادة القانون، تفسيراً للافتقار إلى الشفافية في إدارة الأراضي وتقديم خدمات تنظيم شؤون الأراضي، كما هو موضح في القسم الأخير من هذا الفصل.

ويتفاقم نقص التنسيق فيما بين المؤسسات ذات الاختصاصات بالأراضي بسبب ضعف موثوقية البنية التحتية لإدارة الأراضي، وهو ما لا يدعم تبادل المعلومات. وكما هو مبين لاحقاً في هذا الفصل بمزيد من التفصيل، فإن رقمنة تسجيل الملكية، وسجلات الملكية وسجلات الأراضي الممسوحة، والخطط المكانية، وغيرها من السجلات الحيوية لإدارة الأراضي لم تكتمل بعد في العديد من بلدان منطقة الشرق الأوسط وشمال أفريقيا.

دور الدولة ومركزية إدارة وتنظيم الأراضي

تتمتع مؤسسات الدولة المركزية في جميع أنحاء الشرق الأوسط وشمال أفريقيا بقدر كبير من السيطرة على الأراضي، بما في ذلك الأراضي القيمة في المناطق الحضرية والريفية على حد سواء. وفي الواقع، فإن ملكية الدولة واستخداماتها العامة للأراضي أكثر انتشارا في منطقة الشرق الأوسط وشمال أفريقيا من أي منطقة أخرى على مستوى العالم (انظر الشكل 2-1). وعلى الرغم من صعوبة تحديد المعدلات الدقيقة للملكية العامة للأراضي بسبب عدم اكتمال السجلات وانعدام الشفافية، فإن الملكية العامة في المنطقة نشأت على وجه العموم من التطورات التاريخية مثل تأميم الممتلكات الاستعمارية، وضم أراضي القبائل إلى الأراضي العامة، والاستيلاء على الأراضي غير الخاضعة للملكية الخاصة – بما في ذلك الميري والموات والمتروكة – وكذلك بعض ممتلكات الأوقاف في حقبة ما بعد الاستقلال. ونتيجة لذلك، تمتلك العديد من الدول أراضٍ قيّمة، مثل الأراضي الخصبة للاستخدام الزراعي، والأراضي الغنية بالموارد الجوفية، والأراضي ذات المواقع الجغرافية الممتازة. ويعتقد أن جزءاً كبيراً من الممتلكات القيّمة يسيطر عليها الجيش، لا سيما في الأنظمة الحاكمة التي يلعب فيها الجيش دوراً سياسياً مهماً. فعلى سبيل المثال، كما هو مبين في الخريطة 2-1، تحتل الأراضي العسكرية جزءاً كبيراً من المساحة الحضرية في الجزائر العاصمة.

وغالبا ما تفتقر السلطات العامة إلى سجلات شاملة للأراضي والعقارات التي تملكها والقيمة الحقيقية لهذه الأصول، وهو ما يؤثر على قدرتها على اتخاذ قرارات مستنيرة بشأن استخدام الأراضي والتصرف فيها. وعلى الرغم من ارتفاع مستويات ملكية الدولة، فإن حصر الأراضي المملوكة للدولة إما غير دقيق أو غير مكتمل، وحدودها غير معينة. وبالتالي، لما كان العديد من الحكومات في أنحاء المنطقة لا تعرف ما هي الأراضي التي تملكها، فإنها لا تستطيع الاستفادة من الأراضي العامة لتقديم الخدمات أو تنفيذ برامج اجتماعية. ففي العراق، على سبيل المثال، على الرغم من أن 80–90% من جميع الأراضي مملوكة للدولة، فإنه لا يوجد حصر موثوق به للأراضي العامة.[4] ولهذا، فإن الحكومة غير قادرة على تنفيذ برامج الإسكان الاجتماعي لإعادة توطين العراقيين الذين اقتلعتهم صراعات دامت عقوداً في البلاد. وتؤدي هذه الصعوبة بدورها إلى تفاقم التعديات الواسعة النطاق على أراضي الدولة والمستوطنات العشوائية، حيث يأخذ أولئك الذين يسعون إلى العثور على مسكن حقهم بالقوة.

الشكل 2-1 **مؤشر الأراضي قيد الملكية العامة، حسب المنطقة**

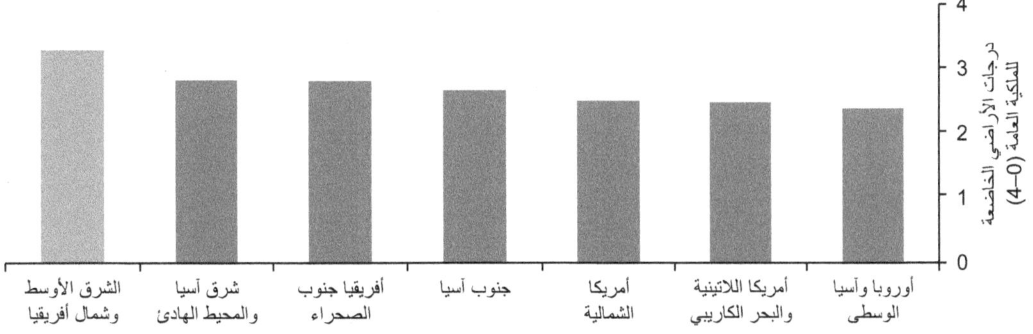

المصدر: معهد بحوث الاقتصاد الدولي، والوكالة الفرنسية للتنمية، ووزارة الاقتصاد والمالية، وقاعدة بيانات الملامح المؤسسية (لوحة بيانات)، http://www.cepii.fr/institutions/en/ipd.asp.

الخريطة 2-1 **الأراضي التي أفيد بأنها مملوكة للجيش، الجزائر العاصمة، الجزائر**

المصدر: OpenStreetMap (قاعدة بيانات مستقاة من الجمهور)، 2020، https://www.openstreetmap.org/#map=3/71.34/-96.82.
ملحوظة: تفيد التقارير بأن المناطق ذات اللونين الأصفر والأحمر تابعة للجيش الجزائري.

وبوجه عام، لا توفر الحكومات لاقتصادها الأراضي اللازمة. ففي العديد من البلدان، مثل المغرب، اعتمدت التنمية الحضرية منذ وقت طويل على قيام السلطات العامة بتوفير الأراضي، التي غالباً ما تكون في مواقع غير مناسبة. وعندما يتم تعبئة الأراضي العامة، فلا يتبع التخصيص في الغالب مبادئ السوق – أي لا تُنقل الأراضي بالقيمة السوقية (توليد إعادة توزيع الريع والثروة على المستفيدين من هذه المخصصات)، أو لا تنقل إلى المستخدمين الأكثر إنتاجية المستعدين لدفع المزيد مقابلها. وغالباً ما يبرر واضعو السياسات ممارسة تخصيص الأراضي بقيمة أقل من قيمة السوق زاعمين بأنهم يكفلون بذلك تيسير تكلفة الأراضي على الفئات المنخفضة والمتوسطة الدخل وتحقيق تكافؤ فرص الحصول عليها، ومع ذلك فليس ثمة متابعة لمدى تحقق هذه النواتج على أرض الواقع. ومن الأمثلة على التخصيص بقيمة أقل من القيمة السوقية تحول مصر من ممارسة المزادات لتخصيص قطع الأراضي للمطورين إلى نظام القرعة حيث اعتبرت أن المزادات تسهم في تصاعد الأسعار. وفي الوقت نفسه، فإن تعبئة الأراضي الخاصة أمر بالغ الصعوبة في مواجهة تحديات الحوكمة (مثل عدم وضوح الحيازة، وعدم كفاءة خدمات التسجيل، ونقص التقييم) التي تعوق تجميع الأراضي.

وقد لجأت الحكومات إلى تخصيص الأراضي لتحقيق أهداف اجتماعية، ولكن نتائجها كانت متفاوتة وتحققت في الغالب من خلال آليات غير مستدامة. فعلى سبيل المثال، بدأت سلطنة عُمان في عام 1986 تخصيص قطع الأراضي مجاناً بشكل عشوائي لمواطنيها باستخدام نظام القرعة. أما بالنسبة للاقتصادات الريعية الأخرى في المنطقة، فإن إعادة توزيع الثروة كانت وسيلة لدعم

الاستقرار الاجتماعي من خلال الوفاء بالتوقعات الاجتماعية. غير أن هذه الممارسة ربما تكون قد بلغت نهايتها لأن أكثر القطع المرغوبة قد أعيد توزيعها بالفعل أو منحت للنخبة. وتكبدت الحكومة أيضاً تكلفة باهظة من هذه الممارسة بسبب الضغوط التي مارسها المستفيدون من أجل تزويد هذه الأراضي بالبنية التحتية. وهناك ممارسات أخرى غير فعالة لتخصيص الأراضي مدفوعة أيضا بالسعي لتحقيق أهداف الاستقلالية الغذائية، مما أدى إلى إبرام عقود إيجار زراعية مشروطة. ففي تونس، على سبيل المثال، قد يُطلب من المستفيدين من عقود الإيجار المشاركة في أنواع الإنتاج التي قد لا يتمتعون بميزة نسبية لها (كأن يُطلب من مالك الأرض المناسبة لزراعة المحاصيل المشاركة جزئياً في إنتاج الألبان).

وتميل مؤسسات الدولة المركزية إلى أن تكون السلطات الرئيسية في المسائل المتعلقة بالأراضي، في حين تتمتع السلطات المحلية عموماً بصلاحيات محدودة فيما يخص الأراضي، مما يقوض الاستجابة الإنمائية المصممة خصيصاً للسياقات البيئية والاجتماعية المحلية. فعلى سبيل المثال، تسيطر المؤسسات المركزية في مصر على الأراضي الصحراوية وعمليات الاستصلاح، وكذلك الأراضي الصحراوية الواقعة على بعد كيلومترين من الحدود الزراعية التي يطلق عليها الزمام.[5] وبالإضافة إلى ذلك، لا تتمتع المؤسسات المحلية بسلطة تخطيط استخدام الأراضي لأنشطة مثل السياحة أو الصناعة أو المستوطنات الجديدة. وبدلا من ذلك، يجب عليها الاعتماد على إرشادات الهيئات المركزية، التي قد لا تكون ملمة بالأوضاع المحلية، ومع ذلك، نادراً ما تخضع للمساءلة أمام المسؤولين المحليين والمجتمعات المحلية (الميهي 2013).

ومما يسهم في الفساد ويسهل هيمنة النخبة والمحسوبية، السيطرة بغير شفافية على الأراضي من جانب الأطراف الفاعلة في الدولة في سياق ضعف حوكمة الأراضي وسيطرة الدولة القوية على موارد الأراضي. ويكشف استعراض لأحدث التقارير القُطْرية الصادرة عن مشروع مؤشر برتلسمان للتحول[6] أن 16 بلداً من أصل 17 بلداً مشمولا في منطقة الشرق الأوسط وشمال أفريقيا شهد فساداً أو تدخلاً سياسياً أو أن المحسوبية تهيمن على حقوق الملكية. وفي الشكل 2-2، بالنسبة للعالم، وبلدان منطقة الشرق الأوسط وشمال أفريقيا على وجه الخصوص، يظهر ارتباط سلبي بين قوة حقوق الملكية (مقيسة بمؤشر برتلسمان للتحول) ومدركات الفساد (مقيسة بمؤشر مدركات الفساد الصادر عن منظمة الشفافية الدولية).[7] وعلى الرغم من أن هذا الارتباط لا ينطوي على علاقة سببية، فإنه يشير إلى أن ضعف إدارة الأراضي يعد أرضاً خصبة للفساد. وتعد الإجراءات غير المتسمة بالشفافية في تحويل الأراضي إلى الاستخدام الحضري، على وجه الخصوص، موطئة للفساد. ومما يساعد كذلك على زيادة الفساد الممارسات التقديرية لتخصيص الأراضي من قبل الدولة. ففي الضفة الغربية وقطاع غزة، على سبيل المثال، وجد الائتلاف من أجل النزاهة والمساءلة "أمان" (2014، 33) أن إدارة أراضي الدولة مشبّعة "بسياسة مقصودة من قبل النظام لتوظيف موارد الدولة لشراء الولاء وتعزيز سلطته من خلال زيادة عدد وثروات الموالين المؤثرين في صنع القرار". وتتمثل إحدى الطرق التي يمكن بها تحقيق ذلك في بيع الأراضي المملوكة للدولة للأفراد الإستراتيجيين بأسعار منخفضة للغاية، مما يمكنهم من تحقيق أرباح ضخمة على المبيعات اللاحقة (بوديفات 2012).

الشكل 2-2 الفساد وسوء حماية حقوق الملكية، حسب جميع المناطق ومنطقة الشرق الأوسط وشمال أفريقيا

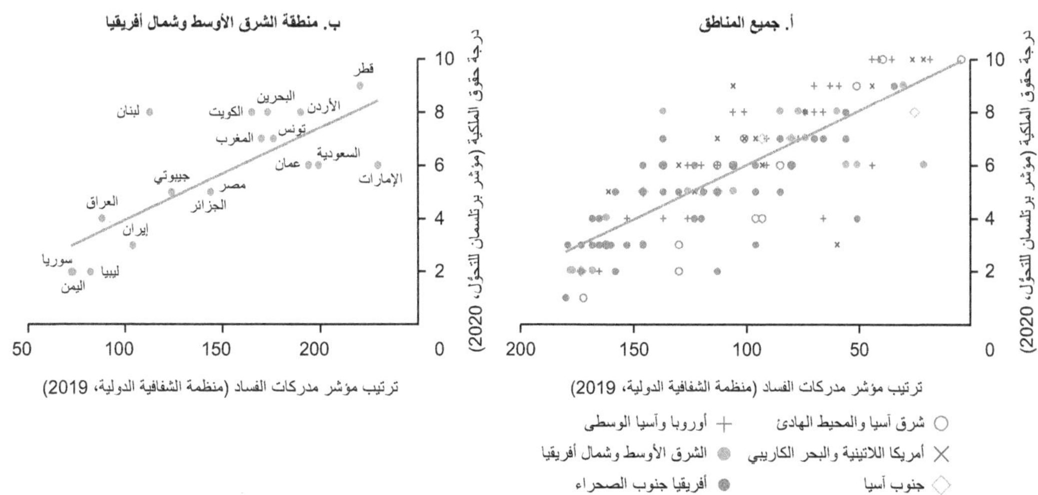

المصادر: مؤسسة برتلسمان، مؤشر برتلسمان للتحوُل، التقارير القُطْرية لمؤشر برتلسمان للتحوُل لعام 2020، منطقة الشرق الأوسط وشمال أفريقيا، http://bti-project.org/؛ منظمة الشفافية الدولية، مؤشر مدركات الفساد (لوحة بيانات)، 2019، https://www.transparency.org/en/cpi/2019.
ملحوظة: تعرض هذه الرسوم البيانية درجات حقوق الملكية لمؤشر برتلسمان للتحوُل مقابل الترتيب القُطْريّ لمؤشر مدركات الفساد الخاص بمنظمة الشفافية الدولية. تقيس درجة حقوق الملكية إلى أي مدى تضمن السلطات الحكومية تحديد حقوق الملكية الخاصة تحديداً جيداً وتنظيم حيازة الممتلكات ومنافعها واستخدامها وبيعها. وتتراوح من صفر (سيئ) إلى 10 (ممتاز). انظر الشكل 1-4 للاطلاع على رموز البلدان.

ضعف الضرائب العقارية

الضرائب العقارية، التي من شأنها تحقيق إيرادات، قليلة الاستخدام وربما غائبة في بلدان المنطقة مع بعض الاستثناءات، مثل إسرائيل (الشكل 2-3). حيث تفتقر المنطقة إلى تقليد فرض الضرائب على العقارات (خاصة في الاقتصادات الريعية في مجلس التعاون الخليجي[8])، وتواجه بعض البلدان صعوبات فنية في تطبيق الضرائب العقارية بسبب تدني تغطية السجلات.[9] ففي الإمارات العربية المتحدة، على سبيل المثال، لا توجد إيرادات ضريبية عقارية تقريباً ولا تمثل سوى 0.02% من إجمالي الناتج المحلي للبلاد، وهو معدل منخفض للغاية مقارنة بالبلدان الأخرى مثل المملكة المتحدة، حيث تبلغ الإيرادات المتأتية من الضريبة العقارية 4% من إجمالي الناتج المحلي. ويعد المغرب، بعد إسرائيل، البلد الذي يجني أكبر إيرادات من الضرائب العقارية، ولكنها لا تتجاوز 1.6% من إجمالي الناتج المحلي.

وترجع بعض الأسباب في انخفاض هذه المستويات إلى الإعفاءات العديدة التي أدخلت لاسترضاء ذوي المصالح المكتسبة أو تجنب السخط الاجتماعي، وهو ما يؤدي في نهاية المطاف إلى إبطال الغرض من الضريبة. فالمغرب، على سبيل المثال، يطبق تخفيضاً بنسبة 75% في قيمة المساكن الرئيسية وإعفاء لمدة خمس سنوات على العقارات المنشأة حديثاً. وفي مصر، لا تطبق الضريبة العقارية على الغالبية العظمى من الوحدات السكنية (التي تقل قيمتها عن مليوني جنيه مصري أو حوالي 128 ألف دولار). ولا تطبق كذلك على العديد من العقارات في قطاع السياحة، مثل الفنادق والمنتجعات، التي تعتبر مولدات رئيسية للإيرادات للاقتصاد المصري، وهو ما لا ترغب الهيئة التشريعية في تثبيطه. وأسفر هذا النظام عن إيرادات منخفضة للغاية بلغت 240 مليون دولار في عام 2018، وهو ما يقل كثيراً عن إيرادات دبي البالغة 4 مليارات دولار سنوياً من الضرائب العقارية. غير أن جميع بلدان المنطقة، باستثناء السعودية، تفرض نوعاً من الضرائب على المعاملات العقارية، وهو أمر أسهل تنفيذاً من الضرائب العقارية وأكثر قبولا من الناحية السياسية.

ضعف البنية التحتية لتقييم الأراضي

بوجه عام، لا يتسق تقييم الأراضي في بلدان المنطقة مع المعايير الدولية، وهو ضعيف في العديد منها. وفي العديد من البلدان، لا تتوفر القدرة على التقييم، ولا توجد أنظمة لتنفيذ التقييم السوقي للأغراض الضريبية. والواقع أن الحكومات غالباً ما تقوم بفرض الضرائب على القيمة الدفترية الإدارية أو القديمة. ويؤدي استخدام قيم أقل من قيمتها الحقيقية في الضرائب العقارية ورسوم التسجيل إلى حدوث تشوهات في الاقتصاد، وقد يؤدي إلى عدم فعالية إدارة الأراضي (بما في ذلك القرارات المتعلقة بالتصرف في أراضي الدولة وإدارتها).

الشكل 2-3 الضرائب العقارية، حسب المنطقة وفي اقتصادات مختارة، 2020

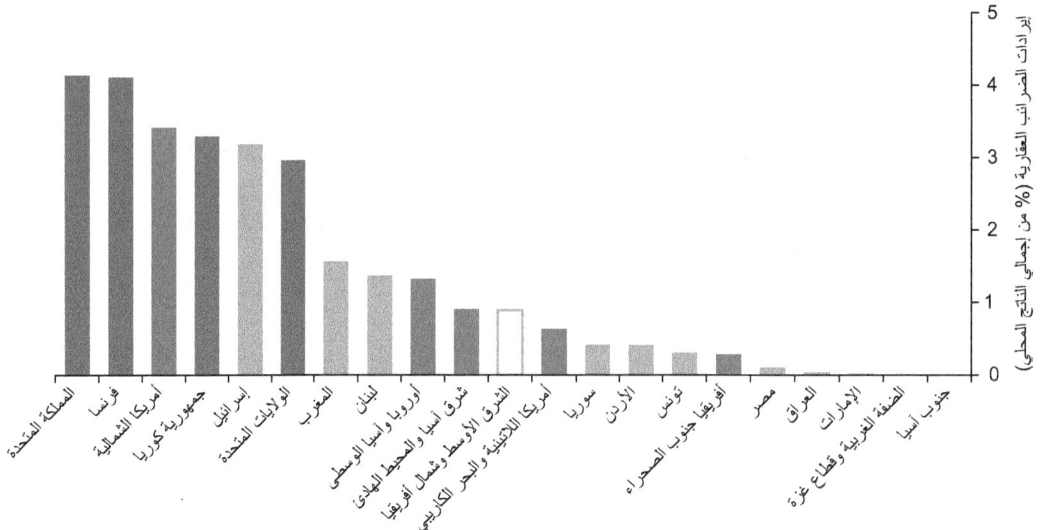

المصدر: صندوق النقد الدولي، البيانات الطولية للإيرادات العالمية (WoRLD) (لوحة بيانات)، 2016–2018، https://data.imf.org/?sk=77413F1D-1525-450A-A23A-47AEED40FE78.

بل إن الانفصال بين تقييم العقارات والقيم السوقية يزداد عندما تكون فترات إعادة التقييم متباعدة (وأحياناً لا تتبع التواتر المطلوب قانوناً). ففي مصر، على سبيل المثال، على الرغم من أنه من المفترض إعادة تقييم الأراضي الزراعية كل 10 سنوات، فإن عملية إعادة التقييم الأخيرة لم تحدث إلا في عام 2014 بعد فجوة دامت 25 عاماً. ولا تجري بعض البلدان حتى إعادة تقييم عامة، كما هو الحال في لبنان، حيث لا يتم تقييم العقارات إلا عند نقل ملكيتها.

وقد تكون التغطية الجغرافية للتقييم محدودة أيضاً كما هو الحال في الضفة الغربية، حيث لا تقدر قيمة العقارات إلا في نصف البلديات، ولم تُحدّث قيم العقارات منذ 50 عاماً. وتؤدي هذه الفجوات إلى تقليص كبير في الإيرادات المتأتية من الضرائب العقارية.

وتعاني معظم البلدان من نقص الشفافية بشأن معلومات سوق الأراضي بشكل أعم. فعلى سبيل المثال، لا يصدر لبنان أي مؤشر سوقي عن المعاملات العقارية. وعلى النقيض من ذلك، تنشر وزارة العدل معاملات الأراضي في السعودية على شبكة الإنترنت.

التحديات أمام إدارة الأراضي

يتفاوت الأداء العام لأنظمة إدارة الأراضي على المستوى القُطْريّ تفاوتاً كبيراً. وتعتبر دول مجلس التعاون الخليجي الأعلى أداءً، في حين تواجه معظم البلدان الأخرى تحديات كبيرة. وقد قيست هذه التحديات من خلال مؤشرات البنك الدولي لممارسة أنشطة الأعمال، التي قيمت الأبعاد المختلفة لمؤشر جودة إدارة الأراضي في مختلف بلدان المنطقة.[10] ويقدر مؤشر تسجيل العقارات، وهو مؤشر مركب شامل يتراوح من صفر إلى 100، كفاءة وجودة نظام إدارة شؤون الأراضي في البلد المعني (انظر الشكل 2-4، والإطار 2-3، والجدول 2-1).

الشكل 2-4 درجات تسجيل العقارات، حسب المنطقة وبلد/اقتصاد منطقة الشرق الأوسط وشمال أفريقيا، 2020

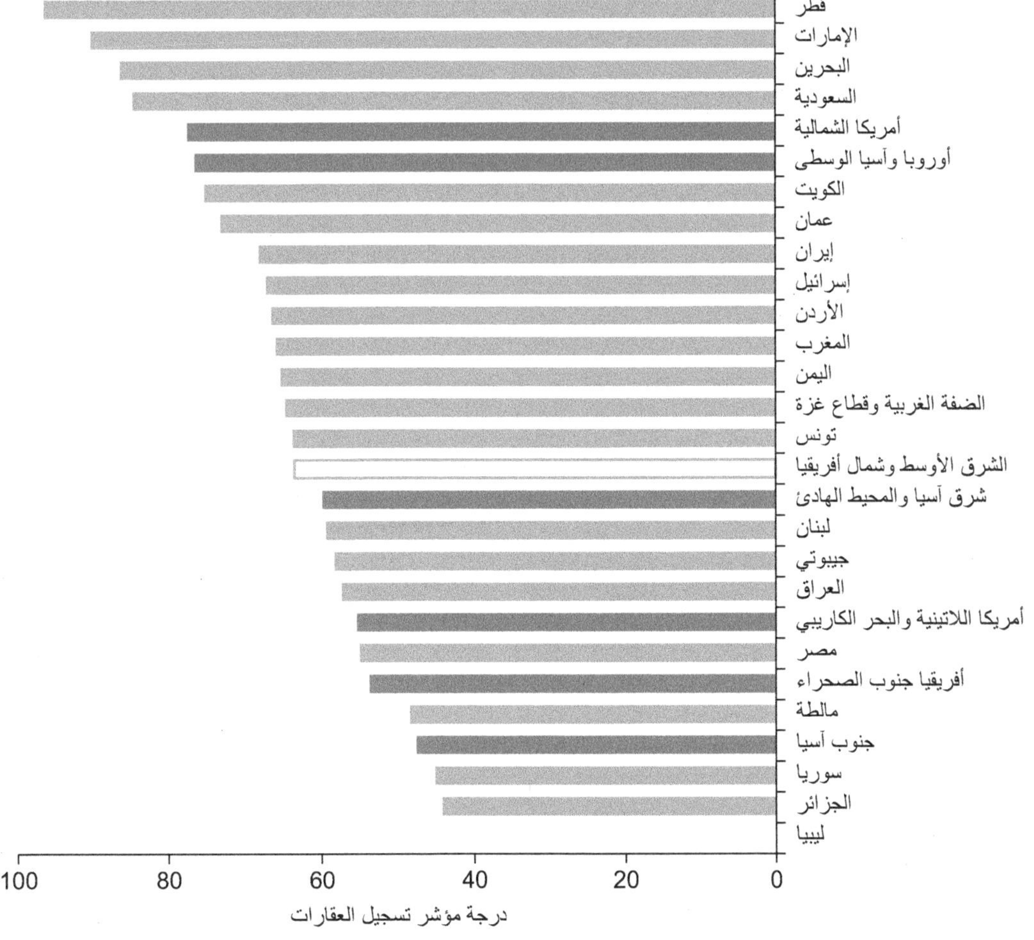

المصدر: البنك الدولي، تقرير ممارسة أنشطة الأعمال 2004–2020 (قاعدة بيانات)، https://archive.doingbusiness.org/en/doingbusiness.

الإطار 2-3 مكونات مؤشر تسجيل العقارات

يحدد الترتيب في مؤشر تسجيل العقارات حسب درجات مركبة محسوبة باستخدام أربعة أجزاء مرجحة بالتساوي:

1. عدد الإجراءات المطلوبة لشراء العقار ونقل ملكيته قانونياً فيما بين الأطراف
2. الوقت اللازم، بالأيام، لشراء ونقل ملكية العقار المطلوب تسجيله
3. تكلفة نقل الملكية بين طرفين، المسجلة كنسبة مئوية من قيمة العقار، بما في ذلك ضرائب نقل الملكية أو الرسوم الإضافية
4. درجة المؤشر المركب لجودة إدارة الأراضي.

وتقوم مؤشرات ممارسة أنشطة الأعمال في المقام الأول باستقصاء الظروف السائدة في المدن الرئيسية والثانوية في كل بلد، وبالتالي قد لا تكون ممثلة تماماً للأوضاع في البلد ككل. فعلى سبيل المثال، لا تأخذ مؤشرات ممارسة أنشطة الأعمال بعين الاعتبار الأراضي السكنية والزراعية في تقييم جودة إدارة الأراضي.

المصدر: البنك الدولي، تقرير ممارسة أنشطة الأعمال 2004–2020 (قاعدة بيانات)، https://archive.doingbusiness.org/en/doingbusiness.

الجدول 2-1 الترتيب في مؤشر تسجيل العقارات، منطقة الشرق الأوسط وشمال أفريقيا، 2020

البلد/الاقتصاد	الترتيب في مؤشر تسجيل العقارات	درجة مؤشر تسجيل العقارات	عدد الإجراءات	المدة (بالأيام)	التكلفة (% من قيمة العقار)	جودة إدارة الأراضي (0–30)
قطر	1	96.2	1	1	0.3	26.0
الإمارات	10	90.1	2	1.5	0.2	21.0
البحرين	17	86.2	2	2	1.7	19.5
السعودية	19	84.5	2	1.5	0.0	14.0
الكويت	45	75.1	7	17	0.5	18.5
عمان	52	73.0	3	18	6.0	17.0
إيران	70	68.1	6	31	3.8	16.0
إسرائيل	75	67.1	6	37	7.2	22.5
الأردن	78	66.4	6	17	9.0	22.5
المغرب	81	65.8	6	20	6.4	17.0
اليمن	86	65.2	6	19	1.8	7.0
الضفة الغربية وقطاع غزة	91	64.6	7	35	3.0	13.5
تونس	94	63.7	5	35	6.1	13.5
لبنان	110	59.4	8	37	6.0	16.0
جيبوتي	117	58.3	6	24	5.6	7.0
العراق	121	57.3	5	51	7.3	10.5
مصر	130	55.0	9	76	1.1	9.0
سوريا	162	45.2	4	48	28	8.5
الجزائر	165	44.3	10	55	7.1	7.5
ليبيا	187	0.0	—	—	—	—
متوسط منطقة الشرق الأوسط وشمال أفريقيا	—	64.3	5.3	28.7	5.2	15.1

المصدر: البنك الدولي، تقرير ممارسة أنشطة الأعمال 2004–2020 (قاعدة بيانات)، https://archive.doingbusiness.org/en/doingbusiness.
ملحوظة: — = لا ينطبق أو غير متاح.

وفي عام 2020، حصلت منطقة الشرق الأوسط وشمال أفريقيا على متوسط لدرجات تسجيل العقارات يبلغ 64.3 درجة، وهو أعلى من المتوسط في منطقة أمريكا اللاتينية والبحر الكاريبي، وشرق آسيا والمحيط الهادئ، وجنوب آسيا، وأفريقيا جنوب الصحراء. غير أن هذا المتوسط يخفي تباينا حادا بين الدرجات المرتفعة التي حصل عليها العديد من دول الخليج، والدرجات المنخفضة للغاية لبعض بلدان المنطقة، ودرجات منتصف التوزيع التي حصلت عليها بلدان أخرى. وتتصدر دول الخليج الترتيب الإقليمي على مؤشر ممارسة أنشطة الأعمال في مجال تسجيل العقارات، وأربع دول منها – قطر (96.2)، والإمارات (90.1)، والبحرين (86.2)، والسعودية (84.5) – ضمن أفضل 20 دولة على مستوى العالم (انظر الشكل 2-4). وفي الواقع، احتلت قطر في عام 2020 المرتبة الأولى على مستوى العالم في مؤشر تسجيل العقارات.[11] بينما كانت بلدان المنطقة التي جاءت في قاع المؤشر هي البلدان المتأثرة بالصراعات مثل سوريا (45.2) والعراق (57.3) والبلدان التي تضم أعداداً كبيرة من السكان مثل الجزائر (44.3) أو مصر (55). ويمكن أن تعكس هذه التصنيفات صعوبة إنشاء وصيانة أنظمة شاملة ومحدثة وشفافة لإدارة الأراضي في مثل هذه السياقات. ومن المثير للدهشة أن اليمن (65.2) سجل متوسط درجات أعلى من المتوسط الإقليمي.[12]

فيما يتعلق بالجودة العامة لخدمات إدارة الأراضي، تقود دول مجلس التعاون الخليجي الأصغر المنطقة أيضاً، إلى جانب الأردن، الذي حقق تقدماً ملحوظاً. ويتراوح مؤشر جودة إدارة الأراضي – وهو مؤشر فرعي لمؤشر تسجيل العقارات (انظر الشكل 2-5 والجدول 2-2) – من صفر إلى 30، ويقيس موثوقية إدارة الأراضي وشفافيتها ونطاق تغطيتها، فضلاً عن الحماية من المنازعات على الأراضي وتكافؤ فرص الحصول على حقوق الملكية. وتقاس هذه المعايير بالمؤشرات الفرعية الخمسة المنفصلة الواردة في الإطار 2-4. ويعرض الجدول 2-2 توزيع درجات جودة إدارة الأراضي في بلدان المنطقة حسب كل مؤشر.

الشكل 2-5 مؤشرات جودة إدارة الأراضي، حسب المنطقة وبلد/اقتصاد منطقة الشرق الأوسط وشمال أفريقيا، 2020

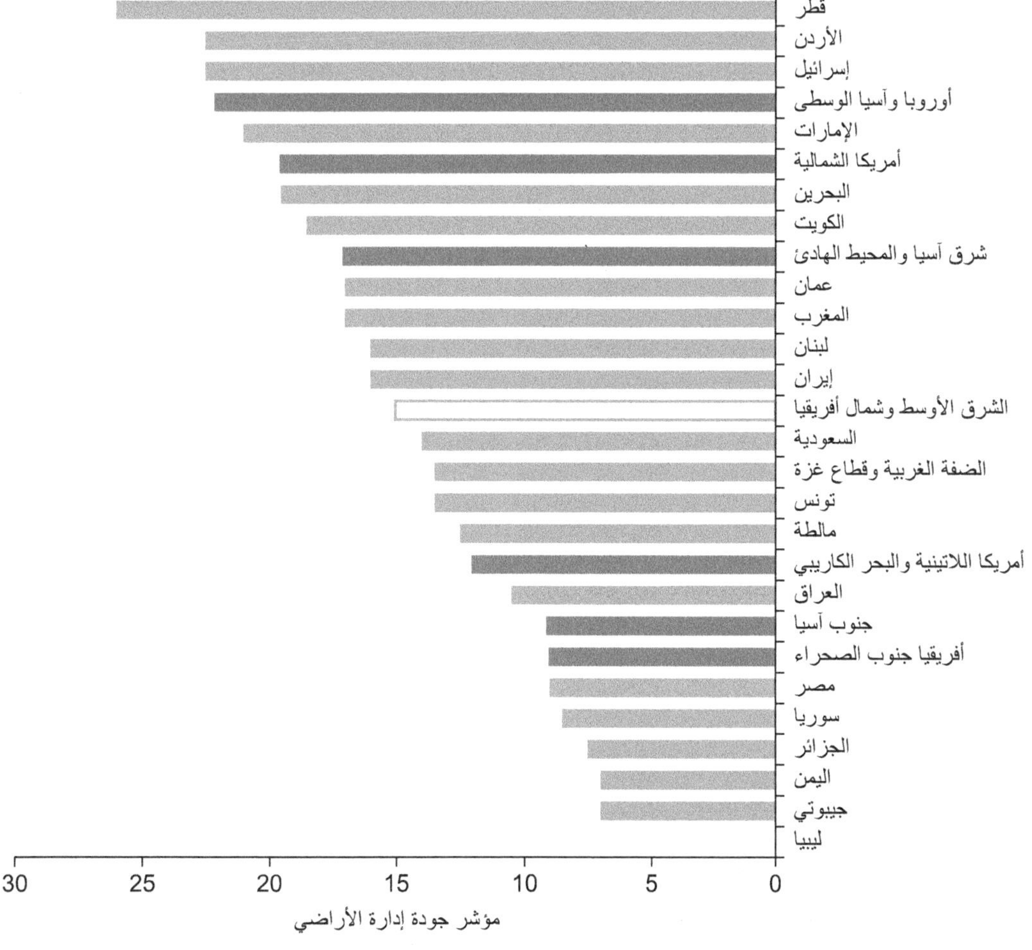

المصدر: البنك الدولي، تقرير ممارسة أنشطة الأعمال 2004–2020 (قاعدة بيانات)، https://archive.doingbusiness.org/en/doingbusiness.

الجدول 2-2 درجات مؤشر جودة إدارة الأراضي، منطقة الشرق الأوسط وشمال أفريقيا، 2020

البلد/الاقتصاد	مؤشر موثوقية البنية التحتية (0–8)	مؤشر شفافية المعلومات (0–6)	مؤشر التغطية الجغرافية (0–8)	مؤشر فض منازعات الأراضي (0–8)	مؤشر تكافؤ فرص الحصول على حقوق الملكية (–2–0)	الإجمالي (0–30)
قطر	8	3.5	8	6.5	0	26.0
الأردن	7	3.5	6	6.0	0	22.5
إسرائيل	8	4.5	4	6.0	0	22.5
الإمارات	8	2.5	4	6.5	0	21.0
البحرين	6	3.5	4	6.0	0	19.5
الكويت	3	2.5	8	5.0	0	18.5
المغرب	7	2.5	2	5.5	0	17.0
عمان	5	2.5	4	5.5	0	17.0
إيران	6	1.0	4	5.0	0	16.0
لبنان	4	3.0	4	5.0	0	16.0
السعودية	5	2.5	0	6.5	0	14.0
تونس	4	4.5	0	5.0	0	13.5
الضفة الغربية وقطاع غزة	5	1.0	4	3.5	0	13.5
العراق	1	0.5	4	5.0	0	10.5
مصر	2	3.0	0	4.0	0	9.0
سوريا	2	2.5	0	4.0	0	8.5
الجزائر	1	1.5	0	5.0	0	7.5
جيبوتي	3	1.5	0	2.5	0	7.0
اليمن	1	2.5	0	3.5	0	7.0
ليبيا	—	—	—	—	—	—
متوسط منطقة الشرق الأوسط وشمال أفريقيا	4.5	2.6	2.9	5.1	0	15.1

المصدر: البنك الدولي، تقرير ممارسة أنشطة الأعمال 2004–2020 (قاعدة بيانات)، https://archive.doingbusiness.org/en/doingbusiness.
ملحوظة: — = غير متاح.

ومرة أخرى، تتصدر قطر المنطقة في جودة إدارة الأراضي بشكل عام، حيث سجلت 26 درجة، مما يضعها في صدارة أفضل 20 بلداً في العالم، محققة الدرجة نفسها التي سجلتها المملكة المتحدة، على سبيل المثال. وحققت قطر هذا التحسن من خلال نشر معاييرها للخدمات الرسمية وإحصاءات المحاكم بشأن منازعات الأراضي.[13] كما حقق الأردن تقدماً كبيراً فيما يتعلق بهذا المؤشر، حيث جاء في المركز الثاني في المنطقة، مسجلاً 22.5 درجة، وهو ما يضعه في قائمة أفضل 50 بلداً مسجلاً الدرجة نفسها التي سجلتها إسرائيل وإسبانيا. كما تقود دول الخليج الأصغر حجماً (مثل الإمارات والبحرين والكويت) المنطقة في جودة إدارة الأراضي. غير أن السعودية، التي سجلت 14 درجة، انزلقت إلى ما دون المتوسط الإقليمي البالغ 15.1. وتخلفت الدول المتأثرة بالصراعات مثل سوريا (8.5) واليمن (7.0)، والبلدان التي تعاني من غموض المؤسسات مثل الجزائر (7.5)، والبلدان الأشد فقراً مثل جيبوتي (7.0) عن بلدان المنطقة الأخرى، مع تراجع جيبوتي واليمن إلى المركز الأخير.

وبوجه عام، تتسم خدمات إدارة الأراضي بجودة أعلى في البلدان الأكثر ثراء والأصغر حجماً في منطقة الشرق الأوسط وشمال أفريقيا، وربما يرجع ذلك إلى زيادة القدرات أو محدودية عدد المعاملات التي تمارس ضغطا أقل على أنظمة إدارة الأراضي.[14] وبالنسبة لبلدان المنطقة، يتضح ذلك من الميل الإيجابي في اللوحة "أ" من الشكل 2-6، الذي يحدد درجة جودة إدارة الأراضي مقابل نصيب الفرد من إجمالي الناتج المحلي، والميل السلبي في اللوحة "ب" التي تحدد درجة جودة إدارة الأراضي مقابل تعداد السكان.[15]

وعموماً، يوجد لدى دول مجلس التعاون الخليجي أنظمة تسجيل جيدة الأداء، لكن الافتقار إلى شفافية المعلومات لا يزال يمثل مشكلة. وتواجه معظم بلدان المنطقة الأخرى تحديات تتعلق بمدى موثوقية وتغطية أنظمة التسجيل لديها بالإضافة إلى الافتقار إلى الشفافية. ويعكس مؤشر موثوقية البنية التحتية هذه التباينات، حيث لم يتجاوز متوسط درجة بلدان المنطقة 4.5 (من 8). وتسجل تسعة بلدان – لبنان وتونس والكويت والعراق وجيبوتي ومصر وسوريا والجزائر واليمن – درجات أقل من المتوسط الإقليمي

الإطار 2-4 مكونات مؤشر جودة إدارة الأراضي

يتألف مؤشر جودة إدارة الأراضي من مجموعة تضم خمسة مؤشرات فرعية، يمكن تقسيم كل مؤشر منها إلى مكونات متمايزة. وفيما يلي هذه المؤشرات الخمسة ونظرة عامة على المكونات التي تقيسها:

- مؤشر موثوقية البنية التحتية تتراوح قيمة هذا المؤشر من صفر إلى 8، مع ملاحظة أن "القيم الأعلى تشير إلى زيادة جودة البنية التحتية لضمان موثوقية المعلومات حول الملكية والحدود". وتمنح درجات صفر أو 1 أو 2 لمكوناته الستة. وتتعلق معظم هذه المكونات برقمنة وتخزين معلومات إدارة الأراضي، بما في ذلك الشهادات الرسمية لملكية الأراضي والمخططات المساحية.
- مؤشر شفافية المعلومات تتراوح قيم هذا المؤشر من صفر إلى 6، مع ملاحظة أن "القيم الأعلى تشير إلى زيادة الشفافية في نظام إدارة الأراضي". وتمنح درجات صفر أو 0.5 أو 1 لمكوناته العشرة. وتقيم معظم هذه المكونات ما إذا كانت المعلومات المتعلقة بملكية الأراضي والمعاملات العقارية متاحة للجمهور بسهولة.
- مؤشر التغطية الجغرافية تتراوح قيمة هذا المؤشر من صفر إلى 8، مع ملاحظة أن "القيم الأعلى تشير إلى زيادة التغطية الجغرافية في تسجيل ملكية الأراضي والخرائط المساحية". وتمنح درجة صفر أو 2 لمكوناته الأربعة. وتعالج هذه المكونات اكتمال سجل الأراضي ورسم الخرائط على مستوى أكبر مدينة تجارية وعلى مستوى الاقتصاد.
- مؤشر فض منازعات الأراضي يتراوح من صفر إلى 8 و"يقيم الإطار القانوني لتسجيل الممتلكات والأصول الثابتة ومدى توفر آليات فض المنازعات". وتمنح درجات من صفر إلى 3 لمكوناته الثمانية. وتغطي هذه المكونات مجموعة متنوعة من المقاييس القانونية المتعلقة بالتسجيل الرسمي للأراضي وعمليات فض المنازعات.
- مؤشر تكافؤ فرص الحصول على حقوق الملكية يتراوح من −2 إلى 0، حيث يعطي درجات عقابية للبلدان حال وجود درجة عالية من عدم المساواة في الحصول على حقوق الملكية. ولا يقاس بهذا المؤشر سوى مكونين اثنين: ما إذا كان الرجال المتزوجون والنساء المتزوجات يتمتعون بتكافؤ فرص الحصول على الخدمات، وما إذا كان الرجال غير المتزوجين والنساء غير المتزوجات يتمتعون بتكافؤ فرص الحصول على الخدمات. وإذا كانت هناك معاملة تفضيلية في أي من الحالتين، يتم منح درجة −1.

ثم تجمع الدرجات المستمدة من المكونات المبينة في هذه المؤشرات الخمسة، مع إعطاء درجة التصنيف العام لجودة إدارة الأراضي.

المصدر: البنك الدولي، تقرير ممارسة أنشطة الأعمال 2004–2020 (قاعدة بيانات)، https://archive.doingbusiness.org/en/doingbusiness.

الشكل 2-6 درجات جودة إدارة الأراضي، ونصيب الفرد من إجمالي الناتج المحلي، وتعداد السكان، منطقة الشرق الأوسط وشمال أفريقيا

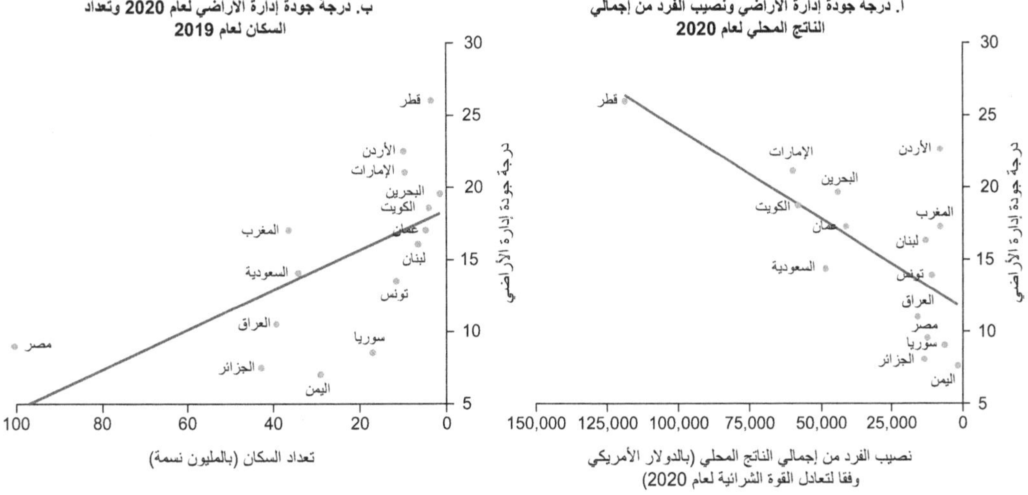

المصادر: البنك الدولي، تقرير ممارسة أنشطة الأعمال 2004–2020 (قاعدة بيانات)، https://archive.doingbusiness.org/en/doingbusiness؛ البنك الدولي، مؤشرات التنمية العالمية (قاعدة بيانات)، 2019، https://databank.worldbank.org/source/world-development-indicators.

(انظر الإطار 2-4 والجدول 2-2). وفي قمة الترتيب، نجد بلداناً مثل قطر والإمارات (بحد أقصى 8 درجات)، وكلاهما يحتفظ بشهادات رسمية للأراضي ومخططات خرائط مساحية في صيغة رقمية بالكامل. وفيما يتعلق بمؤشر شفافية المعلومات ، لا توجد دولة في المنطقة سجلت أعلى من 4.5 من 6، مع تسجيل الغالبية العظمى درجات دون 3. وفي الواقع، لم يسجل سوى خمسة بلدان في المنطقة بأكملها درجات أعلى من المتوسط العالمي لمؤشر ممارسة أنشطة الأعمال فيما يتعلق بشفافية معلومات الأراضي.

وتمثل التغطية الجغرافية لتسجيل الأراضي مشكلة كبيرة وتفتقر بشدة إلى هذه التغطية في معظم بلدان المنطقة. ويتجلى هذا الوضع في مؤشر التغطية الجغرافية الذي يتراوح من صفر إلى 8، وهو يقيس ما إذا كانت جميع قطع الأراضي قد سجلت ورسمت خرائط لها على مستوى أكبر مدينة تجارية وفي الاقتصاد ككل. وكما هو مبين في الشكل 2-7، لم يحصل سوى الأردن والكويت وقطر على تقدير 6 أو أكثر، في حين حصلت تسعة بلدان هي الجزائر وجيبوتي ومصر وليبيا ومالطة والسعودية وسوريا وتونس واليمن على صفر (أو "لا توجد ممارسة" في حالة ليبيا). وفيما بين البلدان التي حصلت على درجة 2 أو أكثر، كان التسجيل الرسمي للعقارات ورسم الخرائط مرتفعين بوجه عام على مستوى أكبر مدينة تجارية ولكنهما ناقصان عادة عبر الاقتصاد بأكمله. ففي الضفة الغربية، على سبيل المثال، أقل من نصف أراضيها مسجلة رسمياً. بل إن هذا الرقم في مصر أقل من ذلك – إذ لا يتعدى 10% (البنك الدولي 2018). وفي لبنان، تشير التقديرات إلى أن حوالي 65% من جميع العقارات تم مسحها وتسجيلها (المعراوي 2020). وقد يعزى انخفاض مستويات التسجيل إلى عدة عوامل، منها انخفاض الطلب على التسجيل الرسمي في مواجهة الإجراءات التنظيمية المرهقة والمكلفة، وعدم وجود حوافز للحفاظ على حقوق الملكية الرسمية، وعدم وجود إدراك للمنافع الناشئة عن الحيازة الرسمية، والافتقار إلى قدرات أجهزة الحكم المحلي على تخطيط التنمية الحضرية الرسمية التي ستسهم في انتشار الإسكان غير الرسمي، وعدم وجود إجراءات واضحة لإدماج الحقوق العرفية في النظام القانوني.

ومن المرجح أن انخفاض مستويات التغطية الجغرافية، بالإضافة إلى نقص المعلومات المتاحة للجمهور وضعف موثوقية البنية التحتية، قد أسهم في عدد كبير من المنازعات المتعلقة بالأراضي في بعض بلدان المنطقة. ويسجل ذلك مؤشر فض منازعات الأراضي في تقرير ممارسة أنشطة الأعمال الذي يخلص إلى أن متوسط الإطار القانوني لفض منازعات الملكية يسجل 5.2 من 8 درجات محتملة، وإن كانت الإجراءات قد لا تتبع دائماً على نحو سليم في الممارسة العملية، وأن السجلات الوطنية لقياس انتشار منازعات الأراضي وكفاءة فض المنازعات لا يسهل الوصول إليها بوجه عام.

واستناداً إلى دراسة تغطي 16 بلداً (ستة منها في منطقة الشرق الأوسط وشمال أفريقيا)، تشير تقديرات لوحة بيانات العدالة التابعة لمعهد لاهاي للابتكار في القانون إلى أن المنازعات على الأراضي هي من بين أكثر المشاكل القانونية تواترا (لدى 15% من المستجيبين).[16] وخلصت دراسة أخرى عن الضفة الغربية وقطاع غزة إلى أن 19% من جميع المنازعات المسجلة في المحاكم الفلسطينية على مدى 50 عاماً هي نزاعات على الأراضي (البنك الدولي 2018). وبالمثل، سجلت أرقام مرتفعة في الجزائر ولبنان.

الشكل 2-7 **درجات التغطية الجغرافية، منطقة الشرق الأوسط وشمال أفريقيا، 2020**

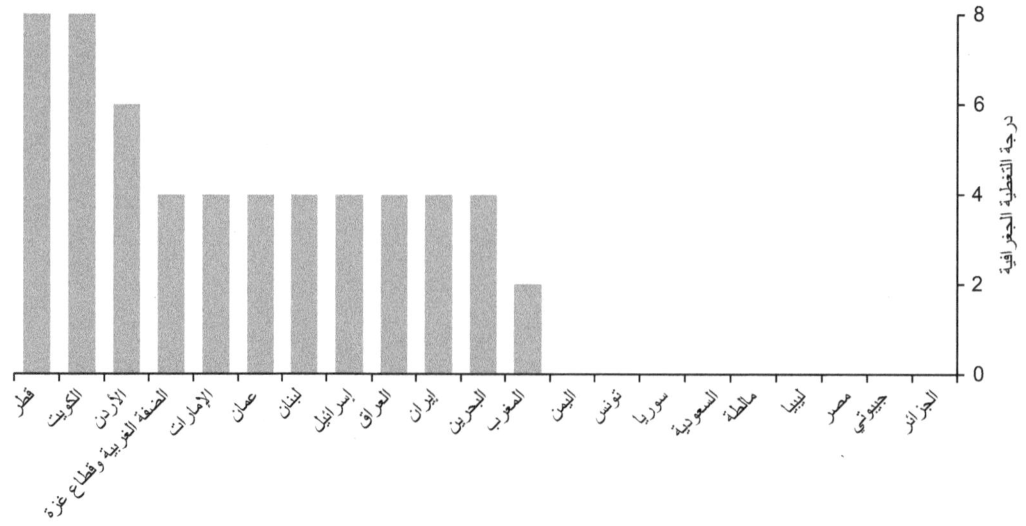

المصدر: البنك الدولي، تقرير ممارسة أنشطة الأعمال 2004–2020 (قاعدة بيانات)، https://archive.doingbusiness.org/en/doingbusiness.

وفي هذه البلدان، تتعلق المنازعات في المقام الأول بمطالبات ملكية متنافسة – عادة ما تكون بين أطراف خاصة أو مع السلطات العامة؛ وقضايا الميراث؛ وتقسيم الممتلكات. وفي كثير من الحالات، تدور هذه الصراعات حول استخدام التوكيل الرسمي لنقل ملكية الأراضي. وهو يستخدم كبديل لخدمات التسجيل التي أصابها الشلل، لكنه غالبا ما يتم الطعن فيه. وكثيرا ما تكون الحالات التي تنطوي على تقسيم الممتلكات مرهقة بشكل خاص وقد تظل دون حل لسنوات، مما يؤدي إلى خضوع الأصول لمعاملات غير سليمة أو استخدامها على نحو يفتقر إلى الكفاءة. وتتفاقم هذه القضايا بسبب ضعف إمكانية الوصول نسبياً إلى آليات تسوية المنازعات في العديد من بلدان المنطقة. فعلى سبيل المثال، في الضفة الغربية، تستغرق قضية إثبات ملكية الأراضي عادة ما يصل إلى 29 شهرا لتسويتها، وتنطوي على خمسة أطراف في المتوسط و14 جلسة استماع أمام المحاكم (البنك الدولي 2018).

وفي نهاية المطاف، يسهم سوء الحوكمة في منطقة الشرق الأوسط وشمال أفريقيا في ضعف إنفاذ حقوق الملكية وارتفاع مستويات انعدام أمن الحيازة. ويبلغ متوسط درجة حقوق الملكية من مؤشر برتلسمان للتحول 5.6 من 10 درجات، وهو ما يزيد فقط عن مثيله في جنوب آسيا وأفريقيا جنوب الصحراء.[17] وقد توصلت بريندكس، وهي مبادرة عالمية تقيم تصور أمن حيازة الأراضي من خلال استقصاءات قابلة للمقارنة ممثلة على الصعيد الوطني، إلى أن 28% من البالغين في المنطقة يرون أنهم على الأرجح سيفقدون أراضيهم أو ممتلكاتهم على غير إرادتهم في السنوات الخمس القادمة - وهي أعلى نسبة مئوية بين مناطق العالم.[18] وتشعر بلدان المنطقة بانعدام أمن الحيازة، لاسيما في المناطق الحضرية، وبين الشباب، وبين المستأجرين (وخصوصاً من لا يحملون الجنسية الرسمية للبلد المعني)، وبين النساء (انظر الفصل الثالث).

ملحوظات

1. انظر جونسون والعياشي (قيد الإصدار) للمزيد من التفاصيل عن التطور التاريخي لأنظمة حيازة الأراضي في منطقة الشرق الأوسط وشمال أفريقيا.
2. القانون الليبي رقم 4 لسنة 1978 بشأن الملكية العقارية.
3. على سبيل المثال، نقل قانون عام 1971 الأراضي المشاع التي كانت مملوكة للدولة ولكنها لا تخضع لحق الاستخدام الجماعي للبلديات، عندما تكون هذه الأرض واقعة داخل حدودها.
4. لا يتم رسم خرائط رسمية لأراضي الدولة ومبانيها أو تسجيلها من خلال سجل العقارات غير المنقولة في العراق. وفي الظروف النادرة التي يتم فيها تسجيل المباني العامة، لا يوجد في كثير من الأحيان ما يشير إلى حقوق الملكية أو الاستخدام.
5. أدى فشل وزارة الزراعة في تنمية هذه المناطق إلى توسع زراعي غير رسمي من جانب صغار المزارعين.
6. مؤسسة برتلسمان، مؤشر برتلسمان للتحوُل، التقارير القُطْرية لمؤشر برتلسمان للتحوُل لعام 2020، /http://bti-project.org.
7. تقيس درجة حقوق الملكية لمؤشر برتلسمان للتحوُل إلى أي مدى تضمن السلطات الحكومية تحديد حقوق الملكية الخاصة تحديداً جيداً وتنظيم حيازة الممتلكات ومنافعها واستخدامها وبيعها. ويكشف تحليل التقارير القُطْرية لمؤشر برتلسمان للتحوُل لعام 2020 عن الدور المتفشي للفساد والتدخل السياسي والمحسوبية بجميع بلدان المنطقة في حقوق الملكية الخاصة. ويقيس مؤشر منظمة الشفافية الدولية لمدركات الفساد (https://www.transparency.org/en/) الفساد المدرك في القطاع العام باستخدام مقياس من صفر إلى 100، حيث يمثل صفر شديد الفساد و100 خالياً من الفساد.
8. بلدان مجلس التعاون الخليجي هي البحرين والكويت وسلطنة عمان وقطر والسعودية والإمارات.
9. قدرت دراسة حديثة للضفة الغربية (البنك الدولي 2018) أن فعالية تحصيل الضرائب العقارية على الأراضي غير المسجلة (1.8%) كانت أقل من نصف فعالية تحصيل الضرائب على الأراضي المسجلة (4.5%).
10. البنك الدولي، تقرير ممارسة أنشطة الأعمال 2004–2020 (قاعدة بيانات)، https://archive.doingbusiness.org/en/doingbusiness.
11. البنك الدولي، تقرير ممارسة أنشطة الأعمال 2004–2020 (قاعدة بيانات)، https://archive.doingbusiness.org/en/doingbusiness.
12. في اليمن، قد يكون هناك تباين كبير بين متوسط أداء المدينة العاصمة ومتوسط أداء سائر أنحاء البلاد، وهو ما لا يتم تسجيله في جميع مؤشرات المكون الفرعي. ولا تتوفر بيانات عن ليبيا.
13. تحسنت درجة قطر في جودة إدارة الأراضي من 23.5 في 2016 إلى 26 في 2020.
14. اتساقا مع هذه الملاحظة، يشير تقرير ممارسة أنشطة الأعمال إلى أن العديد من دول الخليج لديها عدد أقل من المعاملات العقارية (البنك الدولي 2020). والاستثناء هو السعودية.
15. على النقيض من ذلك، ترتبط مؤشرات ضعف حوكمة الأراضي بشكل عام بزيادة الاقتصاد غير الرسمي ومعدلات الفقر وعدم المساواة.
16. انظر /https://dashboard.hiil.org.
17. مؤسسة برتلسمان، مؤشر برتلسمان للتحوُل، التقارير القُطْرية لمؤشر برتلسمان للتحوُل لعام 2020، منطقة الشرق الأوسط وشمال أفريقيا، /http://bti-project.org.
18. بريندكس (لوحة بيانات)، 2020، /https://www.prindex.net.

المراجع

Adamo, N., and N. Al-Ansari. 2020. "The First Century of Islam and the Question of Land and Its Cultivation (636–750 AD)." *Earth Sciences and Geotechnical Engineering* 10 (3): 137–58.

Balgley, D. 2015. "Morocco's Fragmented Land Regime: An Analysis of Negotiating and Implementing Land Tenure Policies." IPE Summer Research Grant Report, University of Puget Sound, Tacoma, WA. http://www.pugetsound.edu/files/resources/balgley.pdf.

Benessaiah, N. 2015. "Authority, Anarchy and Equity: A Political Ecology of Social Change in the Algerian Sahara." PhD diss., University of Kent, Kent, UK.

Coalition for Integrity and Accountability, AMAN. 2014. *Political Corruption in the Arab World.* Ramallah, West Bank: AMAN.

El-Meehy, A. 2013. "Institutional Development and Transition: Decentralization in the Course of Political Transformation." UNESCWA report, United Nations Economic and Social Commission for Western Asia, Beirut, Lebanon.

Foroudi, L. 2020. "'We Had to Get Our Land Back': Tunisian Date Farm Proves Revolutionary Bright Spot." Reuters, December 17, 2020. https://www.reuters.com/article/us-tunisia-uprising-land-idUSKBN28R0GH.

Hajrah, H. H. 1974. "Public Land Distribution in Saudi Arabia." PhD diss., Durham University, Durham, UK.

Hursh, J. 2014. "Women's Rights and Women's Land Rights in Postcolonial Tunisia and Morocco: Legal Institutions, Women's Rights Discourse, and the Need for Continued Reform." LLM diss., McGill University, Montreal, Quebec, Canada.

Johannsen, A., M. Nabil Mahrous, and M. Graversen. 2009. "Land-Owner Disputes in Egypt: A Case Study of the Abū Fānā Tensions in May 2008." *Arab West Report Paper,* No. 15, August 26, 2009.

Johnson, C., and N. Ayachi. Forthcoming. "Land Tenure Systems in the Middle East and North Africa Region: Historical Legacies from the 7th Century to the Present." Background paper prepared for this report, World Bank, Washington, DC.

Maarrawi, G. 2020. "The System of Land Registration in Lebanon." Presentation, Lebanese University Webinar, June 15–17, 2020, Beirut.

Nada, M., and D. Sims. 2020. "Assessment of Land Governance in Egypt." Background paper prepared for this report, World Bank, Washington, DC.

Palestinian National Authority. 2008. "National Land Policy Framework." Palestinian National Authority, Land Administration Project.

Puddephatt, A. 2012. "Corruption in Egypt." Global Partners and Associates, UK.

Revkin, M. R. 2014. "Triadic Legal Pluralism in North Sinai: A Case Study of State, Shari'a, and 'Urf Courts in Conflict and Cooperation." *UCLA Journal of Islamic and Near Eastern Law* 13: 21.

Sait, S., and H. Lim. 2006. *Land, Law and Islam: Property and Human Rights in the Muslim World.* London: Zed Books.

Salisu, T. M. 2013. "'Urf/'Adah (Custom): An Ancillary Mechanism in Shari'ah." *Ilorin Journal of Religious Studies* 3 (2): 133–48.

Unruh, J. 2016. "Mass Claims in Land and Property Following the Arab Spring: Lessons from Yemen." *Stability: International Journal of Security and Development* 5 (1).

USAID (US Agency for International Development). 2011. "Land Links: Morocco." https://www.land-links.org/country-profile/morocco/.

Waldner, D. 2004. "Land Code of 1858." In *Encyclopedia of the Modern Middle East and North Africa,* edited by P. Mattar. Detroit, MI: Thomson Gale. https://www.encyclopedia.com/humanities/encyclopedias-almanacs-transcripts-and-maps/land-code-1858.

World Bank. 2018. *Socio-Economic Effects of Weak Land Registration and Administration System in the West Bank.* Washington, DC: World Bank.

World Bank. 2020. *Doing Business 2020: Comparing Business Regulation in 190 Economies.* Washington, DC: World Bank. https://www.worldbank.org/en/programs/business-enabling-environment.

الفصل الثالث

عقبات تحول دون إمكانية الحصول على الأراضي في منطقة الشرق الأوسط وشمال أفريقيا

مقدمة

يوضح هذا الفصل كيف أن مواطن الضعف في حوكمة الأراضي، مقترنة بالأعراف والممارسات الاجتماعية، تقيد إمكانية حصول الشركات والأفراد على الأراضي في منطقة الشرق الأوسط وشمال أفريقيا، على نحو يعوق تنمية القطاع الخاص ويسهم في الإقصاء والتعرض للمعاناة.

صعوبات تواجهها الشركات في الحصول على الأراضي

تعد العقبات التي تواجهها الشركات في الحصول على الأراضي مشكلة عامة في جميع بلدان المنطقة. فاستناداً إلى مسوح البنك الدولي لمؤسسات الأعمال، يبين الشكل 3-1 نسبة الشركات في جميع أنحاء العالم التي ذكرت أن إمكانية الحصول على الأراضي تمثل قيداً رئيسياً أو شديداً أمام عملياتها التجارية.[1] وفي منطقة الشرق الأوسط وشمال أفريقيا، تواجه الشركات صعوبة بالغة في المتوسط (23%) في الحصول على الأراضي، وهي أفضل فقط من تلك التى تقع في منطقة أفريقيا جنوب الصحراء (29%). ففي سبعة من بلدان المنطقة العشرة التي شملتها العينة، يواجه أكثر من 20% من الشركات مشكلات في الحصول على الأراضي (أكثر من 50% في العراق).

ومن المرجح أن تسهل الارتباطات السياسية إمكانية الحصول على الأراضي في بلدان المنطقة، حيث تكون الشركات أكثر ارتباطا سياسيا منها في المناطق الأخرى (الشكل 3-2). وتعتبر الارتباطات السياسية للشركات ظاهرة عالمية ولكنها أكثر انتشارا نسبيا في منطقة الشرق الأوسط وشمال أفريقيا. فعلى سبيل المثال، يبلغ عدد الشركات ذات الارتباطات السياسية في الشرق الأوسط وشمال أفريقيا ضعفي (5.9%) عددها في منطقة أوروبا وآسيا الوسطى (2.4%). وتقع معظم الشركات ذات الارتباطات السياسية بالمنطقة في تونس (27.9%) والأردن (9.2%)، وهو ما يتجاوز المتوسط الإقليمي للشركات المتأثرة. ويعرض الشكل 3-3 توزيع الشركات في مصر والمغرب وتونس، حسب وضع الارتباطات السياسية، التي تشير إلى إمكانية الحصول على الأراضي بوصفها قيداً رئيسياً أو شديداً أمام عملياتها التجارية. ويتضح جلياً أن الشركات ذات الارتباطات السياسية في المغرب وتونس تواجه قيودا أقل في الحصول على الأراضي مقارنة بالشركات التي ليس لديها روابط سياسية.

الشكل 3-1 الشركات التي تجد في إمكانية الحصول على الأراضي قيداً رئيسياً أو شديداً، حسب المنطقة والبلد/الاقتصاد

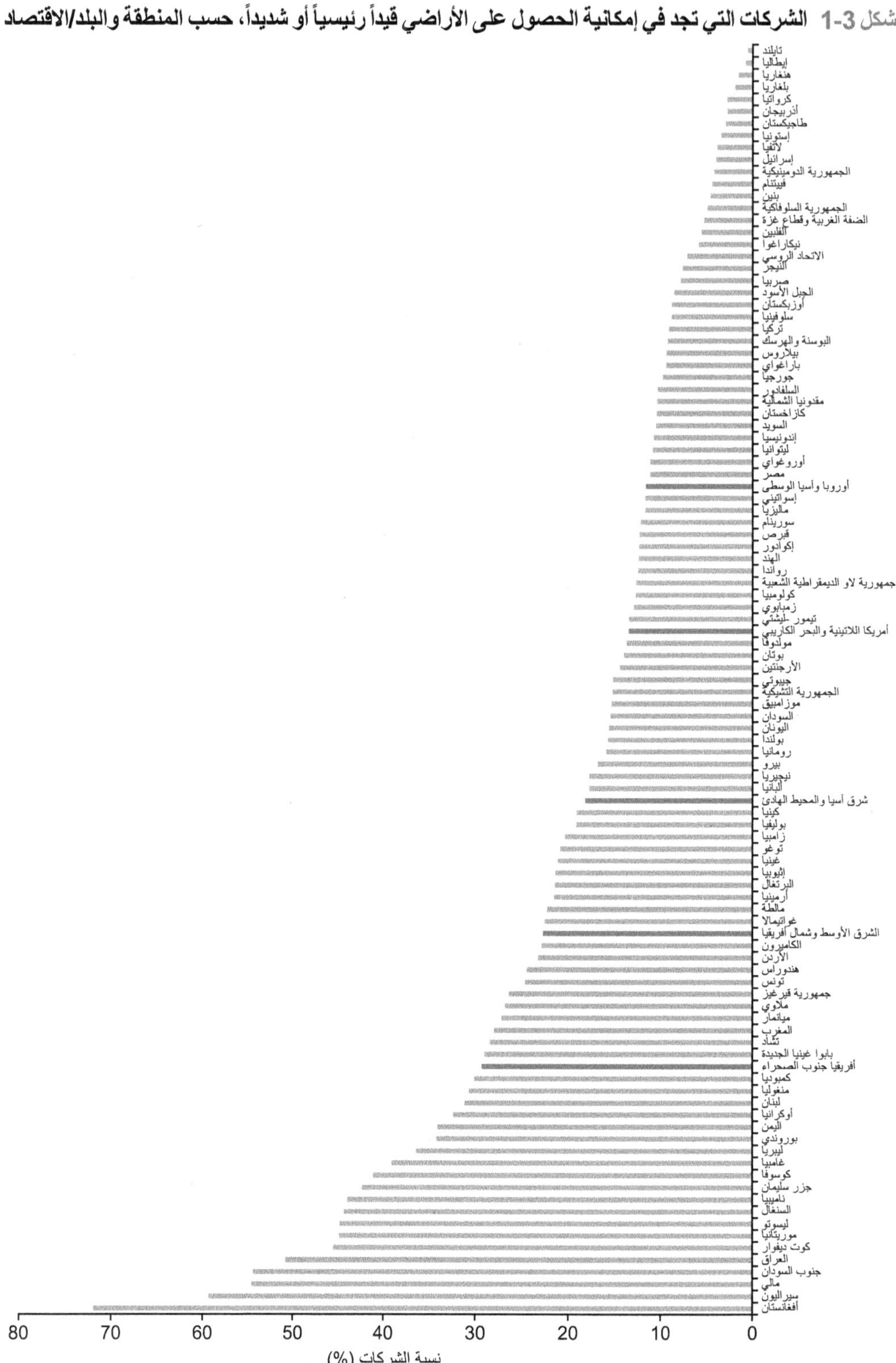

المصدر: حسابات المؤلفين، استنادا إلى مسوح البنك الدولي لمؤسسات الأعمال (قاعدة البيانات)، سنوات مختلفة منذ عام 2013، https://www.enterprisesurveys.org/en/enterprisesurveys.

ملحوظة: يمثل هذا الرسم البياني النسبة المئوية لشركات الصناعات التحويلية في كل بلد (أو اقتصاد) أو منطقة أعلنت في مسوح البنك الدولي لمؤسسات الأعمال أن الحصول على الأراضي يمثل قيداً رئيسياً أو شديداً في العمليات الحالية للشركة.

الشكل 3-2 نسبة الشركات ذات الارتباطات السياسية، حسب المنطقة وبلد/اقتصاد منطقة الشرق الأوسط وشمال أفريقيا، 2019 و 2020

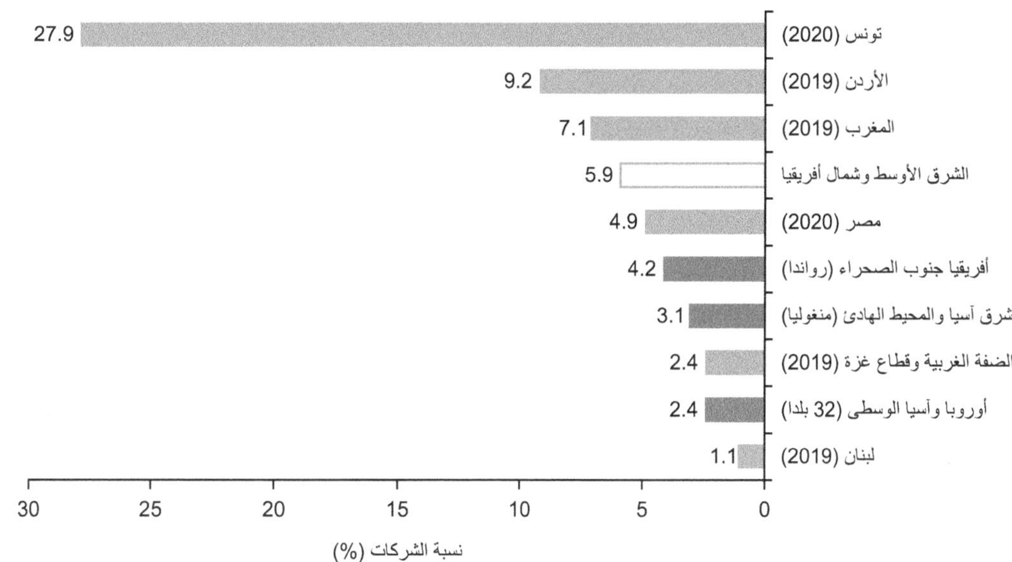

المصدر: مسوح البنك الدولي المعنية بمؤسسات الأعمال (قاعدة بيانات)، سنوات مختلفة. https://www.enterprisesurveys.org/en/enterprisesurveys.
ملحوظة: ويظهر هذا الشكل نسبة الشركات ذات الارتباطات السياسية في بلدان/اقتصادات ومناطق مختارة وفقا لمسوح البنك الدولي المعنية بمؤسسات الأعمال. وتفيد التقارير بأن الشركة تعد ذات ارتباطات سياسية في حال انتخاب أو تعيين أي من كبار مسؤوليها (المالك أو المسؤول التنفيذي الأول أو المدير الأول أو عضو مجلس الإدارة) في أي وقت من الأوقات لشغل منصب سياسي.

الشكل 3-3 نسبة الشركات التي أفادت عن وجود قيود شديدة في الحصول على الأراضي، حسب وضع الارتباطات السياسية، مصر والمغرب وتونس، 2019 و 2020

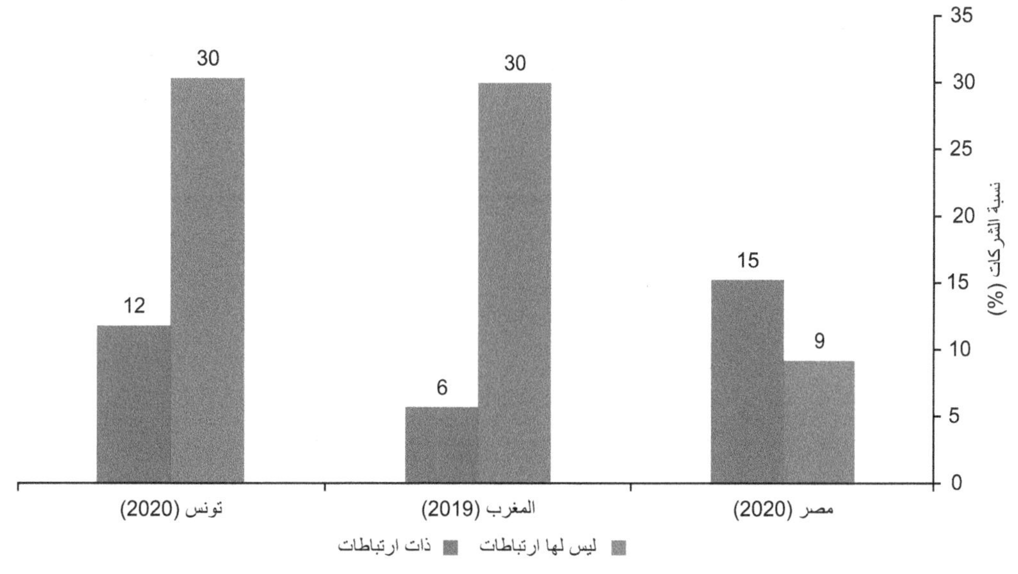

المصدر: مسوح البنك الدولي المعنية بمؤسسات الأعمال (قاعدة بيانات) ، سنوات مختلفة. https://www.enterprisesurveys.org/en/enterprisesurveys.

ويبدو أن قيمة العلاقات السياسية مرهونة بالسياق السياسي القائم وتراعي التحولات السياسية. ويقيم هذا النمط في دراسة أساسية أعدت لهذا التقرير استنادا إلى مسوح البنك الدولي المعنية بمؤسسات الأعمال في تونس ومصر (انظر المرفق 3أ وسيلود وسوماهورو، قيد الإصدار). وتقارن هذه الدراسة الفرق في القيود على الحصول على الأراضي التي تواجهها الشركات ذات الارتباطات السياسية التي أنشئت بعد تغيير النظام (الشركات التي يحتمل أن تكون مرتبطة بالنظام الجديد) والشركات ذات الارتباطات السياسية التي أنشئت قبل تغيير النظام (الشركات التي من الممكن أن تصير علاقاتها السياسية قديمة) مع الفرق في قيود الحصول على الأراضي التي تواجهها الشركات التي لا تتمتع بعلاقات سياسية والتي أنشئت بعد تغيير النظام وقبله. ويشير التحليل إلى أن الارتباطات السياسية الفاعلة ساعدت على الأرجح في خفض نسبة الشركات التي تواجه قيودا شديدة في الحصول على الأراضي بنسبة 20% في مصر و32% في تونس. ويشير التحليل أيضا إلى أن الارتباطات السياسية مع نظام سابق لا تصبح أقل نفعاً فحسب، بل يمكن أن تصبح ضارة بتقليص القيود المفروضة على الأراضي بعد التحول السياسي.

الصعوبات التي تواجهها المرأة في الحصول على الأراضي

لا تزال النساء اللاتي يعشن في بلدان المنطقة يواجهن مجموعة متنوعة من الصعوبات في الحصول على الأراضي وحماية حقوقهن فيها. ويصف هذا القسم أوجه التفاوت بين الجنسين في الحصول على الأراضي والممتلكات في المنطقة، ويبحث الطرق التي تؤدي بها المؤسسات الرسمية وغير الرسمية إلى استمرار أوجه عدم المساواة بين الرجال والنساء.

ووفقاً للبيانات الإدارية النادرة عن العقارات المسجلة، يمتلك الرجال في المنطقة نسبة أكبر بكثير من الأراضي والأصول السكنية مقارنة بالنساء. وهناك عدد قليل جدا من البلدان الذي يعلن أو حتى يحسب أرقاما مصنفة حسب نوع الجنس عن ملكية الأراضي والمساكن من واقع سجلاته، باستثناء الأردن الذي تحتفظ دائرة الأراضي والمساحة به ببيانات التسجيل حسب نوع الجنس. وفي عام 2014، كانت الأردنيات يمتلكن 24.7% من الشقق المسجلة، في حين كان الأردنيون يمتلكون 70%، أما الباقي فكان مملوكا للرجال والنساء معا (5.3%). غير أن هذه الأرقام المحسوبة من البيانات الإدارية لا تعكس سوى التفاوتات في الملكية فيما بين المجموعة الفرعية للعقارات المسجلة رسميا. وفي الواقع، من المرجح أن يكون التفاوت بين الجنسين في ملكية الأراضي والعقارات أكبر بكثير مما تشير إليه الأرقام الإدارية، وربما تكون معدلات ملكية النساء للمساكن والأراضي أقل من ذلك بالنسبة للعقارات غير المسجلة.[2]

وبشكل عام، فإن الفروق بين الجنسين في ملكية الأراضي والمساكن أكثر وضوحا في المسوحات التمثيلية على المستوى الوطني، التي تغطي أيضا الممتلكات غير المسجلة.[3] وتعتبر ملكية النساء للأراضي في مسح السكان وصحة الأسرة في الأردن أقل بكثير مما أشارت إليه دائرة الأراضي والمساحة في عام 2012، حيث يمتلك نحو 7% من النساء المتزوجات أرضا (مقابل 51% للرجال) و7% يمتلكن منزلا (مقابل 61% للرجال).[4] وفي مصر، تشير التقديرات إلى أن 2% فقط من النساء المتزوجات اللاتي تتراوح أعمارهن بين 15 و49 عاما يمتلكن أرضا، و5% فقط يمتلكن منزلا (وزارة الصحة والسكان، والزناتي وشركاه، ومؤسسة ICF الدولية 2015). ويكشف مسح تجريبي أجري لهذا التقرير عن الميراث في الضفة الغربية وقطاع غزة أن أقل من 20% من النساء كن يمتلكن أرضا وقت وفاتهن، مقارنة بنحو نصف الرجال (البنك الدولي 2019). وعند تحري ملكية العقارات السكنية، يظهر المسح فارقا أكثر إثارة للدهشة، حيث تملك نحو 5% من النساء منزلهن وقت وفاتهن، مقابل 77% من الرجال.[5] ويخلص المسح نفسه الذي أجري في المناطق الريفية في تونس إلى أن 21% من النساء كن يمتلكن أرضا وقت وفاتهن، مقابل 87% من الرجال (الوكالة الألمانية للتعاون الدولي 2021).[6] وتظهر أيضا تباينات بين الجنسين في الملكية في مسوح بريندكس،[7] التي وجدت أن احتمالات التملك الخالص أو المشترك للعقار المسكون كانت لدى الرجال ضعفيها بالنسبة للنساء.[8]

وغالبا ما تتعاظم الفجوات بين الجنسين في المناطق الريفية، حيث تسجل المنطقة أدنى معدل لملكية النساء للأراضي الزراعية في العالم، كما إن النساء يمتلكن قطع أرض أصغر ويواجهن قيودا أكبر على الحصول على التمويل للاستثمارات الزراعية. وتشير التقديرات في جميع أنحاء المنطقة إلى أن 5% فقط من النساء يمتلكن عقارات زراعية (على الرغم من مشاركة 40% من النساء في الإنتاج الزراعي). وهذا هو أدنى معدل لملكية النساء للأراضي الزراعية في البلدان النامية، مقابل 11% في آسيا (باستثناء اليابان)، و15% في أفريقيا جنوب الصحراء، و18% في أمريكا اللاتينية (كامبوس وآخرون 2015؛ الوكالة الأمريكية للتنمية الدولية 2016). وبالإضافة إلى ذلك، فإن قطع الأراضي الزراعية المملوكة للنساء في معظم بلدان المنطقة تكون عادة أصغر حجما وأقل إنتاجية من تلك المملوكة للرجال (لاوري وآخرون 2017؛ البنك الدولي 2011).[9] وفي العديد من المزارع العائلية، لا تحصل النساء في الغالب على أجر مقابل عملهن، مما يزيد من تعرضهن للمعاناة واعتمادهن الاقتصادي.[10] ونادرا ما توقع النساء عقود مشاركة في المحصول، على الرغم من حصولهن على هذا الحق الأساسي أثناء الإصلاح الزراعي في الجزائر ومصر وسوريا في خمسينيات القرن الماضي. وقد تنبع هذه النتيجة، جزئياً، من انخفاض معدلات الإلمام بالقراءة والكتابة لدى النساء –لا سيما بين النساء في المناطق الريفية – مما يمنعهن من الحصول على معلومات عن حقوق الأراضي أو من قراءة وفهم وتوقيع عقود منصفة.[11] وبالمثل، تواجه المزارعات قيودا أكبر من المزارعين في الحصول على التمويل (ربما تفاقمت بسبب صعوبة استخدام الأراضي كضمان).[12]

وبالإضافة إلى انخفاض معدلات الملكية، تواجه النساء في المنطقة قدراً أعلى من انعدام أمن الحيازة[13] مقارنة بالرجال، وهذا التناقض بين الجنسين أكبر في بلدان المنطقة منه في بقية العالم. ونظرا لأن المرأة تحصل في المقام الأول على الأرض عن طريق الزواج والميراث، فإن ضعفها واضح في حالة الطلاق أو وفاة الزوج. فلا يحق للنساء الاحتفاظ بالأرض التي يعملن فيها أو يمتلكنها، أو قد يحرمن من الحق في أن يسكنّ في ممتلكاتهن الزوجية أو أن يواصلن نشاطا اقتصاديا في الأراضي الزراعية من جانب أكبر أبنائهن أو أصهارهن (انظر مركز حقوق الإنسان وحالات الإخلاء 2006). ويؤكد مسح بريندكس العالمي بشأن الأراضي وحقوق الملكية هذا الضعف من خلال تقدير نسبة المتزوجات والمتزوجين الذين يخشون فقدان أراضيهم في حالة الطلاق أو وفاة أحد الزوجين.[14] ويبين الشكل 3-4 هذه التقديرات بالنسبة لاقتصادات المنطقة، مقدماً صورة واضحة عن أسباب شعور المرأة بأنها أقل أمناً بكثير من الرجل. وفي مصر، على وجه الخصوص، يشعر 41% من النساء مقابل 4% من الرجال بالقلق

الشكل 3-4 الفروق بين الجنسين في انعدام أمن الحيازة المتصور في حالة الطلاق أو وفاة أحد الزوجين، منطقة الشرق الأوسط وشمال أفريقيا

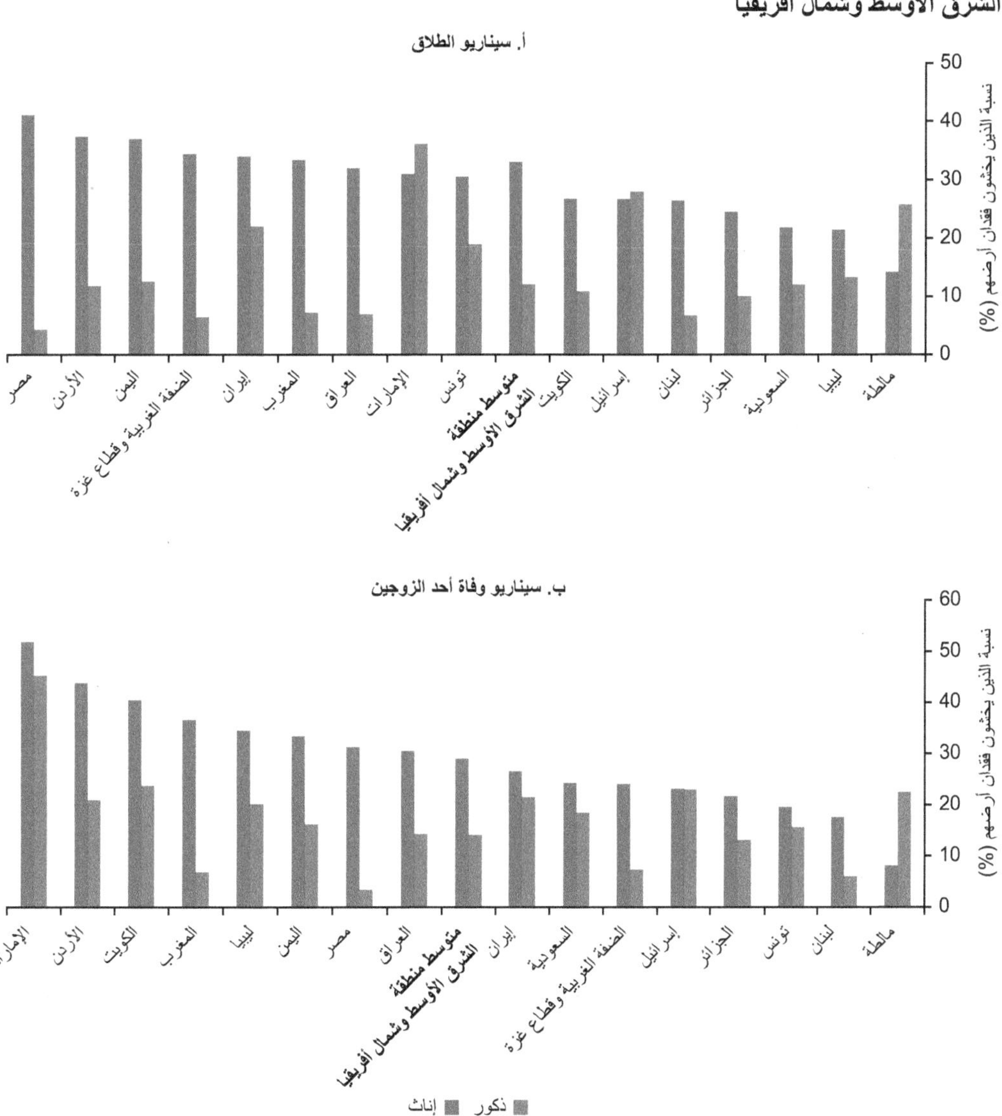

المصدر: بريندكس (لوحة بيانات)، 2020، https://www.prindex.net/.
ملحوظة: تظهر اللوحة أ لكل بلد أو اقتصاد في منطقة الشرق الأوسط وشمال أفريقيا نسب النساء والرجال المتزوجين الذين يخشون فقدان أراضيهم بالطلاق؛ وفي اللوحة ب بوفاة أحد الزوجين.

بشأن فقدان ممتلكاتهن في حالة الطلاق (انظر اللوحة أ من الشكل 3-4). ويبرز سرد مماثل عن فقدان الممتلكات في حالة وفاة أحد الزوجين. فعلى سبيل المثال، يشعر 37% من النساء (مقابل 7% من الرجال) في المغرب و31% من النساء (مقابل 3% من الرجال) في مصر بالقلق إزاء هذا السيناريو (انظر اللوحة ب من الشكل 3-4). وبشكل عام، تشعر نساء المنطقة المتزوجات بقدر أكبر من مخاطر فقدان الممتلكات في هذين السيناريوهين مقارنة بالرجال المتزوجين. ويبلغ الفرق بين الاثنين 21 نقطة مئوية (بريندكس 2020).[15]

وتنبع هذه الفروق في ملكية الأراضي والممتلكات وفي ضمان الحيازة من مؤسسات رسمية وغير رسمية لا تدعم حقوق المرأة بما فيه الكفاية. وتشكل القوانين التي تفضل الرجال في مسائل الميراث وإدارة الأصول والأعراف والممارسات الاجتماعية غير المتوازنة بين الجنسين سببين رئيسيين لعدم المساواة في ملكية الأراضي والعقارات في جميع أنحاء منطقة الشرق الأوسط وشمال أفريقيا. وفي معظم بلدان المنطقة، تمنح الأطر القانونية الرجال والنساء حقوقا مماثلة في مجموعة متنوعة من المسائل. فبموجب القانون المدني، يمكن للمرأة امتلاك منشأة أعمال وإنشائها وبيعها؛ وعقد صفقات مالية؛ وشراء وبيع وتأجير ورهن العقارات؛ ومنح توكيل مستقل؛ وأشياء أخرى كثيرة. غير أن الأطر القانونية في العديد من البلدان لا تزال تضر بالمرأة بطريقتين رئيسيتين: فهي تحرم المرأة من المساواة في حقوق الميراث في الأراضي والممتلكات، وتحرم المرأة من الاضطلاع بإدارة الأصول.

تتبع إجراءات الميراث في بلدان المنطقة تفسيرات مختلفة للشريعة الإسلامية، لكن لا يوجد بلد في المنطقة يمنح الأطفال الذكور والإناث حقوقا متساوية في الميراث على الأصول. وفي المدارس الدينية السنية والشيعية على حد سواء، تحصل البنت على نصف حصة أخيها.[16] وعلاوة على ذلك، وعلى الرغم من أن الجدير بالملاحظة أن الأزواج يرثون في الإسلام، فإن البلد الوحيد الذي يمنح الزوجين حقوقا متساوية في الميراث هو الإمارات العربية المتحدة. في الإسلام السني، تحصل الأرامل على ربع ورث الزوج إذا لم يكن هناك ورثة والثُمن فقط إذا كان هناك ورثة. وفي الإسلام الشيعي، لا يحق للأرامل وراثة الأرض. وبخلاف لبنان وسوريا ومصر إلى حد ما، تطبق الأقليات الدينية أيضا مبادئ الشريعة الإسلامية على الميراث.[17] في الواقع، اعتمد المسيحيون والمسلمون في جميع أنحاء منطقة الشرق الأوسط وشمال أفريقيا إستراتيجيات مماثلة لتمرير السيطرة على الأراضي والممتلكات إلى الورثة الذكور. فعلى سبيل المثال، يبدو أن المسيحيين الأردنيين قد طبقوا عن طيب خاطر الشريعة على مسائل الميراث في المحاكم الرسمية ومحاكمهم العرفية لعقود (انظر جانسن 1993؛ اللجنة الوطنية الأردنية لشؤون المرأة 2010).

وفي العديد من بلدان المنطقة، لا توجد أحكام قانونية تعاقب على منع حصول المرأة على حقها في الميراث. ومع ذلك، فإن التفسير الفقهي للشريعة الإسلامية يقوم به الرجال، وغالبا ما تفتقر القوانين إلى آليات إنفاذ كافية. ونتيجة لذلك، لا يُردع الرجال ولا يُحاسبون عن حرمان النساء من أصولهن الموروثة (مركز المرأة للإرشاد القانوني والاجتماعي، 2014). وبالمثل، لا تنص الشريعة الإسلامية على عقوبة في حالات عدم الامتثال للتقسيمات الفرعية للميراث. ونتيجة لذلك، كثيرا ما تُمنع النساء من الحصول على أصولهن الموروثة المستحقة. فعلى سبيل المثال، يبين الشكل 3-5 أنه خلال السنوات العشر الماضية يرتبط نحو ربع قضايا محاكم الميراث في الأردن، في المتوسط، باستبعاد الورثة. لكن منذ عام 2011، عندما أدخل الأردن الحماية القانونية من التنازل القسري عن الميراث، كان هناك اتجاه عام نحو الانخفاض في هذه النسبة (انظر الشكل 3-6). كما سنت بلدان أخرى

الشكل 3-5 عدد قضايا الميراث المتعلقة باستبعاد الورثة في المحاكم الشرعية، الأردن، 2010–2020

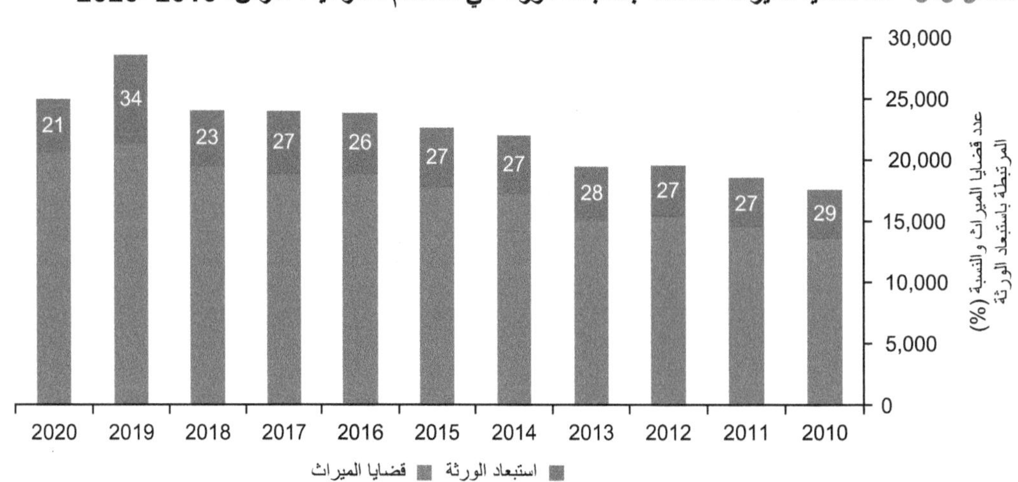

المصدر: المحاكم الشرعية الأردنية، 2010–2020.

الشكل 3-6 تطور نسبة قضايا الميراث المتعلقة باستبعاد الورثة في المحاكم الشرعية، الأردن، 2010–2020

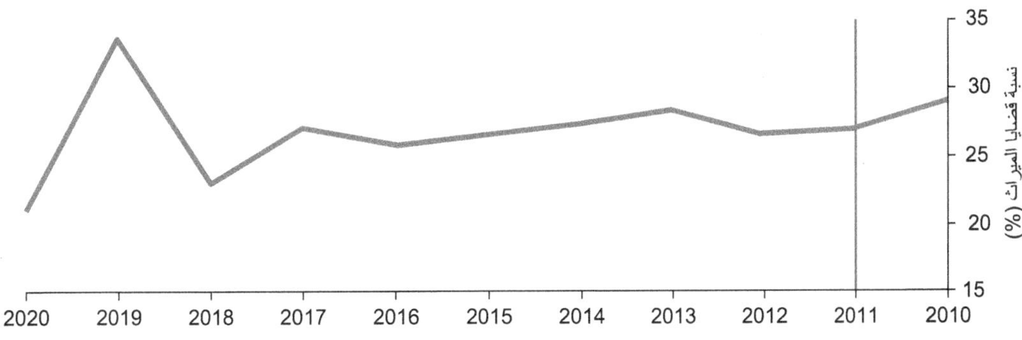

المصدر: المحاكم الشرعية الأردنية، 2010–2020.
ملحوظة: يمثل الخط الرأسي تطبيق الحماية القانونية من التنازل القسري عن الميراث.

مؤخرا، مثل مصر في عام 2011، أحكاما قانونية تدين أي شخص يمنع عمدا الورثة - لا سيما النساء - من الحصول على حصتهم من الميراث (المركز المصري لحقوق المرأة 2017). ومع ذلك، لا يزال استبعاد النساء في حالات الميراث قائما في جميع أنحاء منطقة الشرق الأوسط وشمال أفريقيا.

وتقوض قوانين الميراث التمييزية الأمن الاقتصادي للمرأة، لا سيما فيما يتعلق بإدارة الأصول. ويبرز هذا التفاوت ضد المرأة في مؤشر تقرير البنك الدولي "المرأة وأنشطة الأعمال والقانون" الذي يحدد القيود القانونية التي تعوق الاستقلال الاقتصادي للمرأة باستخدام ثمانية مؤشرات، منها مؤشر الأصول الذي يقيم الفروق بين الجنسين في الملكية والميراث.[18] وعلى المستوى العالمي، وجد تقرير المرأة وأنشطة الأعمال والقانون أن أبطأ وتيرة للإصلاحات الرامية إلى تحقيق المساواة بين الجنسين كانت في الملكية والميراث. ويوضح الشكل 3-7 مدى توقف الإصلاحات المؤثرة على مؤشر الأصول على مدى السنوات العشر الماضية. وعلى الرغم من أن هذا ينطبق على جميع المناطق، فإنه ينطبق بشكل خاص على بلدان الشرق الأوسط وشمال أفريقيا حيث تعتبر هذه الإصلاحات في الكثير من الأحوال تحدياً للفقه والأعراف الاجتماعية في الشريعة الإسلامية. وفي 10 بلدان شملها المسح الذي

الشكل 3-7 المساواة بين الجنسين في الأطر القانونية التي تحكم الملكية والميراث، حسب المنطقة، 1970–2020

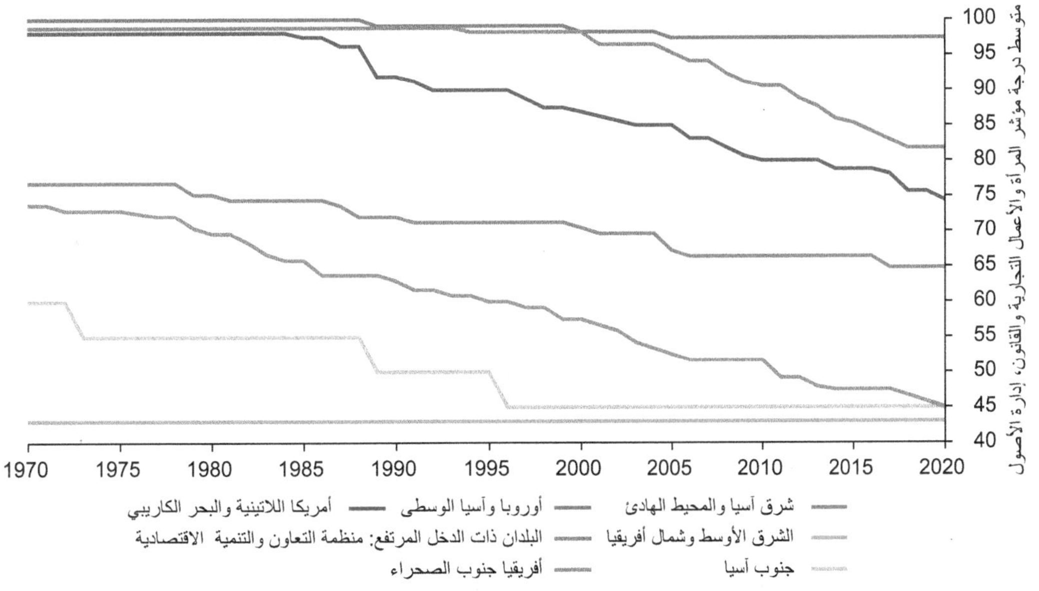

المصدر: حسابات المؤلفين، استناداً إلى مؤشر الأصول في تقرير المرأة وأنشطة الأعمال والقانون 2020 (البنك الدولي 2020).

أجراه البارومتر العربي (2020)، فقط في لبنان اعتقد غالبية الناس أن نسبة النساء في الميراث يجب أن تكون مساوية لحصة الرجال. وبالإضافة إلى بطء وتيرة الإصلاحات، سجلت منطقة الشرق الأوسط وشمال أفريقيا أدنى درجة في إدارة الأصول. وتعاني النساء دون داع من عواقب ركود وتيرة الإصلاحات الرامية إلى المساواة في إدارة الأصول.

وفي جميع أنحاء منطقة الشرق الأوسط وشمال أفريقيا، تمارس الأعراف الاجتماعية ضغوطا قوية على النساء للتخلي عن حقوقهن في إرث العقارات، وغالبا دون تعويض عادل. وتقليديا، كانت الأراضي تعتبر مصدرا مهما للدخل يمكّن الرجال من رعاية أسرهم. وبالتالي، كثيرا ما تحجم الأسر عن منح حصص من الأراضي للأطفال الإناث اللائي سينقلن أصولا قيمة، بمجرد زواجهن، إلى أسر أزواجهن.

وعلى مدى عقود، استبعدت النساء من الميراث من خلال الضغوط الاجتماعية للتخلي طواعية عن حقوقهن لصالح إخوتهن - وهي ممارسة تعرف باسم التخارج. وعلى الرغم من ندرة البيانات عن هذه الممارسة، فإن بيانات إحدى المحاكم الشرعية الأردنية تكشف أن ثلث الورثة تنازلوا تماما في عام 2014 عن حقوقهم في الميراث من خلال التخارج. وفي الضفة الغربية وقطاع غزة، يشير المسح التجريبي الذي أجري لهذا التقرير (البنك الدولي 2019) إلى أن 16% من النساء تنازلن عن حصصهن لصالح آخرين عند توريثهن عقارا سكنيا، وأن 28% من النساء اللائي يحق لهن الميراث لم يحصلن على حصتهن العادلة ولم يحصلن على أي تعويض على الإطلاق أو حصلن على تعويض غير كاف. وفي تونس، أظهر تكرار المشروع التجريبي في المناطق الريفية بثماني مناطق أن أكثر من 70% من النساء المستحقات للميراث لم يحصلن على حصتهن (الوكالة الألمانية للتعاون الدولي 2021).[19] وفي مصر، تشير التقديرات إلى أن نحو 60% من النساء محرومات من حصصهن في الميراث، وتنتشر ممارسة التخارج بشكل خاص في جميع أنحاء صعيد مصر (النجار، وبروة، والجارحي 2020).

كما تمنع الأعراف الاجتماعية التمييزية النساء من تأكيد حقوقهن في المحاكم. وكثيرا ما تتعرض النساء اللائي يرفضن التنازل عن حقوقهن في الميراث للتهديد بالتخلي عنهن ونبذهن، وفي الحالات القصوى يتعرضن للإيذاء اللفظي والعنف البدني (نافعة وآخرون 2007). وربما مورست ضغوط كبيرة لردع النساء اللائي تعرضن للغش أو عارضن قسمة الميراث عن التماس العدالة من خلال النظام القانوني. وتدين الأعراف الاجتماعية أي شخص يرفع دعوى قضائية ضد أحد أفراد الأسرة. وفضلاً عن ذلك، يعد رفع الدعاوى القانونية للمطالبة بالميراث أمرا مكلفا وصعبا على النساء إذا كان أفراد الأسرة الذكور مترددين في التعاون (بريتيتور 2013أ، 2013ب). وفي تقرير صدر عام 2017 عن التصورات العامة لمؤسسات العدالة والأمن الفلسطينية، وجد برنامج الأمم المتحدة الإنمائي أن الفلسطينيات كثيرا ما يحجمن عن اللجوء إلى المحاكم، وهن عموما أقل احتمالا من الرجال لاستخدام مؤسسات العدالة والأمن (برنامج الأمم المتحدة الإنمائي 2017).[20] وأخيراً، وجد مسح أجراه مركز شؤون المرأة في غزة في عام 2009 أن 23.8% من النساء حُرمن من حقهن في الميراث، وأن 62.5% منهن لم يتلقين أي نوع من المشورة القانونية الخارجية (المجلس النرويجي للاجئين 2011).

ويمكن أيضا حرمان النساء من ميراثهن من خلال قنوات أخرى غير التنازل الصريح. ومن هذه القنوات تفادي تقسيم الأراضي، أو البيع إلى الأقارب الذكور قبل تنفيذ إجراءات الميراث، أو عدم تسجيل الملكية، أو عدم الإفصاح الكامل عن الأصول في ممتلكات المتوفى. وفي العديد من بلدان المنطقة، يتمثل أكثر هذه الأساليب شيوعا في تأجيل تقسيم الأراضي – أحيانا لعقود - لمنع تجزؤ الأراضي،[21] الأمر الذي يؤثر سلبا على قدرة النساء على السيطرة على ممتلكاتهن والاستفادة منها. فعلى سبيل المثال، وجد مسح أجراه تجمع لجان المرأة الوطني الأردني في عام 2010 أن الطريقة الرئيسية المستخدمة في حرمان المرأة من حقوقها هي عرقلة تقسيم الميراث بين الورثة. وكشفت الدراسة أن 34% من المقيمات في محافظة إربد لم يحصلن على نصيبهن القانوني من الميراث بسبب عدم تقسيم الأراضي (عبابسة 2017).[22]

ومن الممارسات الشائعة الأخرى في الأردن وهب الأرض للورثة الذكور قبل وفاة الأب. وتسجل هذه الهبات على صورة عقود بيع ومما يشجع هذه الممارسة الضريبة المطبقة بنسبة 1% (مقابل ضريبة 9% عندما تباع الأرض خارج نطاق الأسرة). وفي كثير من الأحيان، تحجب عن النساء القيمة الحقيقية للأصول الموهوبة، ولذا فإن الورثة الذكور قد يعطون النساء هدايا رمزية كشكل من أشكال التعويض - يسمى تكريما في الأردن - وهي قيمة أقل بكثير من قيمة الحصة المستحقة لهن قانونا في الورث. وفي الأردن، ووفقا لبيانات من دائرة الأراضي والمساحة المُعدّة من أجل عبابسة (2017)، أجري أكثر من ثلث (37%) معاملات الأراضي في عام 2014 بين الأقارب المقربين (أصول وفروع)– أي بين الآباء والأبناء وبين الأشقاء وبين الزوج والزوجة. ويبدو أن معظم المعاملات بين الآباء والأبناء، أو الآباء وأخوتهم، لكن لا تشمل النساء. والواقع أن عدد مبيعات الأراضي داخل وحدة الأسرة ظل على مر السنين في اتجاه صعودي: من ربع المبيعات في عام 2005 إلى أكثر من الثلث في عام 2014.

ومن المرجح أن يؤدي ضعف القدرة على الحصول على الأراضي والممتلكات، إلى جانب الاختلالات الأخرى بين الجنسين، إلى آثار ضارة على الوضع الاقتصادي للمرأة وآثار سلبية على التنمية الاقتصادية في جميع أنحاء منطقة الشرق الأوسط وشمال أفريقيا. وبوجه عام، تميل البلدان في المنطقة – وفي بقية أنحاء العالم – التي ترتفع فيها مستويات عدم المساواة بين الجنسين إلى أن تكون إدارة الأراضي بها الأشد سوءاً (انظر الشكل 3-8). ومع ذلك، من الصعب قياس الأثر الحقيقي للتباينات في ملكية الأراضي وانعدام أمن الحيازة على النواتج الاقتصادية للمرأة لأن الشواهد العملية ناقصة بشدة في معظم بلدان المنطقة. ومع ذلك، تشير البحوث التي أجريت في مناطق أخرى والعقبات التي تواجهها النساء في المنطقة وتحول دون حصولهن على الأراضي إلى

الشكل 8-3 عدم المساواة بين الجنسين وجودة إدارة الأراضي، منطقة الشرق الأوسط وشمال أفريقيا وباقي العالم

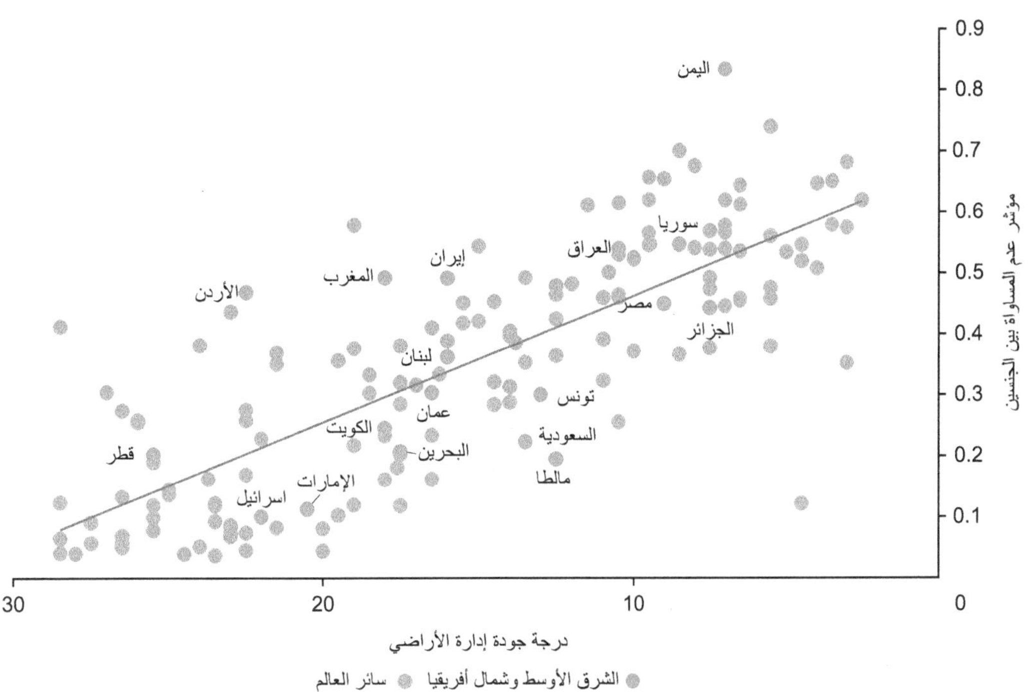

المصادر: درجة جودة إدارة الأراضي: البنك الدولي، تقرير ممارسة أنشطة الأعمال 2004–2020 (قاعدة بيانات)، https://archive.doingbusiness.org/en/doingbusiness؛ مؤشر عدم المساواة بين الجنسين: برنامج الأمم المتحدة الإنمائي (2018).

ملحوظة: في الرسم البياني، تعرض المحاور الأفقية والرأسية درجات عام 2020 لمؤشر جودة إدارة الأراضي ومؤشر عدم المساواة بين الجنسين على التوالي. للاطلاع على رموز البلدان، انظر الشكل 1-4.

وجود مجموعة متنوعة من التبعات الضارة للاختلاف بين الجنسين في إمكانية الحصول على الأراضي (ماينزن-ديك وآخرون 2019). فعلى سبيل المثال، بدون الأراضي والعقارات، قد لا تتمكن المرأة من اقتراض الأموال مع استخدام الأرض كضمان. ولن تتمكن عندئذ من تنويع موارد رزقها، على سبيل المثال، من خلال بدء نشاط تجاري في الصناعات الزراعية.

وقد يسهم الحد من توليد الدخل للنساء بهذه الطريقة في فقر الأسرة، لاسيما الأرامل أو المطلقات. وفضلاً عن ذلك، فإن محدودية قدرة النساء على الحصول على الأراضي وحقوقهن فيها، يحد بدوره، من قدرتهن على اتخاذ القرار داخل الأسرة. كما أن له آثارا سلبية على تمكينهن من أسباب القوة إزاء أزواجهن، فضلا عن عواقب على الأجيال لأن المرأة قد لا تكون قادرة على توفير التغذية الكافية لأطفالها أو تعليمهم. وفضلاً عن ذلك، يعاني الاقتصاد بأكمله من هزال الاستثمار بسبب ضعف حقوق المرأة في الأراضي. وبالتالي، فإن حقوق الملكية وضمان الحيازة ضروريان لتحسين سبل كسب الرزق، والرخاء الاقتصادي، والتنمية المستدامة.[23]

اللاجئون والنازحون داخلياً وحقوقهم في الأراضي والممتلكات

يصف هذا القسم الصعوبات التي يواجهها اللاجئون والنازحون داخلياً في جميع أنحاء منطقة الشرق الأوسط وشمال أفريقيا في الحصول على الأراضي وحماية حقوقهم فيها.

وقد دفعت الصراعات في المنطقة حقوق السكن والأراضي والممتلكات للاجئين والنازحين داخلياً إلى الصدارة باعتبارها قضية رئيسية يجب معالجتها من أجل إعادة الإعمار والتعافي.[24] وأدت الصراعات وما نتج عنها من نزوح للسكان إلى الحاجة إلى إجراء إصلاحات تشريعية عاجلة، بما في ذلك مساندة حصول اللاجئين والنازحين داخلياً على الأراضي والمساكن في مناطق المقصد، والحماية القانونية للأصول العقارية والأراضي، وآليات فض المنازعات الناجمة عن البيع القسري، والممتلكات المهجورة، وتدمير وثائق الممتلكات في مناطق المنشأ.

ويؤدي تدمير وثائق حقوق الملكية وعدم وجود سجلات شفافة للأراضي وتضارب نظم الحيازة إلى تعقيد عملية المصالحة الوطنية الجارية، بما في ذلك أحكام التعويض ورد الممتلكات. وقد تسببت الحروب الأخيرة في العراق وليبيا وسوريا واليمن في

معاناة ودمار هائلين، مما أدى إلى تشريد ملايين اللاجئين والنازحين داخلياً. ولا تمتلك الأغلبية أي دليل موثوق به على ملكيتها لممتلكاتها، وفي حال وجوده فالممتلكات قد تكون ما بين مدمر ومصادر في كثير من الأحيان. فعلى سبيل المثال، في جنوب سوريا، لم يحتفظ سوى 9% من الأسر النازحة داخلياً بصكوك ملكيتها (المجلس النرويجي للاجئين2017). وتعتبر مصادرة وثائق حقوق السكن والأراضي والممتلكات للاجئين والنازحين داخلياً منهم وسيلة لحرمانهم من القدرة على استرداد ممتلكاتهم والعودة (فينيال 2019). ففي سوريا، حُرم 7 ملايين لاجئ سوري و 6 ملايين سوري نازح داخلياً من حقوقهم الأساسية في السكن والممتلكات.

وفي عام 2018، سنت الحكومة السورية القانون رقم 10 الذي وسع المرسوم المثير للجدل رقم 66 لعام 2012. حيث يمنح القانون رقم 10 ملايين اللاجئين 30 يوماً فقط للعودة والمطالبة بحقوق ملكيتهم في المناطق الحضرية (يحيى 2018). وبالإضافة إلى ذلك، أحرق العديد من مكاتب التسجيل – في حمص بشكل رئيسي، وكذلك في منبج والزبداني ودرعا والقصير – لمنع المالكين الرسميين من المطالبة بحقوقهم. وفي كثير من الأحيان، قد لا يتمكن النازحون داخلياً واللاجئون، من الوصول إلى مكاتب التسجيل المحلية لاسترجاع وثائقهم، خوفا من اعتقالهم من قبل السلطات المحلية. وأدت الحرب في اليمن إلى الاستيلاء على الأراضي والمطالبات القبلية، لا سيما في محافظات الحديدة (الغرب)، ولحج (الجنوب)، وصعدة (الشمال). ويؤدي عدم وجود سجلات شفافة للأراضي وتضارب نظم الحيازة إلى تعقيد عملية المصالحة الوطنية الجارية، بما في ذلك أحكام التعويض ورد الممتلكات (أنرو 2016). ويعد تناول حقوق الحيازة للاجئين أمراً حساساً بشكل خاص عندما تكون المسألة هي رد الممتلكات أو إخلاء شاغلي الحيازة الثانويين. وتتطلب هذه الحالات صياغة أحكام جديدة للأطر القانونية الحالية أو تنقيح الأحكام القائمة التي لا تتماشى مع القانون الدولي.

وبغير ذلك، فقد أظهر التاريخ أن المنازعات على الأراضي التي لم تحل قد تصبح حافزاً للصراع بين الجماعات المتعارضة. فعلى سبيل المثال، أصدرت إسرائيل في عام 1950 قانون أملاك الغائبين وطبقته على أراضي 760 ألف فلسطيني طردوا بين ديسمبر/ كانون الأول 1947 وسبتمبر/أيلول 1949. وأدى هذا القانون إلى مصادرة 60% من أراضي الريف الفلسطينية، أو 3250 كيلومتراً مربعاً من الأراضي الزراعية (بينفينيستي وزامير 1995). وفي عام 1973، سنت الحكومة الإسرائيلية قانونا لأملاك الغائبين (التعويضات) يمنح الجنسية الإسرائيلية للمقيمين الفلسطينيين، ومعظمهم في الجزء الشرقي من القدس، الذين كانوا يعتبرون حتى ذلك الحين غائبين. غير أن المبالغ المقدمة كتعويضات لم تكن كافية لأنها استندت إلى أسعار الأراضي قبل عام 1948 (بينفينيستي وزامير 1995).

وفي العديد من بلدان المقصد، لا يسمح للاجئين بشراء الأراضي والعقارات، وهو ما يزيد من تعرضهم للمخاطر ويسهم في الطابع غير الرسمي في المناطق الحضرية وضواحي المدن. فعلى سبيل المثال، حرم 450 ألف لاجئ فلسطيني من الحق في التملك في لبنان بموجب القانون رقم 296 لسنة 2001 (مفوضية الأمم المتحدة لحقوق الإنسان 2021). ولم يسمح للاجئين من غزة (الذين لم يكونوا مواطنين أردنيين) بشراء أرض أو عقارات في الأردن حتى عام 2018 (المونيتور 2018؛ الأردن تايمز 2018)، على عكس اللاجئين الفلسطينيين المسجلين لدى وكالة الأمم المتحدة لإغاثة وتشغيل اللاجئين الفلسطينيين في الشرق الأدنى (الأونروا) (وهم مواطنون أردنيون) البالغ عددهم 2.2 مليون لاجئ. وفضلاً عن ذلك، تزداد المنافسة على الأراضي في المناطق الحضرية المضيفة مع تدفق اللاجئين والنازحين. وبسبب ضعف خدمات إدارة الأراضي، تؤدي هذه الظاهرة إلى تفاقم الطابع غير الرسمي وتشجيع أنظمة موازية (غير رسمية) للتسجيل وفض المنازعات. ففي لبنان، على سبيل المثال، يستعين اللاجئون الفلسطينيون بأنظمة موازية لإدارة معاملات الأراضي في مخيمات اللاجئين (البنك الدولي، قيد الإصدار).

وقد قدمت المنظمات الدولية مبادئ توجيهية لدعم الاعتراف بحقوق اللاجئين في الأراضي والمساكن والملكية وحمايتها. ففي آب/أغسطس 2005، اعتمدت الأمم المتحدة مبادئ بينهيرو المتعلقة بإعادة المساكن والأملاك للاجئين والنازحين. وتوفر هذه المبادئ إرشادات عملية للحكومات والمنظمات الدولية والمنظمات غير الحكومية الساعية إلى استعادة حقوق المساكن والأراضي والأملاك بعد الصراعات العنيفة (المجلس الاقتصادي والاجتماعي للأمم المتحدة 2005). وهي مصممة لتسهيل عودة اللاجئين إلى ديارهم من خلال استعادة الوضع الذي كان قائما قبل اندلاع الحرب من المساكن والأراضي والممتلكات (باليوني 2008). وفي الوقت نفسه، تقدم مبادئ بينهيرو إرشادات مفيدة بشأن المعايير الدولية التي تنظم التنفيذ الفعال لبرامج وآليات إعادة المساكن والأراضي والأملاك. وبعد ذلك بعامين، في عام 2007، نشر الدليل ذو الصلة حول رد المساكن والممتلكات للاجئين والنازحين: تنفيذ "مبادئ بينهيرو" (الفاو وآخرون 2007). حيث يغطي الحق في السكن ورد الأملاك، والمساواة بين الرجل والمرأة، والسكن اللائق، والحماية من التشرد، والحق في العودة بأمان وكرامة. وتوصي الوثيقة بأن تكون حقوق الملكية المشتركة لأرباب الأسر من الذكور والإناث على حد سواء مكوناً صريحاً في عملية إعادة الأملاك.[25]

المرفق 3أ: دور الروابط السياسية في تسهيل الحصول على الأراضي في تونس ومصر

في إطار إجراء بحوث أساسية لهذا التقرير، لجأ كل من سيلود وسوماهورو (قيد الإصدار) إلى مسوح البنك الدولي المعنية بمؤسسات الأعمال لبحث قيمة الروابط السياسية في تسهيل حصول الشركات على الأراضي في مصر والمغرب وتونس. ففي

هذه البلدان، تواجه الشركات قيودا في الحصول على الأراضي (انظر الشكل 3-3 في الفصل الثالث)، كما أن لجزء من الشركات روابط سياسية. وتطرح البلدان الثلاثة أنماطاً متباينة. وتشير الشركات ذات الارتباطات (أي تلك التي يوجد بها مسؤولون كبار منتخبون أو معينون) في المغرب وتونس إلى مواجهة قيود أقل في الحصول على الأراضي، ولكن من المفارقات أن تلك الشركات في مصر تواجه قيوداً أكبر في الحصول على الأراضي (الشكل 3-3).

ولشرح هذه المفارقة، تحرى المؤلفون أيضا ما إذا كانت قيمة الارتباطات السياسية في الوصول إلى الأراضي قد ضعفت أو فقدت مع تغير النظام في تونس (في 2011) وفي مصر (في 2013). حيث ميزا بين الشركات التي أنشئت قبل وبعد تغيير النظام في هذين البلدين، ثم قاما بانحدار يقارن بين إمكانية الحصول على الأراضي قبل وبعد تغيير النظام بالنسبة للشركات التي قد لا تكون مرتبطة سياسيا بالنظام الجديد (لأنها أنشئت قبل تغيير النظام) و الشركات المحتمل ارتباطها بالنظام الجديد (لأنها أنشئت بعد تغيير النظام).

وتعرض في الجدول 3 أ-1 النتائج المستمدة من التقدير للاختلاف في الاختلافات بالنسبة للشركات المصرية والتونسية. ويشير العمودان 1 و2 إلى نسب الشركات التي تواجه قيوداً كبيرة أو شديدة في الحصول على الأراضي لمجموعات الشركات التي أنشئت قبل وبعد تغيير النظام، على التوالي. ويقارن العمود 3 المتوسطات في المجموعات التي تم إنشاؤها قبل وبعد تغيير النظام، ويطرح العمود 1 من العمود 2 لكل من الشركات ذات الارتباطات السياسية (المعالجة) وغير المرتبطة (الضابطة). ويطرح الاختلاف في الاختلافات الفرق داخل المجموعة بالنسبة للشركات غير المرتبطة (الصف 2، العمود 3) من الفرق داخل المجموعة بالنسبة للشركات ذات الارتباطات (الصف 1، العمود 3)، وبالتالي يجري تعديلاً لمراعاة أن نوعي الشركات لم يكونا متماثلين عند خط الأساس.

ومن الواضح أن قيمة العلاقات السياسية تبدو مرهونة بالسياق السياسي القائم في منطقة الشرق الأوسط وشمال أفريقيا. وفي مصر، ساعدت بيئة السياسات في ظل النظام الجديد على خفض نسب الشركات ذات الارتباطات السياسية التي واجهت قيوداً شديدة في الأراضي بنسبة 20% مقارنة بالشركات التي لا تتمتع بارتباطات سياسية. ولعل هذا هو مصدر المفارقة في الشكل 3-3، مما يشير إلى أن الارتباطات السياسية القديمة لم تكن مفيدة أو أصبحت ضارة في الحد من القيود المفروضة على الأراضي في مصر. وفي تونس، انخفضت نسبة الشركات ذات الارتباطات السياسية التي أنشئت بعد أحداث الربيع العربي التي تواجه قيودا شديدة في الحصول على الأراضي بحوالي 32% مقارنة بالشركات التي لا تتمتع بارتباطات سياسية. وتشير هذه النتائج مجتمعة إلى أن المكاسب المتأتية من الارتباطات السياسية للشركات من المرجح أن تكون مرتبطة بسياق سياسي محدد، وبالتالي قد تكون حساسة للتحول السياسي.

الجدول 3أ-1 آثار تغيير النظام على القيود المفروضة على الحصول على الأراضي، مصر وتونس

البلد	(1) الشركات التي أنشئت قبل تغيير النظام	(2) الشركات التي أنشئت بعد تغيير النظام	(3) الفرق داخل المجموعة [(2) - (1)]
مصر			
1. مرتبطة (معالجة)	.224	.077	–.147* (090.)
2. غير مرتبطة (ضابطة)	.098	.152	.053*** (019.)
3. الاختلاف في الاختلافات			**–.201**** **(092.)**
تونس			
1. مرتبطة (معالجة)	.240	.050	–.190* (116.)
2. غير مرتبطة (ضابطة)	.380	.514	.134** (062.)
3. الاختلاف في الاختلافات			**–.324**** **(131.)**

المصدر: مسوح البنك الدولي المعنية بمؤسسات الأعمال (قاعدة بيانات)، https://www.enterprisesurveys.org/en/enterprisesurveys.

*$p < 0.1$; **$p < 0.05$; ***$p < 0.01$.

ملحوظات

1. مسوح البنك الدولي المعنية بمؤسسات الأعمال (قاعدة بيانات)، https://www.enterprisesurveys.org/en/enterprisesurveys.

2. في الأردن، تشير التقديرات إلى أن الشقق المسجلة المملوكة للنساء لا تمثل سوى 10.3% من جميع الشقق بغض النظر عن حالة التسجيل (دائرة الإحصاءات العامة، الأردن، تعداد السكان والمساكن 2015،(لوحة بيانات) http://dosweb.dos.gov.jo/censuses/population_ housing/census2015/؛ هاميلتون وآخرون 2018).

3. غير أن المسوح قد لا تميز بين الممتلكات المسجلة وغير المسجلة.

4. دائرة الإحصاءات العامة، مسح السكان والصحة الأسرية، الأردن، 2012، https://microdata.worldbank.org/index.php/ catalog/1908.

5. أجري المسح في يونيو/حزيران 2019 في المناطق الريفية والحضرية بالضفة الغربية وقطاع غزة لعينة من 581 امرأة تم اختيارهن عشوائيا. وركز على قضايا الميراث. ومن ثم، فإن الأرقام المبلغ عنها عن الأراضي والممتلكات السكنية للأمهات والآباء كانت وقت وفاتهم. ومن المرجح أن تكون معدلات ملكية الأصول أكبر في مراحل لاحقة من العمر.

6. يستخدم المسح نفس الاستبيان الذي استخدمه المشروع التجريبي للضفة الغربية وقطاع غزة (مع تعديلات طفيفة). وقد أجرته الوكالة الألمانية للتعاون الدولي في المناطق الريفية التونسية في أكتوبر/تشرين الأول 2020، ويغطي عينة من 509 نساء من ثماني مناطق.

7. انظر بريندكس (لوحة بيانات)، 2020، https://www.prindex.net/.

8. حسابات المؤلفين من بيانات بريندكس في 16 بلدا بمنطقة الشرق الأوسط وشمال أفريقيا باستخدام متوسطات مرجحة بتعداد السكان. بريندكس (لوحة بيانات)، 2020، https://www.prindex.net/.

9. في مصر والمغرب وتونس، هناك ارتباط عكسي مباشر بين حجم المزرعة ومشاركة المرأة في الأنشطة الزراعية: كلما كانت المزرعة أكبر، قل عدد النساء المشاركات. وعلى العكس من ذلك، كلما كانت المزرعة أصغر حجما، كانت مسؤولية المرأة أكبر.

10. على سبيل المثال، تفيد دراسة بأنه في تونس، على الرغم من أن النساء يشكلن 80% من العمالة في المزارع العائلية، فهن عادة لا يتقاضين أجراً (الفاو/الصندوق الدولي للتنمية الزراعية 2007). ووجدت دراسة سابقة أجراها كريستنسن وفايوريت وأندريكوبولوس (2007) نسبة كبيرة من العاملات بدون أجر في اليمن (79%) وسوريا (66%) ومصر (60%) والضفة الغربية وقطاع غزة (45%). وهذا اتجاه عام في منطقة الشرق الأوسط وشمال أفريقيا، حيث تزاول أقل من امرأة واحدة من بين كل أربع نساء نشاطا مدفوع الأجر، وحيث يعد معدل مشاركة المرأة في العمل البالغ 25.2% الأدنى في العالم (البنك الدولي 2013).

11. في المغرب، على سبيل المثال، ثلثا نساء الريف وثلث نساء الحضر أميات (المندوبية السامية للتخطيط 2019). وفي مصر، هناك 30.8% من النساء أميات مقابل 21.1% من الرجال (الجهاز المركزي للتعبئة العامة والإحصاء 2020).

12. في الأردن، لا تحصل سوى 21% من ربات الأسر على قروض للتنمية الزراعية، و9% يحصلن على قروض لأنشطة مدرة للدخل. وتبلغ المعدلات المناظرة لأرباب الأسر من الذكور 43% و14% (الصندوق الدولي للتنمية الزراعية 2013).

13. انعدام أمن الحيازة هو خطر فقدان الأراضي المملوكة.

14. بريندكس (لوحة بيانات)، 2020، https://www.prindex.net/.

15. منطقة الشرق الأوسط وشمال أفريقيا تليها منطقة أفريقيا جنوب الصحراء التي تظهر تباينا نسبته 14 نقطة مئوية بين النساء المتزوجات والرجال المتزوجين بشأن خوفهم من فقدان ممتلكاتهم في حالة الطلاق أو وفاة أحد الزوجين. وعلى الصعيد العالمي، لا يتجاوز هذا التباين 5 نقاط مئوية (انظر الشكل 11 في بريندكس 2020).

16. يتبع الميراث في الإسلام قواعد محكمة. للمزيد من التفاصيل عن التفسيرات السنية والشيعية لقواعد الميراث، انظر مركز حقوق الإنسان وحالات الإخلاء (2006)؛ الغماري- التبريزي (2013)؛ وهانا (2020).

17. كانت أحكام الشريعة مطبقة على الميراث في مصر حتى عام 2019. لكن في نوفمبر/تشرين الثاني 2019، وبعد النشاط القانوني الحاد للمحامية المسيحية هدى نصر الله، أكدت محكمة الاستئناف بالقاهرة، في حكم نهائي غير مسبوق، حق المرأة القبطية في المساواة في الإرث. واستند الحكم إلى المادة 245 من النظام الداخلي للأحوال الشخصية الأرثوذكسية الصادر في عام 1938، والذي يمنح المرأة القبطية حقوقا في الميراث تعادل حقوق الرجال ولكنها لم تسن (سيدهم 2019).

18. يقيس مؤشر الأصول في تقرير المرأة وأنشطة الأعمال والقانون قدرة النساء على إدارة الأصول من خلال التأكد مما إذا كان القانون يتضمن الأحكام التالية: (1) المساواة في حقوق الملكية في الممتلكات غير المنقولة؛ (2) المساواة في حقوق الميراث للأبناء والبنات؛ (3) المساواة في حقوق الميراث للأزواج؛ (4) تكافؤ السلطة الإدارية على الأصول أثناء الزواج؛ (5) تقييم المساهمات غير النقدية. والمؤشرات الأخرى هي: حرية التنقل؛ وبدء العمل؛ والحصول على أجر؛ والزواج؛ وإنجاب الأطفال؛ وإدارة الأعمال؛ والحصول على معاش تقاعدي (البنك الدولي 2020).

19. ذكر نحو 2% فقط من النساء المستحقات لأراض أنهن تنازلن قانونا عن نصيبهن. وعلى الرغم من أن هذه النتائج تستند إلى عينة فرعية صغيرة (55) من النساء اللاتي واجهن وضعاً خاصا بالميراث، فإنها مع ذلك مؤشر على التحديات الكبيرة التي تواجهها النساء في الحصول على الأراضي.

20. يقل احتمال استخدام الفلسطينيات للمحاكم المدنية ست مرات عن الرجال، وقالت أكثر من ربع الفلسطينيات اللاتي شملهن الاستطلاع إنهن سيمنعن من تسوية المنازعات في المحاكم بموجب التقاليد والأعراف الاجتماعية (برنامج الأمم المتحدة الإنمائي 2017).

21. وتفادي الضرائب على تقسيم الأراضي (الإفراز).

22. يعد غياب تقسيم الأراضي أمرا شائعا جدا في منطقة الشرق الأوسط وشمال أفريقيا. ففي المغرب، على سبيل المثال، لا يتم تقسيم 45% من الأراضي الخاصة (المُلك) (الفاو 2006). وفي كل مكان، تتفاقم هذه الأنماط بسبب ارتفاع تكاليف تسجيل الأملاك وتقسيمها.

23. يدعم برنامج الأمم المتحدة للمستوطنات البشرية، موئل الأمم المتحدة، ومفوضية الأمم المتحدة السامية لحقوق الإنسان حقوق الملكية وأمن الحيازة بموجب إطار الحق في السكن اللائق.

24. أدى الصراع السوري نفسه إلى الوضع الحالي الذي تستضيف فيه البلدان المجاورة 6.5 ملايين نازح داخلياً و5.6 ملايين لاجئ مسجل - ربما يوجد عدد أكثر من ذلك بكثير غير مسجلين. وأدى العنف الطائفي في العراق ضد السكان الأكراد والشيعة بين عامي 2006 و2008 إلى نزوح 2.7 مليون عراقي داخلياً، في حين لجأ 1.7 مليون عراقي إلى الخارج. وأدى حكم تنظيم الدولة الإسلامية من يناير/كانون الثاني 2014 إلى أكتوبر/تشرين الأول 2017 إلى خروج 3 ملايين لاجئ من الموصل.

25. وفقا للتوصيات الواردة في اتفاقية القضاء على جميع أشكال التمييز ضد المرأة، قرر مكتب الأونروا في غزة إدراج سندات ملكية عقارات مشتركة للسكان الذين دمرت منازلهم في عام 2014. وشجعت عملية إعادة تأهيل معسكر مكتب غزة الميداني التابع للأونروا مشروعات إعادة التسكين المتكافئة، وفي عام 2015، استحدثت سياسة للتوقيع المشترك تلزم أرباب الأسر وأزواجهم بالتوقيع على المشروع معا. والهدف من ذلك هو تمكين النساء والرجال من التمتع بحقوق ملكية متساوية والحصول على مسكن (الأونروا، 2017).

المراجع

Ababsa, M. 2017. "The Exclusion of Women from Property in Jordan: Inheritance Rights and Practices." *Hawwa* 15: 1–2, 107–28.

Al-Monitor. 2018. "Jordan Moves to Improve Lives of Gazan Refugees." December 11, 2018. https://www.al-monitor.com/originals/201812//jordan-gaza-refugees-palestinian-settlement.html.

Arab Barometer. 2020. "Women's Agency and Economic Mobility in MENA: Examining Patterns and Implications." February 13. https://www.arabbarometer.org/wp-content/uploads/Public_Opinion_Arab_Women_Economic_Conditions_Presentation_2020.pdf.

Benvenisti, E., and E. Zamir. 1995 "Private Claims to Property Rights in the Future Israeli-Palestinian Settlement." *American Journal of International Law* 89 (2): 295–340.

Campos, A., N. Warring, C. Brunelli, C. Doss, and C. Kieran. 2015. "Gender and Land Statistics: Recent Developments in FAO's Gender and Land Rights Database." Rome: Food and Agriculture Organization. http://www.fao.org/3/a-i4862e.pdf.

CAPMAS (Central Agency for Public Mobilization and Statistics). 2020. *Statistical Yearbook 2020*. Issue 111. Cairo: CAPMAS.

Christensen, I., B. Veillerette, and S. Andricopulos. 2007. "The Status of Rural Poverty in the Near East and North Africa." Food and Agriculture Organization and International Fund for Agricultural Development, Rome.

COHRE (Centre on Housing Rights and Evictions). 2006. "In Search of Equality: A Survey of Law and Practice Related to Women's Inheritance Rights in the Middle East and North Africa (MENA) Region." COHRE, Geneva.

ECWR (Egyptian Center for Women's Rights). 2017. "ECWR Welcomes the Amendment of the Inheritance Law." ECWR, Cairo. http://ecwronline.org/?p=7509.

FAO (Food and Agriculture Organization). 2006. "Rapport National du Royaume du Maroc." Conférence Internationale sur la Réforme Agraire et le Développement Rural (ICARRD), Porto Alegre, Brasil.

FAO (Food and Agriculture Organization)/IFAD (International Fund for Agricultural Development). 2007. *The Status of Rural Poverty in the Near East and North Africa*. Rome: FAO.

FAO (Food and Agriculture Organization), NRC (Norwegian Refugee Council), OCHA (United Nations Office for the Coordination of Humanitarian Affairs), UN-Habitat, and UNHCR (United Nations High Commissioner for Refugees). 2007. *Handbook on Housing and Property Restitution for Refugees and Displaced Persons: Implementing the "Pinheiro Principles."* https://www.un.org/ruleoflaw/blog/document/handbook-on-housing-and-property-restitution-for-refugees-and-displaced-persons-implementing-the-pinheiro-principles-2/.

Ghamari-Tabrizi, B. 2013. "Women's Rights, Shari'a Law, and the Secularization of Islam in Iran." *International Journal of Politics, Culture, and Society* 26: 237–53.

GIZ (Deutsche Gesellschaft für Internationale Zusammenarbeit). 2021. "Enquête des droits fonciers agricoles des femmes en Tunisie pour le projet Protection et réhabilitation de sols dégradées en Tunisie (ProSol)." Mission report prepared by BJKA Consulting, Ariana, Tunisia.

Hamilton, E., V. Mints, J. L. Acero Vergel, M. Ababsa, W. Tammaa, Y. Xiao, A. Molfetas-Lygkiaris, and J. R. Wille. 2018. *Jordan–Housing Sector Assessment–Housing Sector Review.* Washington, DC: World Bank.

Hanna, A. 2020. "The Iran Primer: Part 3: Iranian Laws on Women." United States Institute of Peace, Washington, DC. https://iranprimer.usip.org/blog/2020/dec/08/part-3-iranian-laws-women.

Haut Commissariat au Plan. 2019. "La femme marocaine en chiffres: évolution des caractéristiques démographiques et socio-professionnelles." http://www.hcp.ma.

IFAD (International Fund for Agricultural Development). 2013. "Enabling the Rural Poor to Overcome Poverty in Jordan." IFAD, Rome.

Jansen, W. 1993. "Creating Identities: Gender, Religion and Women's Property in Jordan." In *Who's Afraid of Femininity? Questions of Identity*, edited by M. Brugman, S. Heebing, and D. Long, 157–67. Amsterdam: Rodopi.

JNCW (Jordanian National Commission for Women). 2010. "Jordan's Fifth National Periodic Report to the CEDAW Committee—Summary." JNCW, Amman.

Jordan Times. 2018. "Gov't Adopts New Resolutions for Gazans with Temporary Passports." December 4, 2018. http://jordantimes.com/news/local/govt-adopts-new-resolutions-gazans-temporary-passports.

Lawry, S., C. Samii, R. Hall, A. Leopold, D. Hornby, and F. Mtero. 2017. "The Impact of Land Property Rights Interventions on Investment and Agricultural Productivity in Developing Countries: A Systematic Review." *Journal of Development Effectiveness* 9 (1): 61–81.

Meinzen-Dick, R., A. Quisumbing, C. Doss, and S. Theis. 2019. "Women's Land Rights as a Pathway to Poverty Reduction: Framework and Review of Available Evidence." *Agricultural Systems* 172: 72–82.

Ministry of Health and Population (Egypt), El-Zanaty and Associates (Egypt), and ICF International. 2015. *Egypt Demographic and Health Survey 2014.* Cairo: Ministry of Health and Population and ICF International. http://dhsprogram.com/pubs/pdf/FR302/FR302.pdf.

Naffa, L., F. Al Dabbas, A. Jabiri, and N. Al Emam. 2007. "Shadow NGO Report to CEDAW Committee Jordan: Evaluation of National Policy, Measures and Actual Facts on Violence Against Women." Karama Network of Jordan. http://www.el-karama.org/wp-content/uploads/201304//Final_JOR_NGOs_Shadow_Rept.pdf.

Najjar, D., B. Baruah, and A. El Garhi. 2020. "Gender and Asset Ownership in the Old and New Lands of Egypt." *Feminist Economics* 26 (3): 11943.

NRC (Norwegian Refugee Council). 2011. "The Shari'a Courts and Personal Status Laws in the Gaza Strip." NRC, Oslo.

NRC (Norwegian Refugee Council). 2017. "Displacement, HLP and Access to Civil Documentation in the South of the Syrian Arab Republic." NRC, Oslo.

OHCHR (Office of the High Commissioner for Human Rights). 2021. "Universal Periodic Review 2020: Palestinian Refugees Rights in Lebanon." UPR 37. United Nations Human Rights Council, Geneva.

Paglione, G. 2008. "Individual Property Restitution: From Deng to Pinheiro—and the Challenges Ahead." *International Journal of Refugee Law* 20 (3): 392–93.

Prettitore, P. 2013a. "Gender and Justice in Jordan: Women, Demand and Access." MENA Knowledge and Learning Quick Notes Series, No. 107, World Bank, Washington, DC.

Prettitore, P. 2013b. "Justice Sector Services and the Poor in Jordan: Determining Needs and Priorities." MENA Knowledge and Learning Quick Notes Series, No. 96, World Bank, Washington, DC.

Prindex. 2020. *Women's Perception of Tenure Security: Evidence from 140 Countries.* London: Prindex. https://www.prindex.net/reports/womens-perceptions-tenure-security-evidence-140-countries/.

Selod, H., and S. Soumahoro. Forthcoming. "The Arab Spring and the Politically 'Unlocked' Land." Background paper prepared for this report, World Bank, Washington, DC.

Sidhom, Y. 2019. "Court Ruling: Equal Inheritance for Men and Women." *Watani International.* http://en.wataninet.com/opinion/editorial/court-ruling-equal-inheritance-for-men-andwomen/29392/.

UNDP (United Nations Development Programme). 2017. *Public Perceptions of Palestinian Justice and Security Institutions in 2015.* 3rd ed. Programme of Assistance to the Palestinian People, UNDP, Jerusalem. https://www.ps.undp.org/content/papp/en/home/library/democratic_governance/public-perceptions-of-palestinian-justice-and-security-instituti0.html.

UNDP (United Nations Development Programme). 2018. *2018 Statistical Update: Human Development Indices and Indicators.* New York: UNDP. https://hdr.undp.org/en/content/human -development-indices-indicators-2018-statistical-update.

UNESC (United Nations Economic and Social Council). 2005. *Housing and Property Restitution in the Context of the Return of Refugees and Internally Displaced Persons: Final Report of the Special Rapporteur, Paulo Sérgio Pinheiro.* https://www.unhcr.org/uk/protection/idps/50f94d849/principles-housing-property-restitution-refugees-displaced-persons-pinheiro.html.

Unruh, J. D. 2016. "Mass Claims in Land and Property Following the Arab Spring: Lessons from Yemen." *Stability: International Journal of Security and Development* 5 (1): 6.

UNRWA (United Nations Relief and Works Agency for Palestine Refugees in the Near East). 2017. *Integrating Gender, Improving Services, Impacting Lives: Gender Equality Strategy 2016–2021.* Amman, Jordan, and Gaza, Palestinian Authority: UNRWA.

USAID (US Agency for International Development). 2016. "Fact Sheet: Land Tenure and Women's Empowerment." https://www.land-links.org/wp-content/uploads/201611//USAID_Land_Tenure_Women_Land_Rights_Fact_Sheet.pdf.

Vignal, L. 2019. "Locating Dispossession and HLP Rights in the War in Syria." In *Reclaiming Home: The Struggle for Socially Just Housing, Land and Property Rights in Syria, Iraq and Libya,* edited by H. Baumann, 18–31. Washington, DC: Friedrich-Ebert-Stiftung Foundation.

WCLAC (Women's Centre for Legal Aid and Counselling). 2014. "Palestinian Women and Inheritance." http://www.wclac.org/english/userfiles/Translated%20Inheritance%20Study%20English.pdf.

World Bank. 2011. *World Development Report 2012: Gender Equality and Development.* Washington, DC: World Bank.

World Bank. 2013. *Opening Doors: Gender Equality and Development in the Middle East and North Africa.* Washington, DC: World Bank.

World Bank. 2019. "Gender and Land Survey: West Bank and Gaza." Unpublished report. World Bank, Washington, DC.

World Bank. 2020. *Women, Business and the Law 2020.* Washington, DC: World Bank.

World Bank. Forthcoming. *Land, Conflict, and Inclusion.* Washington, DC: World Bank.

Yahya, M. 2018. *The Politics of Dispossession.* Beirut: The Malcolm H. Kerr Carnegie Middle East Center.

الفصل الرابع

تشوهات الأسواق وعدم كفاءة استخدام الأراضي في منطقة الشرق الأوسط وشمال أفريقيا

مقدمة

من المرجح أن تكون للقيود المفروضة على قطاع الأراضي من حيث الاستخدام وإمكانية الحصول عليها، كما هو وارد في الفصل السابق، آثار صارخة على اقتصادات منطقة الشرق الأوسط وشمال أفريقيا. ويتناول هذا الفصل بالدراسة القنوات التي يمكن أن تظهر من خلالها التشوهات، وآثارها الاقتصادية. كما يعرض تحليلات تجريبية لاثنين من الأمثلة على السياسات التي تعالج قضايا الأراضي من حيث كفاءة الاستخدام وإمكانية الحصول على الأراضي: المناطق الصناعية في مصر وفرض الضرائب على الأراضي الشاغرة في السعودية.

الإطار المفاهيمي الموسع

يتمثل المفهوم الرئيسي الذي تستند إليه الدراسة الوارد وصفها في هذا التقرير في أنه نظرا للقيود المادية والقيود المؤسسية والسياسات غير مدروسة سيئة التصميم إلى حد ما، فإن الأراضي تُستخدم بغير كفاءة (أو سوء تخصيص) في بلدان المنطقة. ويكشف الإطار المفاهيمي الموصوف في هذا القسم - وهو توسيع للإطار المفاهيمي المبين في الشكل م1- في مقدمة هذا التقرير - عن القنوات التي قد تظهر من خلالها أوجه عدم كفاءة استخدام الأراضي في منطقة الشرق الأوسط وشمال أفريقيا، ويحدد آثارها الاقتصادية والبيئية والاجتماعية المحتملة.

ويوضح الشكل 4-1 بالتفصيل المسارات الرئيسية التي يمكن من خلالها لندرة الأراضي والقيود المؤسسية (وتفاعلاتها مع السياسات) أن تؤدي إلى تشوهات في الاقتصاد وتؤدي إلى استخدام الأراضي دون المستوى الأمثل مع ما يصحب ذلك من تكاليف اقتصادية وبيئية واجتماعية. وكما هو مبين في الشكل 4-1، قد تشمل هذه التشوهات الأسعار غير السوقية للأراضي وعوامل أخرى، وارتفاع تكاليف معاملات الأراضي، وانعدام أمن حيازة الأراضي، والقيود على الحصول على الائتمان. فعلى سبيل المثال، يمكن أن تؤدي القيود المؤسسية التي تحد من إمكانية الحصول على الائتمان إلى نقص الاستثمار في الأراضي، وانخفاض الإنتاج الزراعي، ومحدودية خلق فرص العمل. وعلى النقيض من ذلك، قد يؤدي دعم المستلزمات الزراعية إلى زيادة استخدام الأراضي لأغراض الزراعة، مما قد يخدم أهداف السياسات المتمثلة في تحسين السيادة الغذائية وخلق فرص العمل. ولكن، يمكن

الشكل 4-1 الإطار المفاهيمي لسوء تخصيص الأراضي، منطقة الشرق الأوسط وشمال أفريقيا

ندرة الأراضي

القيود المؤسسية

السياسات

تشويه أسعار المدخلات غير المتعلقة بالأراضي (مثل إعانات المياه والزراعة)

تشويه أسعار الأراضي

تخصيص الأراضي في غير السوق

أرض مجزأة

ارتفاع تكلفة معاملات الأراضي

انعدام أمان حيازة الأراضي وطابعها غير الرسمي

القيود المفروضة على الحصول على الائتمان (الرهن العقاري)

تشويه أسعار المخرجات

تقلص/عدم المساواة في القدرة على الحصول على الأراضي

سوء تخصيص المدخلات (تشوه نسبة المدخلات) عدم كفاءة استخدام الأراضي داخل القطاعات

سوء تخصيص المخرجات (تشوه نسبة المخرجات) عدم كفاءة استخدام الأراضي عبر القطاعات

الآثار البيئية (الضغوط على الأراضي والمياه)

الآثار الاجتماعية (النساء واللاجئون)

التأثير على الإنتاج الكلي (إجمالي الناتج المحلي)

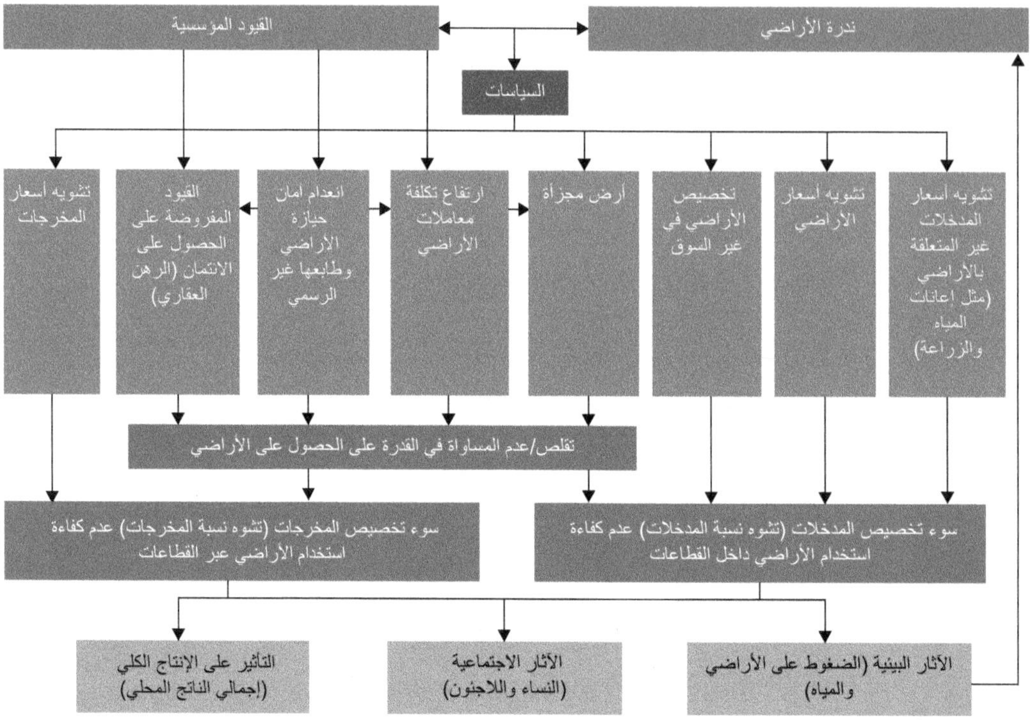

المصدر: البنك الدولي.

تحقيق هذه النواتج على حساب تلوث المياه واستنفادها، وتدهور الأراضي، وانخفاض القدرة على التصدي للتحديات المناخية في المستقبل.

وقد يؤثر سوء تخصيص الأراضي على الإنتاج والاستدامة البيئية والشمول. ويمكن أن يؤثر سوء تخصيص الأراضي على الإنتاج عندما تستخدم الشركات والقطاعات غير المنتجة الأراضي على نحو غير متناسب على حساب الشركات والقطاعات الأكثر إنتاجية. ومن الناحية الاقتصادية، يؤدي هذا الاستخدام إلى انخفاض الإنتاج عما كان يمكن تحقيقه بسبب الاستخدام دون المستوى الأمثل للأرض - أي أن الإنتاج يُنتَج على نحو يفتقر إلى الكفاءة؛ أو الاستثمار دون المستوى الأمثل في مواجهة الحوافز المشوهة؛ أو الحفاظ على الشركات والقطاعات التي تفتقر إلى الكفاءة بطريقة مصطنعة.[1] بعبارات أوسع نطاقا، يمكن فهم سوء تخصيص الأراضي من منظور الاستدامة عندما تلقي العوامل الخارجية البيئية بظلال من الشك على مدى صواب الاستخدامات الحالية للأراضي. ومن بين العواقب الرئيسية لسوء استخدام الأراضي في الشرق الأوسط وشمال أفريقيا - سواء كانت سكنية أو صناعية أو زراعية - الإجهاد المائي ونضوب المياه. وأخيراً، قد تكون لسوء تخصيص الأراضي أيضاً عواقب اجتماعية عندما تؤدي محدودية قدرة الفئات الأولى بالرعاية والنساء على الحصول على الأراضي إلى تقييد الفرص الاقتصادية المتاحة لهم وتفاقم الفقر.

ويمكن أن ينجم سوء تخصيص الأراضي عن القيود المادية والتحديات المؤسسية التي تواجهها بلدان المنطقة، فضلا عن اختياراتها على صعيد السياسات. فمن شأن اختيار مواقع الأنشطة البشرية في المناطق المعرضة للفيضانات، على سبيل المثال، أن يعتبر إساءة استخدام للأراضي. وفي كثير من الحالات، يمكن أن ينشأ سوء تخصيص الأراضي أيضاً عن القيود المؤسسية أو التنظيمية. ومن أمثلة ذلك القوانين واللوائح التنظيمية (مثل الحدود القصوى لمعامل المساحة المبنية في تونس أو متطلبات الحد الأدنى لحجم قطعة الأرض في الأردن) التي تؤدي إلى الزحف العمراني في المدن، أو عدم وضوح حقوق الملكية الذي يعوق الاستثمارات في الأراضي، أو عمليات تخصيص الأراضي خارج الأسواق، مقترنة بارتفاع تكاليف المعاملات، مما يؤدي إلى عدم استخدام الأراضي بأقصى قدر من الكفاءة. ويمكن أن ينشأ سوء تخصيص الأراضي أيضاً عن السياسات الاقتصادية، مثل دعم الزراعة والمياه، مما يؤدي إلى استخدام مساحات مفرطة من الأراضي لأغراض الزراعة.

وقد يكون تجزؤ الأراضي أيضاً شكلا من أشكال سوء تخصيص الأراضي إذا ارتبط بانخفاض الإنتاجية (وهو أمر مرجح للغاية إذا كانت عائدات التوسع في الزراعة من شأنها أن تجعل المزارع الأكبر حجما أكثر إنتاجية). وعلى الرغم من استمرار افتقار المنطقة إلى أحدث التحليلات لسوء تخصيص الأراضي الزراعية، فإن هناك ما يدعو للاعتقاد بأن سوء التخصيص هذا

يمكن أن يكون مثيرا للمشاكل، لا سيما في بلدان المغرب العربي ومصر التي يوجد بها أكبر نسبة من المزارع الصغيرة في المنطقة (انظر الشكل 4أ1- في المرفق 4أ، الذي يبين توزيع الأراضي الزراعية في 11 بلدا بالمنطقة). ومما يؤسف له أن قضية سوء تخصيص الأراضي، وهي موضوع ناشئ في الاقتصاد، لم تجر دراستها تقريبا في سياق بلدان المنطقة.

تشوهات الأراضي في اقتصادات منطقة الشرق الأوسط وشمال أفريقيا

في ضوء الإطار الذي عرض للتو، يناقش هذا القسم بمزيد من التفصيل بعض الأمثلة على التشوهات التي تؤثر على الأراضي أو الناجمة عن مواطن الضعف في تنظيم شؤون الأراضي وإدارتها في المنطقة.

ومن المرجح أن ترجع محدودية أسواق الائتمان والرهون العقارية في المنطقة، إلى حد كبير إلى انخفاض مستويات تسجيل الأراضي. وهذا القيد يتسم بالحدة البالغة في الجزائر ومصر والأردن. وكما هو مبين في الشكل 4-2، فإن حجم أسواق الرهن العقاري في هذه البلدان كنسبة مئوية من إجمالي الناتج المحلي يقل عن 2%، مقابل 22% في الكويت و27% في إسرائيل.[2] وتتمثل المعوقات المهمة التي تحول دون تنمية هذه الأسواق في انخفاض مستويات تسجيل الأراضي واستحالة استخدام الأراضي غير المسجلة كضمانات عينية، مما يحد من قدرة الشركات والأسر المعيشية على الحصول على الأموال للاستثمار. ويوضح الشكل 4-3 هذه النقطة من خلال رسم نطاق انتشار قروض الإسكان (الذي يعرف بأنه النسبة المئوية للبالغين الحاصلين على قرض قائم لشراء منزل) مقابل مؤشر التغطية الجغرافية في تقرير ممارسة أنشطة الأعمال (انظر الإطار 2-4 في الفصل الثاني). ويظهر الشكل وجود ارتباط إيجابي بين تغطية سجلات الأراضي واستخدام التمويل الإسكاني. ومن المرجح أن تكون الفرص الضائعة الناتجة عن انخفاض إمكانية الحصول على التمويل بسبب عدم التسجيل كبيرة للغاية. فعلى سبيل المثال، كشفت دراسة أجريت في 2018 في الضفة الغربية أن القيمة الضمانية المحتملة للأراضي غير المسجلة تتراوح من 7 مليارات دولار إلى 35 مليار دولار (لإجمالي الناتج المحلي البالغ 16 مليار دولار في ذلك الوقت).

كما أن إمكانية الوصول إلى الأسواق المالية الدولية ورأس المال مقيدة بسبب الصعوبات التي قد يواجهها الأجانب في الحصول على الأراضي أو امتلاكها في بلدان المنطقة. ففي المغرب، تقيد تعقيدات الإطار القانوني للحصول على أراض معينة (مثل الأراضي العرفية) الأجانب عن الاستثمار في قطاعات اقتصادية معينة مثل الزراعة. وفي اليمن، قبل الاضطرابات السياسية والصراع في مرحلة ما بعد الربيع العربي، أدت أوجه عدم الاتساق في حوكمة الأراضي والإطار القانوني في البلاد أيضاً إلى تقييد إمكانية حصول الأجانب على الأراضي والاستثمار. وبالإضافة إلى أشكال الحيازة الإسلامية والعرفية المتداخلة، سمح قانون واحد في الإطار القانوني اليمني للأجانب بحصة في ملكية الأراضي تصل إلى 100%، في حين أن قانونا آخر لا يسمح إلا بحصة ملكية تصل إلى 49%، ولا ينفي أي من القانونين الآخر (الوكالة الأمريكية للتنمية الدولية 2010). وكان عدم الاتساق في القوانين، مقترنا بالارتباك بشأن نظام حيازة الأراضي - الإطار القانوني الرسمي لليمن، أو الشريعة الإسلامية، أو القانون العرفي - هو مصدر شرعية إنفاذ حقوق الملكية في أنحاء مختلفة من البلاد، الذي كان يشكل عائقا رئيسيا أمام حصول الأجانب على الأراضي والاستثمار.

الشكل 4-2 قروض الرهن العقاري، منطقة الشرق الأوسط وشمال أفريقيا، 2015

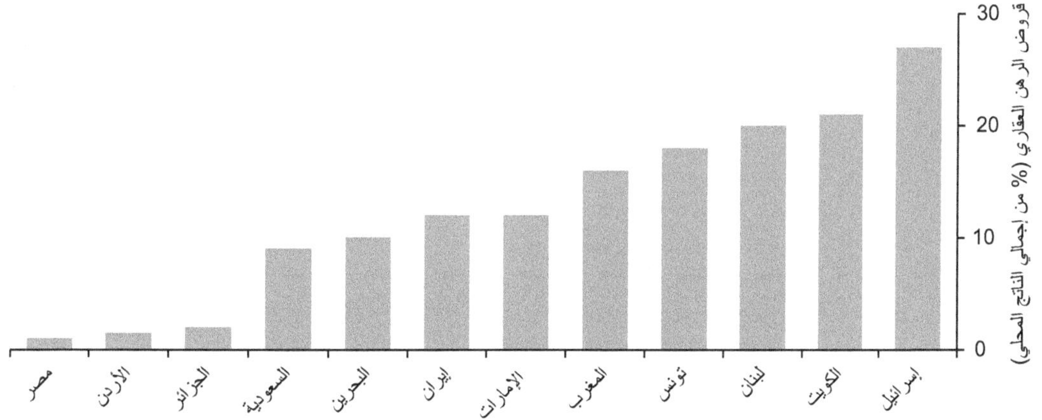

المصادر: البنوك المركزية؛ كلية وارتون بجامعة بنسلفانيا، ومؤسسة التمويل الدولية، وبنك تنمية ريادة الأعمال الهولندي، وشبكة معلومات تمويل الإسكان (لوحة بيانات)، http://www.hofinet.org.
ملحوظة: البيانات الخاصة بالإمارات والجزائر تخص سنوات سابقة.

الشكل 4-3 انتشار قروض الإسكان وتغطية التسجيل، منطقة الشرق الأوسط وشمال أفريقيا وسائر العالم

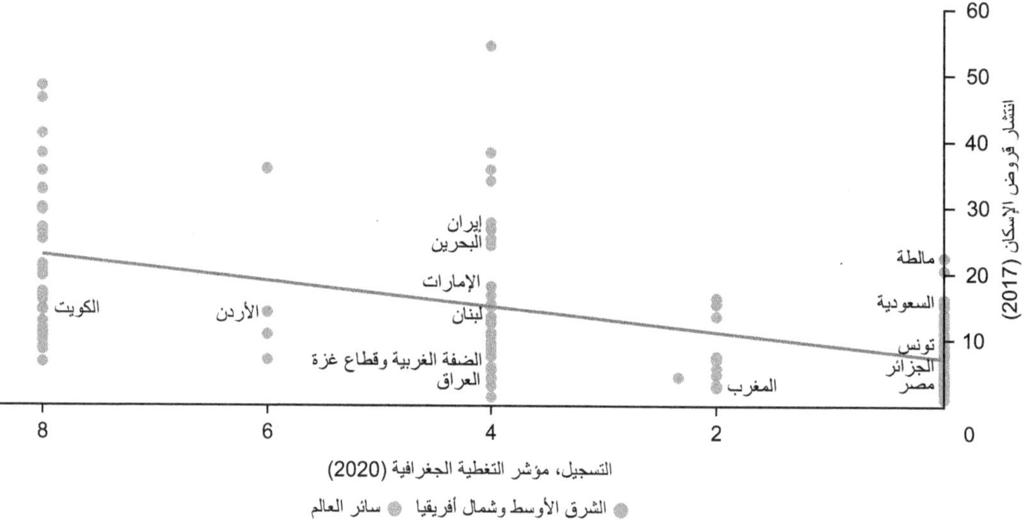

المصادر: البنك الدولي، قاعدة بيانات المؤشر العالمي للشمول المالي 2017 (لوحة بيانات)، https://globalfindex.worldbank.org/؛ البنك الدولي، تقرير ممارسة أنشطة الأعمال 2004–2020 (قاعدة بيانات)، https://archive.doingbusiness.org/en/doingbusiness.
ملحوظة: انظر الشكل 1-4 للاطلاع على رموز البلدان.

تعتبر الأراضي الشاغرة (في دول الخليج) أو الوحدات السكنية الشاغرة (في مصر والأردن ولبنان) في المناطق الحضرية الرئيسية مصادر لعدم كفاءة استخدام الأراضي في مدن الشرق الأوسط وشمال أفريقيا. ويمكن أن تكون الأرض شاغرة لأسباب متعددة، تتراوح من العوائق التي تحول دون تطوير الأرض رسميا إلى سلوكيات المضاربة لدى بعض أصحاب الأراضي الذين يجدون أنه من الأفضل الحفاظ على الأرض غير مستغلة. وتعد الوحدات السكنية الشاغرة ظاهرة أكثر إثارة للدهشة، لكنها مع ذلك شائعة جدا في بعض المدن. ففي مصر، توجد وحدات سكنية شاغرة في المدن الجديدة التي بنتها الحكومة في الصحراء بعيدا عن المدن القديمة المكدسة. وتعمل هذه الوحدات الشاغرة في المقام الأول على اجتذاب المدخرات للطبقتين العليا والمتوسطة (في غياب فرص ادخار أخرى وتحسبا لأن تصبح هذه المواقع أكثر جاذبية)، لكن فرص العمل لم تنتقل إلى المدن الجديدة على نطاق واسع ولا تزال موجودة إلى حد كبير في المدن القديمة. وفي الأردن، تشير التقديرات إلى أن هناك وحدة شاغرة واحدة تقريبا من بين كل أربع وحدات في عَمان. وفي لبنان، فإن 23% من الوحدات السكنية التي تم تطويرها بين عامي 1996 و2018 غير مأهولة، وواحدة من بين كل شقتين في السوق الراقية شاغرة. قد يكون لشغور الوحدات السكنية أسباب متعددة على الأرجح. ففي لبنان، يحفز إعفاء الوحدات الشاغرة من الضريبة العقارية المالكين على الاحتفاظ بعقاراتهم شاغرة، مع توقع الحصول على مكاسب رأسمالية من استثماراتهم بدلا من إيرادات الإيجار.[3]

وتسهم العوائق التي تحول دون تسجيل الأراضي وتكاليف الحصول على مسكن رسمي في الحيازة غير الرسمية والأحياء العشوائية. وتنتشر الأحياء العشوائية على نطاق واسع في منطقة الشرق الأوسط وشمال أفريقيا. حيث تشير التقديرات إلى أن أكثر من 24% من سكان الحضر في المنطقة يعيشون في أحياء عشوائية، وأن نسبة سكان الحضر المقيمين في المناطق غير الرسمية – وهي فئة أكبر من الأحياء العشوائية – هي على الأرجح أكبر بكثير.[4] وعلى الرغم من تباين الأسباب المحتملة للسكن غير الرسمي، فإن أحد العوامل المهمة هو التحديات التي تواجه تنظيم شؤون الأراضي والحوكمة والتي تحول دون تسليم وتحديث حقوق الملكية بعد معاملات الأراضي. ويبين الشكل 4-4 نسبة الأحياء العشوائية في المناطق الحضرية مقابل تكلفة تسجيل الملكية (كنسبة مئوية من قيمة العقار). وتشير الرابطة الإيجابية الواضحة إلى أن العوائق التي تحول دون التسجيل (بما في ذلك الحواجز المالية) هي محرك محتمل مهم للإسكان غير الرسمي.

ومما يفسر انتشار العشوائيات أيضاً مواطن الضعف في التخطيط الحضري وإخفاق الحكومات المركزية والمحلية في إتاحة الأراضي لأغراض التنمية الرسمية. وبسبب القيود المفروضة على المعروض الرسمي من الأراضي، لا يزال إنتاج المساكن الرسمية محدودا، مما يؤدي إلى ارتفاع أسعار المساكن التي لا يمكن للفقراء أو حتى للطبقات المتوسطة تحملها. ففي العراق، على سبيل المثال، تشير التقديرات إلى أنه خلال العقد الماضي لم يغط إنتاج المساكن الرسمية سوى 10-14% من الاحتياجات السنوية للإسكان. وفي جميع البلدان، تكافح الفئات المنخفضة الدخل من أجل تحمل تكاليف الأراضي والمساكن الرسمية. ويشغل

الشكل 4-4 العشوائيات وتكلفة تسجيل الملكية، منطقة الشرق الأوسط وشمال أفريقيا وسائر العالم

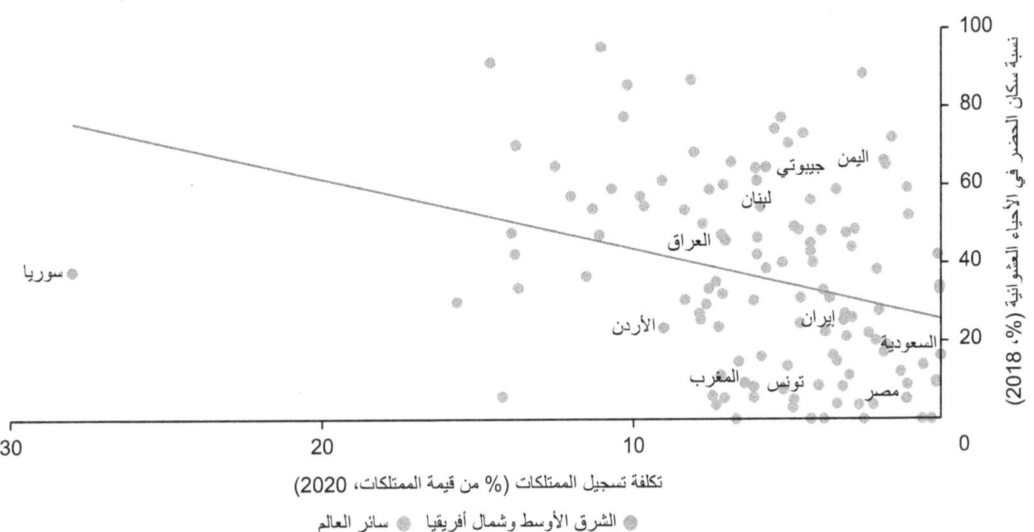

المصادر: برنامج الأمم المتحدة للمستوطنات البشرية (موئل الأمم المتحدة)، متاح في البنك الدولي، البيانات، https://data.worldbank.org/indicator/en.pop.slum.ur.zs؛ البنك الدولي، تقرير ممارسة أنشطة الأعمال 2004–2020 (قاعدة بيانات)، https://archive.doingbusiness.org/en/doingbusiness.

ملحوظة: انظر الشكل 1-4 للاطلاع على رموز البلدان.

الإسكان الاجتماعي النسبة العليا من أجندة العمل في بلدان منطقة الشرق الأوسط وشمال أفريقيا، لكن البرامج القائمة غالبا ما تكون محدودة النطاق.

وعلى الرغم من أن الأسواق غير الرسمية تؤدي وظيفة اجتماعية بتوفير سكن للفقراء، فإنها تتسم أيضاً بانعدام أمن الحيازة والمنازعات، والخدمات عالية التكلفة، والإنشاءات رديئة الجودة، والعوامل الخارجية السلبية على البيئة. وتخرج المساكن غير الرسمية أجزاء كبيرة من المدن من سوق الأراضي الرسمية ومن قاعدة المالية العامة. ويسهم التوسع في الإسكان غير الرسمي في أطراف المدن أيضاً في تدهور الأراضي الزراعية وتحويل استخدامات الأراضي بشكل غير رسمي خارج نطاق الخطط الحضرية.

السياسات

المناطق الصناعية (مصر)

أدى إنشاء مناطق صناعية في الشرق الأوسط وشمال أفريقيا إلى تسهيل حصول الشركات على الأراضي. وكما هو الحال في العديد من مناطق العالم الأخرى، هناك توجه في المنطقة نحو الإجراءات التدخلية المتعلقة بالسياسات لخلق مناطق جغرافية من شأنها جذب الاستثمارات وخلق فرص العمل، وذلك بمساعدة حوافز المالية العامة في بعض الأحيان. وفي بلدان العالم النامية، وبالإضافة إلى تسهيل تركز الأنشطة في التجمعات، يتمثل أحد الدوافع الأساسية الهامة لإنشاء هذه المناطق في السماح بتجميع الأراضي اللازمة لأنشطة الصناعات التحويلية الإنتاجية وخدمتها.[5] وتعد مصر على الأرجح البلد الذي لديه أكبر برنامج للمناطق الصناعية في المنطقة. ولكن منذ إطلاقها في سبعينيات القرن الماضي، حققت مصر نجاحا متفاوتا حيث واجهت بعض مناطقها الصناعية صعوبة في اجتذاب الاستثمارات (البنك الدولي 2006، 2009). وباستخدام قاعدة بيانات مدعومة ببيانات جغرافية للمناطق الصناعية المصرية أعدها لهذا التقرير كورسي وآخرون (قيد الإصدار) يبين الشكل 4-5 أن المناطق الصناعية في مصر يجري إنشاؤها على نحو متزايد بعيدا عن المدن. ويظهر تحليل البيانات نفسها أن 12 منطقة من تلك التي أنشئت منذ منتصف التسعينيات تقع على بعد أكثر من 100 كيلومتر (وأحيانا أكثر من 200 كيلومتر) من المدن التي يقطنها 200 ألف نسمة أو أكثر. وتوضح هذه النتيجة على الأرجح اتجاه الحكومة المصرية إلى استخدام الأراضي الصحراوية التي تملكها في إنشاء المناطق الصناعية ويمكنها بسهولة أكبر تحويلها إلى استخدام صناعي، وبالتالي تجنب الصراعات الطويلة حول ملكية الأراضي واستخدامها. كما يوضح اتجاها متزايدا إلى إنشاء مناطق صناعية في مناطق نائية، ربما بهدف خلق فرص عمل في المناطق التي لم تحظ بنصيب كاف من التنمية، بعد إعطاء الأولوية لإنشاء مناطق صناعية في مناطق أكثر كثافة سكانية على مدى العقود السابقة.

الشكل 4-5 المناطق الصناعية المصرية، حسب المسافة من المدن التي يزيد عدد سكانها على 200 ألف نسمة، وعام الإنشاء، 1927–2020

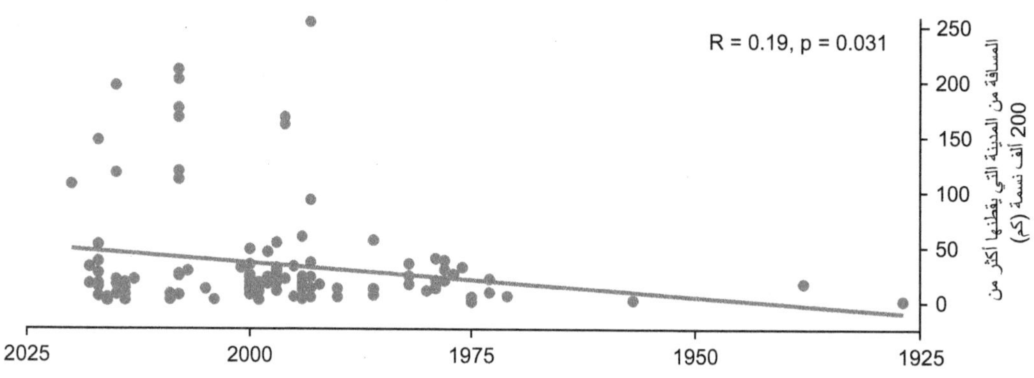

المصدر: حسابات المؤلفين، استناداً إلى كورسي وآخرين. (قيد الإصدار).
ملحوظة: يبين الرسم البياني مسافة المناطق الصناعية إلى أقرب مدينة يقطنها أكثر من 200 ألف نسمة مقارنة بسنة إنشائها. كم = كيلومتر.

الشكل 4-6 معدل الاستفادة من المناطق الصناعية المصرية، حسب المسافة من المدن التي يزيد عدد سكانها على 200 ألف نسمة والمدة الزمنية منذ إنشائها

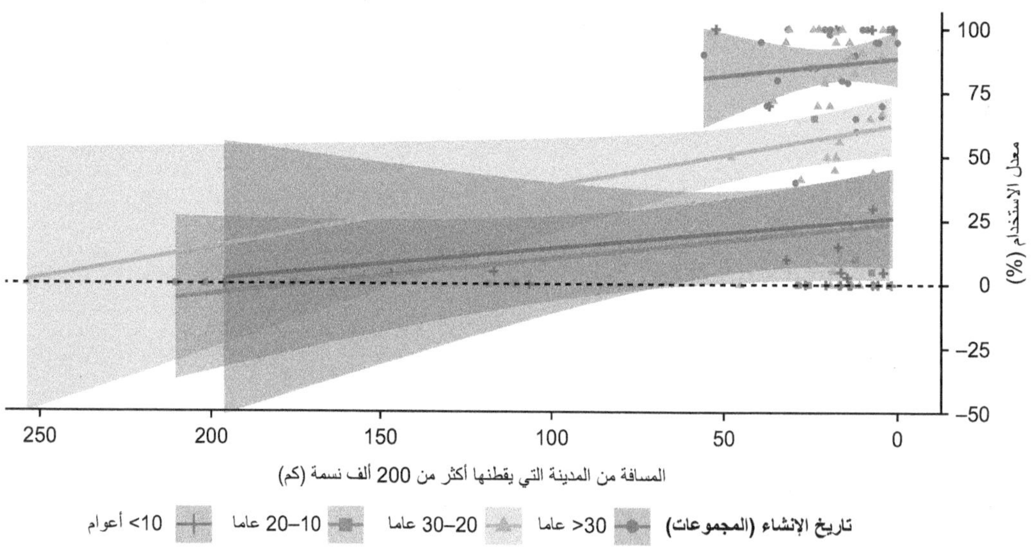

المصدر: حسابات المؤلفين، استناداً إلى كورسي وآخرين. (قيد الإصدار).
ملحوظة: يبين الرسم البياني معدل استخدام المناطق الصناعية المعرف بأنه نسبة الأراضي في منطقة صناعية مشغولة بشركات بناء على المسافة من أقرب مدينة يقطنها أكثر من 200 ألف نسمة. والمناطق الصناعية مجمعة وفقاً لعدد السنوات التي مرت على إنشائها. ويتم تمثيل تناسب وفترة ثقة مقدارها 95% لكل مجموعة. كم = كيلومتر.

ومع ذلك، فإن معظم المناطق الصناعية مشغولة جزئيا فقط، مع ازدياد معدل الاستخدام (النسبة المئوية للأراضي في منطقة تشغلها الشركات) في المناطق الصناعية القريبة من المدن. وكما هو مبين في الشكل 4-6، فإن المناطق الصناعية الواقعة على بعد أقل من 50 كيلومترا من مدينة يزيد عدد سكانها على 200 ألف نسمة يبلغ معدل استخدامها حوالي 56%، في حين أن معدل الاستخدام يقل عن 10% في المناطق الصناعية الواقعة على بعد أكثر من 150 كيلومترا من مدينة يقطنها أكثر من 200 ألف نسمة. ويوضح الشكل 4-6 أيضاً أن المناطق الصناعية تحتاج إلى الكثير من الوقت لاجتذاب الشركات، وأن مناطق المشروعات نادرا ما تشغل بالكامل. ويبلغ معدل إشغال المناطق الصناعية التي أنشئت قبل أقل من 10 سنوات في المتوسط حوالي 22%، في حين يبلغ نحو 86% للمناطق الصناعية التي أنشئت قبل أكثر من 30 عاما. في الواقع، حتى المناطق الصناعية المقامة منذ وقت

طويل قد تشغل جزئيا فقط إذا كانت تقع بعيداً عن المدن. فعلى سبيل المثال، أنشئت منطقة صناعية مبينة في الشكل 4-6 قبل 25 عاماً على بعد حوالي 175 كيلومترا من مدينة يقطنها أكثر من 200 ألف نسمة، لكن نسبة الإشغال فيها لا تتعدى النصف حتى الآن. وتؤكد هذه الملاحظات التحليل الأساسي لهذا التقرير الذي يكشف أن موقع وتاريخ الإنشاء هما مؤشران إحصائيان لمعدل استخدام المنطقة الصناعية. ولعل الدرس الرئيسي المستفاد من هذا التقييم هو أن تجميع العمالة - الذي تتطلبه مثل هذه المجموعات من الشركات - ليس مجديا ببساطة عندما تكون هذه المناطق منفصلة مكانيا عن المدن والأسواق.

ضريبة الأراضي الشاغرة (السعودية)

وكان الهدف من تطبيق ضريبة الأراضي الشاغرة في السعودية في عام 2016 هو زيادة المعروض من قطع الأراضي في المدن الكبيرة، وتحسين القدرة على تحمل تكاليف الإسكان، وتثبيط السلوكيات الاحتكارية في المناطق الحضرية. ولطالما دار النقاش حول انتشار الأراضي الشاغرة (ما يسمى بالأراضي البيضاء) في المدن السعودية، لا سيما في ضوء الطلب المتزايد على الأراضي الحضرية، الذي يعزى جزئيا إلى الزيادة المطردة في عدد سكان الحضر (1.7% سنويا منذ عام 2000). وفي عام 2010، قدرت دراسة مؤثرة عن الإسكان في الرياض أن 77% من أراضي المدينة كانت معطلة، مما أثار جدلا حادا في الصحافة الشعبية ودعوات إلى اتخاذ إجراءات حكومية. وأعلن رد المملكة في عام 2013 بمشروع قانون من مجلس الشورى يقترح ضريبة الأراضي الشاغرة التي أصبحت سارية في عام 2016 وطبقت على أربع مدن رئيسية (الرياض وجدة والدمام والخبر). وفرضت الضريبة البالغة 2.5% على قطع الأرض المعطلة التي تبلغ مساحتها 10 آلاف متر مربع. وقرب نهاية عام 2020، تم الإعلان عن مرحلة ثانية من هذه السياسة وسَّعت من نطاق معايير الأهلية الضريبية. وهي تغطي الآن الأراضي المعطلة التي تبلغ مساحتها 10 آلاف متر مربع أو أكثر بغض النظر عن عدد مالكي قطعة الأرض، وكذلك قطع الأراضي المملوكة لنفس المالك والتي عند تجميعها يبلغ مجموع مساحتها 10 آلاف متر مربع أو أكثر.[6]

وزاد إجمالي مساحة مبيعات الأراضي وعدد المعاملات زيادة كبيرة في المدن المستهدفة خلال مرحلة إعداد سياسة ضريبة الأراضي البيضاء في المناطق التجارية والسكنية على حد سواء. ويبين الشكل 4-7 إجمالي مساحة الأراضي المخصصة تجارياً (اللوحة أ) والأراضي المخصصة سكنياً (اللوحة ب) التي بيعت كل شهر في المدن الأربع المستهدفة بعد إعلان السياسة في عام 2013 (الخط الرأسي المتقطع). وكما هو متوقع، يظهر الشكل بوضوح أن قدراً كبيراً من الأراضي قد بيع قبل تنفيذ هذه السياسة في عام 2016 (الخط الرأسي المتواصل)، وهو ما لم يحدث في المدن غير المستهدفة (غير مبينة في الشكل). وللمزيد من التفاصيل، انظر البحوث الأساسية التي أجريت لأجل هذا التقرير والتي بحثت الأثر السببي لهذه السياسة على مبيعات الأراضي بمرور الوقت في مقارنة مبيعات الأراضي الشهرية في المدن المستهدفة وغير المستهدفة بمرور الوقت (الخويطر وسيلود وسوماهورو، قيد الإصدار). وتؤكد النتائج الأولية للدراسة وجود أثر سببي كبير ترقباً لفرض الضريبة (وفقاً لما يشير إليه الشكل 4-7) وزيادة إضافية في مبيعات الأراضي بعد الإعلان عن المعايير الضريبية الأوسع نطاقا وتنفيذها في نهاية عام 2020 (المرحلة الثانية). وكان تأثير المرحلة الثانية منصباً في الغالب على قطع الأراضي الصغيرة، مما يوحي بأن ملاك الأراضي الكبار قسموا قطع الأراضي قبل بيعها في السوق.

الشكل 4-7 إجمالي المساحة المبيعة قبل وبعد تطبيق ضريبة الأراضي الشاغرة في أربع مدن، السعودية

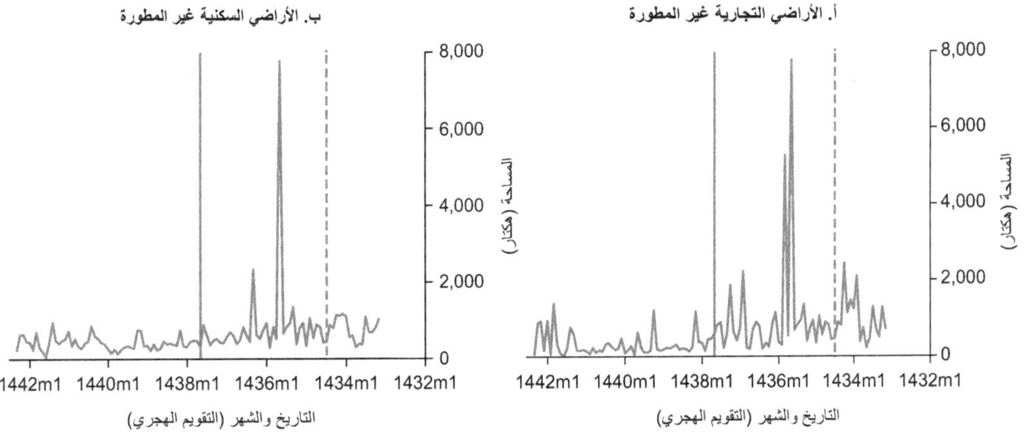

المصدر: حسابات المؤلفين، استناداً إلى البيانات المقدمة من وزارة العدل السعودية.

ملحوظة: يشير الخط الرأسي المتقطع إلى تاريخ تطبيق السياسة الضريبية في عام 2013 (1434 هجرياً). ويشير الخط الرأسي المتواصل إلى تاريخ تنفيذ السياسة الضريبية في عام 2016 (1437 هجرياً).

المرفق 4أ: توزيع الأراضي الزراعية

يعرض الشكل 4أ1- منحنيات لورينز لتوزيع "حيازات الأراضي" (المزارع) والأراضي باستخدام بيانات من البرنامج العالمي للتعداد الزراعي التابع لمنظمة الأغذية والزراعة (الفاو 2020)، حيث يبين النسبة التراكمية للأراضي المستخدمة حسب النسبة التراكمية للمزارع. وتمتاز منحنيات لورنز لدول مجلس التعاون الخليجي (لا سيما السعودية وقطر) بكونها الأقرب إلى الزاوية اليمنى السفلى، مما يشير إلى بروز المزارع الشاسعة (كما هو الحال في دول مجلس التعاون الخليجي) التي تشغل جزءا كبيرا جدا من الأرض. وعلى العكس من ذلك، فإن الجزائر ومصر والمغرب وتونس تمتاز منحنيات لورنز لديها بكونها أبعد من الزاوية اليمنى السفلى، مما يشير إلى وجود العديد من المزارع الصغيرة التي تشغل نسبة كبيرة من الأرض إجمالا.

الشكل 4أ-1 توزيع الأراضي الزراعية، منطقة الشرق الأوسط وشمال أفريقيا، سنوات مختلفة

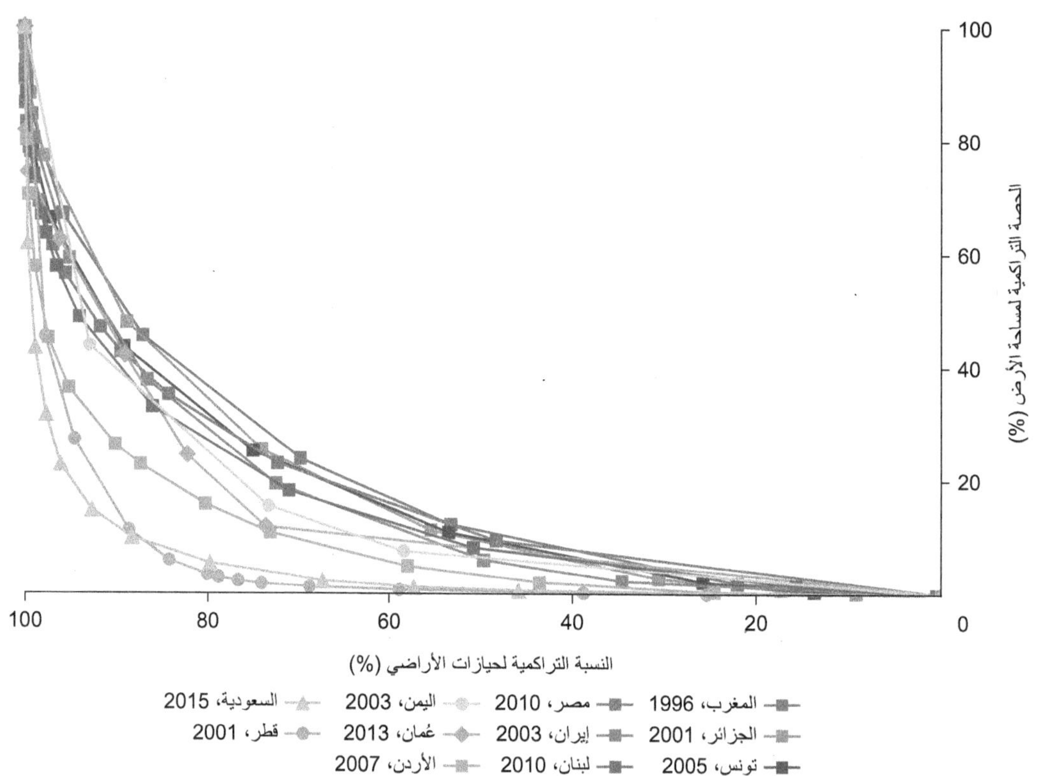

المصدر: منظمة الأغذية والزراعة 2020.
ملحوظة: يعكس الرسم البياني أحدث البيانات المتاحة.

ملحوظات

1. يمكن تعريف سوء تخصيص الأراضي على أنه وضع لا يتوفر فيه تخصيص أمثل للأراضي. وفي أي اقتصاد لا يوجد فيه سوء تخصيص، يتم تحقيق المساواة بين المنتجات الهامشية للمدخلات فيما بين كيانات الإنتاج، مثل الشركات أو المزارع، بحيث لا تكون هناك زيادة في الإنتاج إذا أعيد تخصيص المدخلات عبر كيانات الإنتاج. وأي تخصيص خلاف التخصيص المتسم بالكفاءة – حتى لو تم تخصيص المزيد من العوامل لكيانات أكثر إنتاجية – سيولد مخرجات إجمالية أقل. وتقاس تكلفة سوء التخصيص عادة بالخسارة في إجمالي الإنتاجية الكلية لعوامل الإنتاج أو المخرجات، مقارنة بوضع تكافؤ المنتجات الهامشية. للاطلاع على دراسات أساسية عن سوء التخصيص، انظر أولي وبيكس (1996) شيي وكليناو (2009). وللاطلاع على دراسات عن سوء تخصيص الأراضي في سياقات مختلفة، انظر آداموبولوس وريستوتشا (2019)؛ علي ودينينجر ورونشي (2019)؛ بيسلي وبورجيس (2000)؛ دورانتون وآخرين (2015)؛ جلايزر (2014)؛ جلايزر وورد (2009)؛ أولدنبرج (1990)؛ ريستوتشا وسانتيولاليا - لوبيس (2017)؛ سود (2019). وللاطلاع على ملخص موجز، انظر ريستوتشا (2020).

2. وعادة ما يكون هذا المؤشر أعلى بكثير في البلدان الأعضاء في منظمة التعاون والتنمية الاقتصادية. فعلى سبيل المثال، يصل إلى 46% في فرنسا، و60% في الولايات المتحدة، و64% في المملكة المتحدة.

3. بطبيعة الحال، يمكن أن تخفي هذه الأرقام أيضاً قدراً من سوء الإبلاغ لتجنب فرض الضرائب.

4. من الصعب الحصول على أرقام عن نسبة المساكن الرسمية. وفي عام 1996، قدر أن 27% فقط من المساكن يمكن اعتبارها رسمية في القاهرة، وتشير التقديرات الأخيرة إلى أن هذا الرقم أقرب إلى 10%.

5. في البلدان المتقدمة، حيث يعزى انخفاض إخفاقات الأسواق إلى صعوبة الحصول على الأراضي، هناك نقاش حول مدى نجاح المناطق الصناعية. ويشير بعض الخبراء الاقتصاديين إلى أن التكتل يمكن تحقيقه على نحو أكثر كفاءة عندما يترك للشركات وليس لقرارات السلطات العامة. وللاطلاع على استعراض للسياسات القائمة على المكان، بما في ذلك المناطق الاقتصادية الخاصة، انظر دورانتون وفينابلز (2018).

6. قلصت هذه المعايير الأوسع نطاقا إستراتيجيات التجنب (مثل تقسيم قطع الأراضي بين أفراد الأسرة).

المراجع

Adamopoulos, T., and D. Restuccia. 2019. "Land Reform and Productivity: A Quantitative Analysis with Micro Data." NBER Working Paper w25780, National Bureau of Economic Research, Cambridge, MA.

Ali, D. A., K. Deininger, and L. Ronchi. 2019. "Costs and Benefits of Land Fragmentation: Evidence from Rwanda." *World Bank Economic Review* 33 (3): 750–71.

Alkhowaiter, M., H. Selod, and S. Soumahoro. Forthcoming. "Unlocking Idle Land." Background paper prepared for this report, World Bank, Washington, DC.

Besley, T., and R. Burgess. 2000. "Land Reform, Poverty Reduction, and Growth: Evidence from India." *Quarterly Journal of Economics* 115 (2): 389–430.

Corsi, A., M. Elgarf, M. Nada, H. Park, and H. Selod. Forthcoming. "Industrial Zones in Egypt—An Assessment." Background paper prepared for this report, World Bank, Washington, DC.

Duranton, G., E. Ghani, A. Grover, and W. Kerr. 2015. "The Misallocation of Land and Other Factors of Production in India." Policy Research Working Paper 7221, World Bank, Washington, DC.

Duranton, G., and A. J. Venables. 2018. "Place-Based Policies for Development." Policy Research Working Paper 8410, World Bank, Washington, DC.

FAO (Food and Agriculture Organization). 2020. "World Programme for the Census of Agriculture." FAO, Rome. https://www.fao.org/world-census-agriculture/en/.

Glaeser, E. L. 2014. "Land Use Restrictions and Other Barriers to Growth." Cato Institute, Washington, DC.

Glaeser, E. L., and B. A. Ward. 2009. "The Causes and Consequences of Land Use Regulation: Evidence from Greater Boston." *Journal of Urban Economics* 65 (3): 265–78.

Hsieh, C. T., and P. J. Klenow. 2009. "Misallocation and Manufacturing TFP in China and India." *Quarterly Journal of Economics* 124 (4): 1403–48.

Oldenburg, P. 1990. "Land Consolidation as Land Reform, in India." *World Development* 18 (2): 183–95.

Olley, G. S., and A. Pakes. 1996. "The Dynamics of Productivity in the Telecommunications Equipment Industry." *Econometrica: Journal of the Econometric Society* 64 (6): 1263–97.

Restuccia, D. 2020. "The Impact of Land Institutions and Misallocation on Agricultural Productivity." *The Reporter*, No. 1, March. National Bureau of Economic Research, Cambridge, MA. https://www.nber.org/reporter/2020number1/impact-land-institutions-and-misallocation-agricultural-productivity.

Restuccia, D., and R. Santaeulalia-Llopis. 2017. "Land Misallocation and Productivity." NBER Working Paper 23128, National Bureau of Economic Research, Cambridge, MA.

Sood, A. 2019. "Land Market Frictions and Manufacturing in India." Working paper, University of Michigan, Ann Arbor.

USAID (US Agency for International Development). 2010. "USAID Country Profile—Property Rights and Resource Governance—Yemen." https://www.land-links.org/wp-content/uploads/201609//USAID_Land_Tenure_Yemen_Profile-1.pdf.

World Bank. 2006. *Arab Republic of Egypt. Public Land Management Strategy. Volume II: Background Notes on Access to Public Land by Investment Sector: Industry, Tourism, Agriculture and Real Estate Development.* Washington, DC: World Bank.

World Bank. 2009. "Reassessing the State's Role in Industrial Land Markets." In *From Privilege to Competition: Unlocking Private-Led Growth in the Middle East and North Africa.* Washington, DC: World Bank.

الفصل الخامس

تحديات وخيارات سياسات الأراضي في منطقة الشرق الأوسط وشمال أفريقيا

مقدمة

ترسم الصورة المنبثقة عن هذا التقرير ملامح أزمة إقليمية تلوح في الأفق نابعة من تزايد ندرة الأراضي، وقضايا السيادة والأمن في مجال الغذاء، والنمو السكاني السريع، والصراع، وتوترات المجتمع المدني. وكما هو مبين في الفصول السابقة، فإن هذه القضايا والاتجاهات المتفاقمة الكامنة وراءها تتفاقم بسبب ضعف حوكمة الأراضي، بما في ذلك التفاوتات بين الجنسين في الحصول على الأراضي. ومع ذلك، لا تواجه جميع بلدان المنطقة القضايا بالشدة نفسها. وبالتالي، يبدأ الفصل باقتراح تصنيف يحدد مجموعات البلدان وفقاً لمدى هذه التحديات. وفيما يتعلق بمجالات السياسات ذات الأولوية المحددة في التقرير وفي ضوء التصنيف القُطْري، يناقش الفصل بعد ذلك السياسات التي طبقتها بلدان منطقة الشرق الأوسط وشمال أفريقيا وخيارات السياسات التي ينبغي النظر فيها للمضي قدما في الأمدين القصير والطويل.

تصنيف التحديات حسب البلدان

كشف تحليل إحصائي أن بلدان منطقة الشرق الأوسط وشمال أفريقيا يمكن أن تُصنّف حسب شدة التحديات التي تواجهها في حوكمة الأراضي وندرتها، مع ما لذلك من تبعات على خياراتها على صعيد السياسات (المرفق 5أ). وتستند التصنيفات إلى بعدين أو مكونين إجماليين رئيسيين: (1) ضعف الحوكمة والضغوط الديموغرافية و(2) توافر الأراضي. ويرصد المكون الأول بشكل رئيسي كيفية أداء البلدان فيما يتعلق بحوكمة الأراضي، مقيساً بمؤشر إدارة الأراضي لتقرير ممارسة أنشطة الأعمال؛ والفجوة بين الجنسين، مقيسة بمؤشر عدم المساواة بين الجنسين لبرنامج الأمم المتحدة الإنمائي؛ وتحدي النمو السكاني في المستقبل، مقيساً بالزيادة في عدد السكان بحلول عام 2050 حسب توقعات الأمم المتحدة.[1] ويرصد المكون الثاني بشكل رئيسي مدى توافر الأراضي الزراعية، مقيساً بتقديرات نصيب الفرد من الأراضي المحصولية والأراضي غير المزروعة المتبقية التي يمكن استخدامها في الزراعة البعلية.[2]

ويبين الشكل 5-1 درجات البلدان على امتداد هذين البعدين الإجماليين. والنتيجة اللافتة للنظر هي أن التصنيف يجمّع البلدان حسب القرب الجغرافي. والفئات الثلاث الرئيسية هي كما يلي:

- الربع الأيسر السفلي. يشمل هذا الربع البلدان التي تواجه ندرة شديدة في الأراضي وقدرة محدودة على الاستجابة للطلب المتزايد المتوقع على الأراضي من النمو السكاني المستقبلي. ومع ذلك، فهي البلدان الأكثر ثراء، وعادة ما تكون لديها حوكمة جيدة نسبيا للأراضي وأقل نسبياً في التفاوت بين الجنسين. وتتألف هذه المجموعة من دول مجلس التعاون الخليجي الست ومالطة. وعلى الرغم من ضرورة مواصلة جهود الحوكمة (خاصة فيما يتعلق بالشفافية وإدارة الأراضي العامة)،

سيتعين على هذه البلدان وضع خطة عمل (تستند إلى تحليلات اجتماعية واقتصادية وبيئية قوية) لمعالجة المفاضلات الإستراتيجية لاستخدام أراضيها.

- الربع الأيمن العلوي. على العكس من ذلك، يضم هذا الربع بلداناً يزيد فيها توافر الأراضي نسبياً (وإن كانت لا تزال نادرة)، لكنها تعاني من ضعف حوكمة الأراضي وتفاوتات شديدة بين الجنسين. ويحتوي هذا الربع على بلدان المغرب العربي (مع وجود تونس خارج حدود هذا الربع قليلاً بسبب نموها السكاني الأقل نسبياً من المتوقع) وكذلك مجموعة البلدان المكونة من العراق وإيران وسوريا. ويمكن أيضاً إضافة لبنان إلى هذه الفئة بسبب ضعف درجاته في الحوكمة وكونه خارج الربع بسبب تراجع عدد سكانه المتوقع (وهو ما يتناقض تناقضاً صارخاً مع بقية بلدان المنطقة). وعلى الرغم من أن هذه البلدان تواجه في العادة قضايا أقل مأساوية فيما يتعلق بندرة الأراضي، فإنها ستظل بحاجة إلى الاستجابة للطلب على الأراضي من النمو السكاني وإحراز تقدم كبير في حوكمتها.
- الربع الأيمن السفلي. تعاني البلدان في هذه المجموعة من ضعف حوكمة الأراضي، وارتفاع التفاوتات بين الجنسين، والارتفاع البالغ في النمو السكاني المتوقع، والندرة الشديدة للأراضي. ويضم هذا الربع بلداناً في منطقة البحر الأحمر (مصر وجيبوتي واليمن) وكذلك الضفة الغربية وقطاع غزة. وتعد أزمة ندرة الأراضي التي تلوح في الأفق في هذه الاقتصادات هي الأكثر وضوحا والأكثر تحديًا لأن ضعف حوكمة الأراضي في هذه البلدان، على النقيض من دول مجلس التعاون الخليجي، يحول دون الاستجابات الفورية المتسمة بالكفاءة. ويقع الأردن في الربع نفسه على الرغم من التقدم الذي أحرزه في مجال الحوكمة؛ بسبب ارتفاع التفاوتات بين الجنسين، وارتفاع النمو السكاني المتوقع، والندرة النسبية للأراضي. وبالنسبة للبلدان في هذا الربع، سيكون تحسين حوكمة الأراضي مع معالجة مفاضلات الأراضي أمراً بالغ الأهمية. ومع ذلك، لا يمكن التصدي لتحدي ندرة الأراضي بفعالية إذا لم يتم تحسين حوكمة الأراضي (على سبيل المثال، تعد المعرفة بحصر الأراضي شرطاً أساسياً لاتخاذ قرارات مستنيرة بشأن استخدام الأراضي وتخصيصها). غير أن الإصلاحات الشاملة، وإن كانت مطلوبة، قد تكون غير عملية، ومن المرجح أن تكون النُهج التدريجية أكثر جدوى.

وتناقش الأقسام التالية بالتفصيل كيف يمكن للإصلاحات في قطاع الأراضي أن تساعد مجموعات البلدان على التصدي للتحديات التي نوقشت في هذا التقرير، وتحديد الإصلاحات الممكنة على المدى القصير والإصلاحات التي ستتطلب التزاماً سياسياً قوياً ولا يمكن تحقيقها إلا على المدى الأطول.

الشكل 5-1 تصنيف بلدان منطقة الشرق الأوسط وشمال أفريقيا وفقا لتوافر الأراضي، وضعف حوكمة الأراضي، والضغوط الديموغرافية

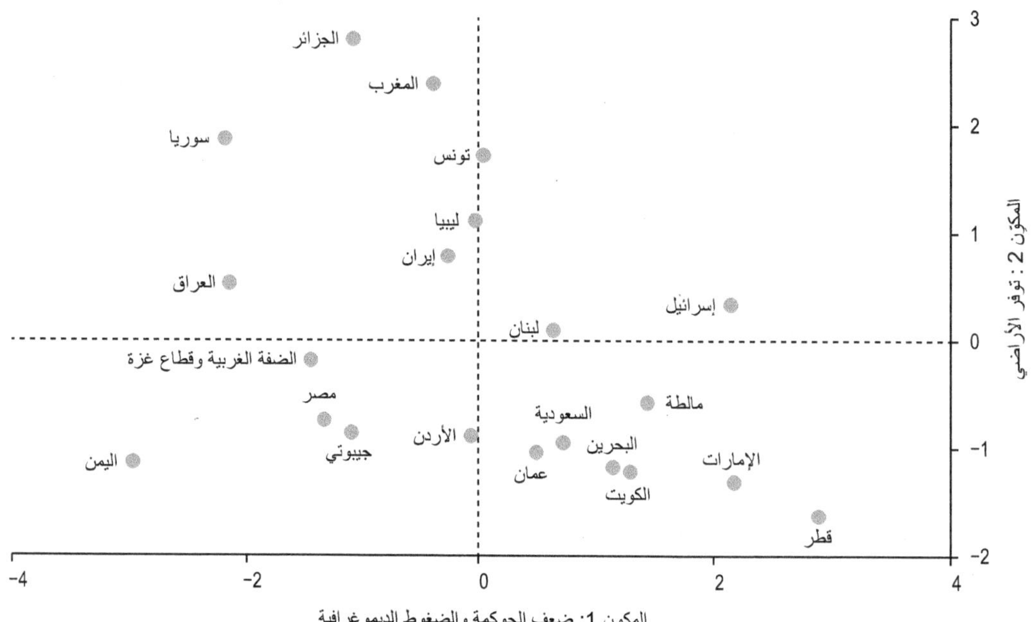

المصدر: البنك الدولي.
ملحوظة: هذا التصنيف القُطْري هو نتيجة تحليل المكون الرئيسي الوارد في المرفق 5أ. ويربط المحور الأفقي القيم الإيجابية بالبلدان ذات الحوكمة الضعيفة والضغوط الديموغرافية القوية. ويربط المحور الرأسي القيم الإيجابية بالبلدان التي تكون فيها الأراضي أكثر توافراً نسبياً. الدوران: فاريماكس متعامد. انظر الشكل 1-4 للاطلاع على رموز البلدان.

تحسين إدارة الأراضي وحيازتها

يتوقف اتخاذ قرارات مستنيرة وتحسين تخصيص الأراضي واستخدامها على تحديث إدارة الأراضي. ومن شأن تقييم الفجوات والقيود في القدرات الفنية والمالية والتشغيلية أن يساعد كل بلد على تحديد مدى الإصلاحات المطلوبة وماهية خطة العمل المجدية. وقد نفذت السياسات الرامية إلى تحديث إدارة الأراضي في دول الخليج، وتجري دراستها أو صياغتها في مصر والأردن ولبنان والمغرب وتونس والضفة الغربية وقطاع غزة.

وقد حقق الأردن تقدماً كبيراً منذ عام 1995 في استكمال تسجيل معظم الأراضي الخاصة،[3] ورقمنة جميع السجلات، وتقديم الخدمات عبر الإنترنت، وتوحيد اختصاصات إدارة الأراضي الخاصة والمملوكة للدولة على حد سواء. وعلى الرغم من هذه النجاحات، لا يزال الأردن يواجه تحديات، لا سيما سوء تحديد وتوثيق أراضي الدولة (التي تشكل 80% من مجموع الأراضي) وإدارتها، وعدم الوضوح بشأن الحقوق العرفية، على نحو أدى إلى انعدام أمن الحيازة على نطاق واسع (الوكالة الأمريكية للتنمية الدولية 2018).

ومن الأمثلة على الجهود المتجددة مؤخراً نحو التحديث "خريطة الطريق لإصلاح قطاع الأراضي الفلسطينية" التي اعتمدتها السلطة الفلسطينية في عام 2017.[4] وتجدر الإشارة إلى أن السياسة الفلسطينية تحاول تطبيق نهج شامل ومتعدد أصحاب المصلحة لإصلاح قطاع الأراضي، بما في ذلك تحقيق الاستفادة المثلى من استخدام الأراضي، واكتمال تسجيل الأراضي، وتحسين الخدمات المقدمة للمواطنين، وإدارة أراضي الدولة على نحو يتسم بالكفاءة والشفافية. وقد أظهرت التجارب العالمية في تحديث إدارة الأراضي أن هذا النهج الشامل والالتزام السياسي الطويل الأجل شرطان أساسيان للنجاح. ولكن على الرغم من هذا النهج، تظل القدرات الفنية والمالية والتشغيلية الكافية تشكل عقبات يتعين معالجتها في كثير من الأحوال.

أما بالنسبة للأطر القانونية، فلا تزال هناك تحديات مهمة أمام مواءمتها مع حاجة الاقتصادات الحديثة، والحد من تعقيدات أنظمة حيازة الأراضي، وتشجيع التقارب بين النظامين القانوني والعرفي. وتتطور الأنظمة العرفية في اتجاه نحو تفريد ملكية الأراضي/خصخصتها. وفي المغرب، بدأت عملية "التمليك" منذ أواخر ستينيات القرن الماضي لتحويل الأراضي الريفية المشاعة إلى أراض خاصة فردية (ملك). ومع ذلك، لم تحقق هذه العملية حتى الآن نجاحاً يذكر بسبب مشكلات التنسيق المؤسسي، وصعوبات التعامل مع الملكية المشتركة، واستبعاد النساء من الاستفادة من هذه العملية (كما هو وارد لاحقاً في هذا الفصل). وثمة مثال آخر لسياسة الحكومة لتبسيط الحيازة وهو تفريد ملكية/خصخصة الأراضي مثل إلغاء الأردن في عام 2019 لصفة الأراضي الميري القانونية (أراضي الدولة التي تحمل حقوق استخدام خاص) وتحويلها إلى أراضي مُلك (أراض خاصة). وكان الغرض الرئيسي هو تسهيل المعاملات العقارية في المناطق التي توسعت فيها المدن وحصلت فيها القبائل الرئيسية على حقوق الاستخدام هذه.

وكانت الإصلاحات لازمة أيضاً لدمج الوظائف الرئيسية لتنظيم شؤون الأراضي وإدارتها، وهي الوظائف التي تشهد تجزؤاً في الوقت الراهن. ويؤدي دمج هذه الوظائف إلى زيادة اتساق المعلومات المتعلقة بالأراضي (مواءمة السجلات) وزيادة كفاءة تقديم الخدمات واستخدام الموارد الحكومية. ومن شأن الدمج أيضاً أن يجعل من المرجح وضع نموذج للتمويل الذاتي. والبلدان التي بذلت جهودا لدمج المسؤوليات الرئيسية لإدارة الأراضي (أي التسجيل وسجل الأراضي الممسوحة والتقييم) هي دول مجلس التعاون الخليجي، البحرين وقطر والإمارات، وكذلك الأردن والمغرب. فعلى سبيل المثال، قامت البحرين في عام 2003 بدمج مديرية المساحة التابعة لها مع ديوان تسجيل الأراضي للإشراف على منظومة إدارة الأراضي. ولطالما كان للأردن هيئة واحدة تجمع بين كل هذه المسؤوليات.

وتشير بيانات تقرير ممارسة أنشطة الأعمال إلى أن الدمج المؤسسي يقترن بزيادة كفاءة تقديم الخدمات.[5] فمصر، على سبيل المثال، التي وضعت وظائف سجل الأراضي الممسوحة والتسجيل وإدارة أراضي الدولة في مؤسسات مختلفة، تحتل المرتبة الأدنى حيث يستغرق وقت التسجيل 76 يوماً. وعلى النقيض من ذلك، لا يستغرق التسجيل في الأردن سوى 17 يوماً.[6] ومن الواضح إذن أن معالجة التجزؤ المؤسسي في تنظيم شؤون الأراضي وإدارتها تحقق مكاسب قوية، ولكن في العديد من بلدان منطقة الشرق الأوسط وشمال أفريقيا، يعد التوحيد المؤسسي أجندة طويلة الأجل تتطلب التزاما سياسيا قويا. ويمكن أن يؤدي إيجاد سبل لتبسيط وظائف إدارة الأراضي تدريجيا (مثل تبسيط الإجراءات، وإنشاء نظام الشباك الواحد، وتحسين التشغيل البيني لأنظمة معلومات الأراضي) إلى تحقيق مكاسب على المدى القصير.

تعبئة الإيرادات من الأراضي

يوجد لدى العديد من بلدان المنطقة مجال كبير للاستفادة من الأراضي في توليد الإيرادات من خلال فرض الضرائب العقارية، لكن محاولات تحقيق ذلك واجهت مقاومة حتى الآن. وسيتطلب المضي قدما معالجة العقبات الفنية والسياسية – لا سيما استكمال السجلات، وتطوير بنية تحتية للتقييم، وتحسين قدرات الإدارة الضريبية، والحد من الإعفاءات الضريبية إلى أدنى حد ممكن. وفي المغرب، إلى جانب إسرائيل، حيث تشكل الضرائب العقارية أعلى نسبة مئوية من إجمالي الناتج المحلي في منطقة الشرق الأوسط وشمال أفريقيا، تحجم الحكومة عن زيادة العبء الضريبي الكلي، ولا تقبل كثيرا زيادة الضريبة العقارية التي لا يمكن تعويضها بتخفيضات في الضرائب الأخرى. ومن الأمثلة الأخرى على هذه المخاوف مصر التي حاولت زيادة قاعدتها الضريبية

في عام 2008 بقانون ينص على فرض غرامة على المالكين الذين لم يعلنوا عن ممتلكاتهم لمصلحة الضرائب العقارية.[7] وأدت مقاومة القانون إلى تأجيله حتى عام 2014، حيث توسعت في حد الإعفاء. وللتخفيف من أوجه النقص في تحصيل الضرائب العقارية الناشئة عن الإعفاءات، اعتمدت مصلحة الضرائب العقارية سياسة استهداف العقارات عالية القيمة مثل المكاتب ومجمعات الأعمال، مما أدى فعلياً إلى فرض ضريبة ثروة بدلًا من ضريبة عقارية على مستوى البلاد.

وتبرز هذه الأمثلة صعوبة المضي قدماً في توسيع نطاق الضرائب العقارية في منطقة الشرق الأوسط وشمال أفريقيا. ومن بين القضايا الرئيسية ضيق القاعدة الضريبية الناجم عن انخفاض مستويات التسجيل، والإعفاءات العديدة، وانعدام الشفافية، وهو ما يولد عدم الثقة، والتصورات عن عدم الإنصاف، وعدم الامتثال. وعلى المدى القصير، يمكن للبلدان مراجعة وتخطيط توسيع قواعدها الضريبية، والاعتماد على تحسين الاتصالات بشأن الإصلاحات الضريبية لتحسين ثقة الجمهور في الضرائب، وتحسين توجيه الإعفاءات الضريبية والمستفيدين من الإعفاء الضريبي (تخفيضها إلى الحد الأدنى)، وزيادة قدرات الإدارة الضريبية. وعلى المدى الأطول، سيؤدي تحسين التسجيل إلى زيادة القاعدة الضريبية وإتاحة إمكانية خفض أسعار الضريبة وإقامة نظام أكثر إنصافاً للضرائب العقارية استناداً إلى القيم السوقية.

وينبغي تطبيق مبادئ سوق الأراضي على تقييم الأراضي وفرض الضرائب عليها، وبالتالي زيادة توليد الإيرادات وجعل النظام الضريبي أكثر إنصافاً. وبدلاً من ذلك، يقوم العديد من حكومات المنطقة حالياً بفرض الضرائب على القيمة الدفترية (انظر الفصل الثاني). ولا تزال هناك حاجة إلى إصلاحات لمواءمة تقييم العقارات مع قيم السوق والحد من التشوهات الناجمة عن الإعفاءات الضريبية (لا سيما على الأراضي الشاغرة) في المنطقة، ولكن لا تجري دراستها إلا في عدد قليل من البلدان. وفي الضفة الغربية وقطاع غزة، يجري اتخاذ الخطوات الأولى لتطوير البنية التحتية لتقييم العقارات استنادا إلى القيمة السوقية. ويدرس لبنان أيضاً نظاما للتقييم الجماعي يستند إلى سوق العقارات الأساسية في البلاد. وتتمثل الأولويات، في الأجل القريب، في بناء المهارات والقدرات اللازمة للتقييم، وتوضيح الاختصاصات الممنوحة للمؤسسات المسؤولة، والاتساق مع معايير التقييم المعترف بها دولياً. ويمكن للبلدان بعد ذلك أن تبدأ في تجربة جمع بيانات الأراضي وتطوير أنظمة معلومات عن الأراضي تتيح إجراء عمليات تقييم جماعية وفردية. وستتكبد الاستثمارات في البنية التحتية للتقييم تكاليف ضخمة لبدء التشغيل، لكن ستكون لها منافع كبيرة وطويلة الأجل وواسعة النطاق للاقتصادات من خلال تحسين أداء أسواق الأراضي والرهون العقارية، وتحسين إدارة الأراضي، وزيادة إنتاجية الاستثمارات العامة، وإقامة أنظمة ضريبية أكثر إنصافا، وزيادة الشفافية والمساءلة، وتحسين توليد الإيرادات للحكومات.

وبخلاف الضرائب العقارية، يمكن لبلدان المنطقة الاستفادة من اعتماد مجموعة متنوعة من أدوات تحصيل قيمة الأراضي. ويمكن أن تتيح هذه الأدوات خيارات تمويلية للاستثمارات في البنية التحتية بطرق تتسم بالكفاءة (فهي تتيح استهداف المستفيدين المباشرين من الاستثمارات عن طريق إسهامهم على نحو يتناسب مع منافعهم) ومنصفة (مع قيام الحكومات باسترداد بعض منافع استثماراتها). وفي بعض بلدان المنطقة، تنص القوانين بالفعل على مجموعة متنوعة من أدوات تحصيل قيمة الأراضي مثل رسوم التحسين، ورسوم التنمية، وضريبة زيادة قيمة الأراضي (على سبيل المثال، في مصر ولبنان والضفة الغربية وقطاع غزة). لكن، هذه الأدوات لا تُنفذ فيما يبدو إلا نادراً. فعلى سبيل المثال، تفرض مصر رسوما مقابل التحسين منذ عام 1955،[8] لكن لم يطبق هذه الرسوم سوى عدد قليل من المحافظات. وتتمثل الأسباب الفنية الرئيسية في صعوبات تحديد القيم السابقة واللاحقة وتحصيل الرسوم ذاتها. وبالتالي، سيكون استخدام هذه الأدوات هدفا أطول أجلا بالنسبة للبلدان التي ستحتاج أولا إلى إنشاء أنظمة فعالة لتقييم الأراضي.

تحسين إدارة الأراضي العامة

ينبغي لبلدان المنطقة وضع سياسات توضح الأهداف التي يتعين تحقيقها من خلال إدارة الأراضي العامة، والسعي إلى زيادة كفاءة تخصيص واستخدام الأراضي العامة بناء على تقديرات التكاليف/المنافع، والاستفادة من الأراضي العامة في تحقيق الإيرادات. ولا تزال إعادة توزيع الأراضي العامة للوفاء بالعقد الاجتماعي أمرا محوريا في بعض بلدان المنطقة، وغالبا ما يكون ذلك استمرارا لآليات التخصيص التقليدية. غير أن إعادة توزيع الأراضي على هذا النحو، الشائع جداً في البلدان المنتجة للنفط والغاز، تسفر عن تخصيص للأراضي غير فعال وغير مستدام، لا يُنفذ لتحقيق أهداف إدارة الأراضي أو التنمية، وربما أثار سخطاً اجتماعياً. ففي عُمان، على سبيل المثال، حفز النمو السكاني السريع الذي بدأ في سبعينيات القرن الماضي سياسة القرعة الحكومية التي تمنح كل مواطن عماني الحق في دخول القرعة وفي نهاية المطاف الحصول على حقوق استخدام قطعة أرض. وقد تعرضت سياسة القرعة للانتقاد لإسهامها في الزحف العمراني غير المستدام (لا سيما حول العاصمة مسقط)، مما يتطلب التنقل باستخدام السيارات (وبالتالي الإسهام في انبعاثات الغازات الدفيئة)، واستهلاك كميات كبيرة من الطاقة والمواد والموارد المكانية.

ويتطلب النهج الموصى به لإدارة الأراضي إعادة النظر في الممارسات الراسخة التي تعامل الأراضي باعتبارها موردا حرا لإعادة توزيع الخدمات العامة أو تقديمها دون النظر في التكلفة (الاقتصادية والبيئية والاجتماعية). كما يتطلب معاملة الأراضي والعقارات العامة كمحفظة أصول لتحقيق الاستفادة المثلى منها. وتزداد أهمية إدارة الأراضي العامة بكفاءة بسبب ارتفاع مستوى

ملكية الدولة وندرة الأراضي في منطقة الشرق الأوسط وشمال أفريقيا. وينبغي أن تعطي الجهات التي تهدف إلى تحسين إدارة الأراضي العامة الأولوية لإنشاء أو استكمال قوائم حصر الأراضي العامة، في إطار تطوير أنظمة إدارة معلومات الأراضي، مع تحسين قدرات المؤسسات على إدارة الأصول. كما ينبغي لها أن تعتمد آليات أكثر شفافية ومدفوعة باعتبارات السوق لتخصيص الموارد، مثل المزادات، بدلا من القرعة أو التخصيص المباشر. وهذا الأخير أقل كفاءة لأنه قد يخفق في تخصيص الأراضي لأفضل استخدام، ويقلل من إمكانية تحقيق إيرادات عامة (انظر، على سبيل المثال، البنك الدولي 2006أ، 2006ب). وعلى المدى الأطول، ستتطلب الإدارة الفعالة للأراضي العامة تنسيقاً أفضل بين المؤسسات التي تتحكم بالأراضي وتخصيصها، فضلاً عن مستوى ما من لامركزية وظائف إدارة الأراضي.

وينبغي لبلدان المنطقة أن تنظر في السعي إلى إقامة شراكات بين القطاعين العام والخاص من أجل تنمية الأراضي العامة أو تقديم خدمات الأراضي، وهو ما سيتطلب في بعض البلدان إصلاحات تشريعية. ومن شأن هذا النهج أن يساعد على الحد من أوجه القصور، وتخفيف القيود المالية، وزيادة القدرة على الحصول على رأس المال، وخفض تعرض الحكومة للمخاطر من خلال تقاسم مخاطر الاستثمار مع القطاع الخاص. ووفقاً لمنظمة التعاون والتنمية الاقتصادية، لا تلجأ بلدان المنطقة بوجه عام إلى الشراكات بين القطاعين العام والخاص بسبب المخاطر الكبيرة التي يتعرض لها القطاع الخاص من جراء الانخراط في مثل هذه الترتيبات. وتشمل العوامل عدم وجود إطار قانوني كاف للشراكات بين القطاعين العام والخاص، وافتقار الحكومات إلى الخبرة والدراية في إنشاء هذه الشراكات، والمخاطر المالية والتعاقدية (منظمة التعاون والتنمية الاقتصادية، بدون تاريخ). وفضلاً عن ذلك، قد لا تكون الأراضي الحكومية المقترحة لمثل هذه المشروعات في الموقع الأمثل، مما يقلل من جدوى المشروعات وجاذبية الشراكات بين القطاعين العام والخاص. ومع ذلك، فثمة أمثلة على نجاح الاستفادة من القطاع الخاص في البلدان التي لديها بيئة مواتية للشراكة بين القطاعين العام والخاص. ومن الأمثلة البارزة على ذلك الإمارات، حيث دخلت دائرة الأراضي والأملاك في دبي في شراكة مع عشرات الأطراف الفاعلة في القطاع الخاص للنهوض بمبادرات التطوير العقاري وتحسين خدمات تسجيل الأراضي. وبالنسبة للخدمات العامة، هيأت الحكومة البيئة المواتية الضرورية من خلال قانون الشراكة بين القطاعين العام والخاص لعام 2015 الذي ينص على إطار قانوني يحدد السياسات والمعايير لمشاركة القطاع الخاص في تقديم الخدمات العامة.

ويتعين على بلدان الشرق الأوسط وشمال أفريقيا التي اعتمدت سياسات استصلاح الأراضي الصحراوية في مواجهة ندرة الأراضي أن تعيد تقييم ما إذا كانت هذه النُهُج مستدامة على المدى الأطول. حيث يعد استصلاح الأراضي الصحراوية إحدى الإستراتيجيات التي تستخدمها حكومات المنطقة لتلبية الطلب المتزايد على الأراضي (السكنية والصناعية والزراعية). واستصلحت الجزائر ومصر والأردن والمغرب والسعودية الأراضي الصحراوية لأغراض الزراعة. ولجأت البحرين وقطر إلى استصلاح الأراضي الصحراوية لبرامج الإسكان لاستيعاب النمو السكاني في المناطق الحضرية. وفي مصر، كان استصلاح الأراضي الصحراوية في صميم جهود التنمية المكانية التي ظلت على مدى عقود تستخدم الأراضي الصحراوية للمناطق الصناعية والمدن الجديدة (تم بناء 22 مدينة حتى الآن والتخطيط لحوالي 20 مدينة أخرى).[9]

وقد حقق هذا النهج المتمثل في النمو في الصحراء نجاحاً محدوداً حيث تناضل المناطق الصناعية والمدن الجديدة لاجتذاب الوظائف والناس (انظر التحليل الوارد في الفصل الرابع). كما أثار مخاوف بشأن العوامل الخارجية البيئية، والانفصام عن التخطيط الحضري المتكامل، وبطء وتيرة التحول المكاني الناتج عن هذه الاستثمارات الضخمة، واستبعاد الشرائح الأفقر من المجتمع.[10] ففي الأردن، أدى استصلاح الأراضي القاحلة وشبه القاحلة إلى صراعات كبيرة بين الدولة والقبائل المحلية التي تدعي ملكيتها للأرض (النبر ومولي 2016). وقد تكون هذه التحديات مؤقتة حيث يستغرق التحول المكاني وقتاً طويلاً، أو قد تستمر بسبب الافتقار إلى البيئة المواتية المطلوبة (مثل البنية التحتية التي تربط المناطق الصناعية في الصحراء بالأسواق أو ربط المدن الجديدة بالوظائف، كما تم تحليله في هذا التقرير). كما أنها تعكس الاستهداف الخاطئ، مثل اختيار المواقع البعيدة للمناطق الصناعية أو مستويات دخل السكان الذين سيسكنون في المدن الجديدة. والقضية الرئيسية هي أن استصلاح الأراضي غالباً ما يستخدم لتجنب حل القضايا المتعلقة بالمضاربة على الأراضي والنقص المصطنع في الأراضي في المناطق الحضرية القائمة. ومن الأسهل كثيراً بناء منازل جديدة في الصحراء، حيث لا توجد في العادة مشكلات تتعلق بالملكية، بدلاً من حل القضايا الهيكلية التي أسهمت في تحديات ملكية الأراضي في المدن القائمة. وقد أدى اختيار المضي قدما في الاستصلاح إلى بداية الزحف العمراني وارتفاع تكاليف الطاقة والموارد لتزويد المناطق الصحراوية الجديدة بالخدمات (أبو بكر ودانو 2020).

وبالمثل، ينبغي لأيٍ من بلدان المنطقة التي تنخرط في استصلاح الأراضي من البحر استجابة لندرة الأراضي أن تقيم بعناية قضايا الاستدامة المرتبطة بهذا النهج. وقد استثمرت دول مجلس التعاون الخليجي بكثافة في استصلاح الأراضي باتجاه البحر (أي بناء مسطحات أرضية اصطناعية في البحر)، من أجل مشروعات إنمائية محددة في الغالب مثل جزر النخيل في دبي، وكذلك مثل مسجد الحسن الثاني في المغرب. لكن على الرغم من أن الجزر الاصطناعية في كل من دبي وأبو ظبي ساعدت، في أعقاب تراجع احتياطيات النفط وعائداته، في تعزيز القطاع العقاري في الإمارات وتنويع النشاط الاقتصادي، من خلال السياحة مثلا، فإنها تثير مخاوف بيئية. وتشمل هذه المخاوف تآكل السواحل بسبب تعطل المجاري المائية والآثار السلبية على التنوع البيولوجي البحري والنظم الإيكولوجية الأصلية للساحل في كلتا الإمارتين.

وبوجه عام، فإن سياسات استصلاح الأراضي في منطقة الشرق الأوسط وشمال أفريقيا، سواء في الصحراء أو في البحر، لم يكن لها دائماً آثار تحويلية كبيرة. فبدلاً من ذلك، بدا أنها ثاني أفضل البدائل للمعالجة المباشرة لقضايا التنمية الرئيسية في المناطق العمرانية القائمة. وتشمل هذه القضايا تطوير المناطق غير الرسمية، وتحسين البنية التحتية، وضمان تحسين الخدمات، وخدمة الأهداف الاقتصادية الأخرى بشكل غير مباشر مثل إتاحة فرص الادخار للطبقتين العليا والمتوسطة من خلال الاستثمار العقاري، وتعزيز فرص العمل في الإنشاءات والتطوير العقاري، وتحقيق الإيرادات العامة. وتمثل سياسات استصلاح الأراضي أيضاً استجابة دون المستوى الأمثل لنقص الأراضي اللازمة لمبادرات التنمية، بالنظر إلى آثارها البيئية وأوجه القصور الناشئة عن الزحف العمراني، وربما قدمت عوائد ضعيفة للمستثمرين من الطبقة المتوسطة والخزانة العامة. ومن الأفضل توجيه الموارد المستخدمة نحو الاستثمار في المناطق العمرانية القائمة.

إدارة الأراضي الزراعية: السياسات والأهداف الإستراتيجية

أتاحت السياسات الراسخة في بلدان الشرق الأوسط وشمال أفريقيا، التي تخدم السيادة الغذائية وأهداف الأمن الغذائي، حوافز لزيادة استخدام الأراضي في الإنتاج الزراعي المحلي بطرق غير مستدامة وينبغي إعادة النظر فيها. وقد اعتمدت هذه السياسات في سياق تناقص الاكتفاء الذاتي[11] وقابلية التأثر بالتقلبات المتنامية في أسعار السلع الأولية بالأسواق الدولية. وفي الوقت نفسه، أسهمت هذه السياسات في زيادة مساحة الأراضي التي انتقلت إلى الزراعة وتحويل خيارات المحاصيل نحو أصناف كثيفة الاستخدام للمياه، مما أدى إلى تفاقم نضوب المياه وتدهور الأراضي وغير ذلك من العواقب البيئية (فاريس وأبو زيد 2009). ففي مصر، على سبيل المثال، أدت سياسات الاكتفاء الذاتي الغذائي إلى بصمة مائية كبيرة ناجمة عن إنتاج محاصيل مثل القمح التي تتطلب كميات كبيرة من المياه (عبد القادر وآخرون. 2018). ويمكن معاينة اتجاه مماثل لإنتاج القمح وغيره من المحاصيل كثيفة الاستخدام للمياه في تونس والمغرب.[12] وفي ضوء التوقعات بأن تنضب شبكة مكامن المياه الجوفية العربية في غضون الفترة المقبلة التي تتراوح بين ثلاثة عقود و14 عقداً (البنك الدولي، قيد الإصدار)، يلزم استجابة عاجلة على مستوى المنطقة لضمان استخدامات أكثر استدامة للأراضي.

ويمكن تلبية الطلب على الغذاء بطرق أكثر استدامة من خلال الجمع بين الإنتاج الزراعي الأكثر كفاءة في الداخل، والاعتماد على الاستثمارات الزراعية في الخارج، واستيراد المواد الغذائية من البلدان التي تواجه ضغوطاً أقل على الأراضي والمياه. والواقع أن الاتجاه السائد في المنطقة تمثل منذ وقت طويل في زيادة الاعتماد على الواردات. فقد زادت حصتها من المواد الغذائية المتأتية من السوق الدولية أربعة أضعاف، من 10% في 1961 إلى 40% بعد نصف قرن، ومن المتوقع أن تستمر في الزيادة (لو موال وشميت 2018).[13] وتستفيد الواردات الغذائية من موارد البلدان المصدرة، مما يساعد المنطقة على التوفير في استخدام الأراضي واستهلاك المياه.[14]

وفي معظم البلدان، لم يبذل الكثير لتحسين استدامة الإنتاج المحلي، مع استمرار البلدان في مواصلة تقديم الدعم للمياه والزراعة، ولم تفعل البلدان الكثير للتخفيف من الهدر الغذائي الكبير في المنطقة[15] أو لتحسين كفاءة إنتاج الغذاء،[16] الذي من شأنه أن يزيد من توافر الغذاء دون أن يؤدي إلى تفاقم استهلاك الأراضي والمياه. وستكون هذه الخيارات أقل تكلفة وأكثر استدامة بكثير من التوسع في الإنتاج.

و السعودية هي البلد الوحيد في المنطقة الذي يتخذ تدابير جذرية لمعالجة استدامة استخدام الأراضي الزراعية. ففي عام 2008، فرضت حظراً على إنتاج القمح في محاولة للحفاظ على مواردها المائية.[17] وأدى الحظر إلى خفض مساحة إنتاج القمح بأكثر من 75% (والإنتاج المحلي للقمح بنفس النسبة). وطُبِّق الحظر مع القبول بزيادة كبيرة في واردات القمح (الشكل 5-2). غير أنه تم الرجوع في الحظر جزئياً منذ ذلك الحين لاستيعاب المزارعين الصغار والمتوسطين. وتبرهن الحالة السعودية على أن اتخاذ مثل هذه التدابير للحد من الاستخدامات غير المستدامة للأراضي يعد أحد الخيارات، لكنها تؤكد ضرورة معالجة آثارها الاجتماعية أو المعارضة التي ستلقاها من جانب الفئات المتضررة عند التنفيذ. ونظراً لأن التخفيف قد حدث في سياق تراجع عائدات النفط، فإنه يبرز المخاوف بشأن خيارات السياسات المعتمدة على قدرة البلد المعني على تمويل الواردات الغذائية الضخمة على المدى الطويل.

كما دفعت الضغوط الرامية إلى الحد من الاعتماد على المواد الغذائية العديد من البلدان إلى الاستحواذ على مساحات كبيرة من الأراضي أو تأمينها في بلدان أفريقيا جنوب الصحراء، مثل إثيوبيا، لإنتاج السلع الأولية وإعادة تصديرها مرة أخرى إلى البلد المستثمر (أرزقي وبوجمانز وسيلود 2018). غير أن هذه الاستثمارات خلقت توترات بشأن إمكانية الحصول على الأراضي والمياه في بلدان المقصد، وخاصة في ظل مجتمعات محلية غالباً ما تفتقر إلى حقوق الملكية المعترف بها، وربما طردتهم الحكومات المستفيدة من أراضيهم لصالح الاستثمارات الأجنبية (ياجرسكوج وكيم 2016). واستجابة لهذه الشواغل، وضع المجتمع الدولي مجموعات من المبادئ لتوجيه هذه الاستثمارات بطرق أكثر استدامة واحتراماً لمصالح المجتمعات المحلية.[18]

الشكل 2-5 المساحة التي تم حصادها من القمح وواردات القمح، السعودية، 1961–2018

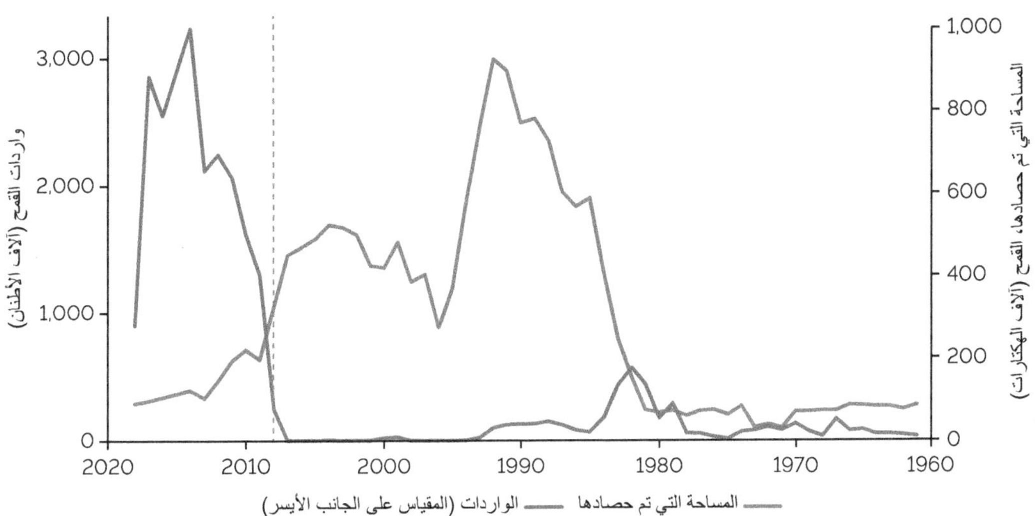

المصدر: حسابات المؤلفين، استناداً إلى منظمة الأغذية والزراعة، قاعدة البيانات الإحصائية لدى الفاو (لوحة بيانات)، /http://www.fao.org/faostat.
ملحوظة: يمثل الخط الرأسي المتقطع سَن حظر إنتاج القمح في عام 2008.

تعتبر المسائل المتعلقة بما إذا كان ينبغي الحفاظ على الأراضي الزراعية أم استصلاح الأراضي الصحراوية لأغراض الزراعة وإلى أي مدى، مسائل مهمة على صعيد السياسات لدى العديد من بلدان المنطقة بسبب تكلفة هذه السياسات ووتيرة تدهور الأراضي الناجم عن تغير المناخ. وفي المناطق شبه الحضرية، نشأت توترات من تحويل الأراضي الزراعية شبه الحضرية إلى أراض حضرية، حيث اتخذت بعض الحكومات إجراءات لحماية الأراضي الزراعية. ويفترض هذا النهج ضمنياً أن أسواق الأراضي لا تحقق نتيجة مرغوبة اجتماعياً من خلال تفضيل الاستخدام السكني على الاستخدام الزراعي. وينبغي تقدير منافع وتكلفة تحويل الأراضي، وأن يكون ذلك محركاً لأهداف السياسات وقرارات تخطيط الأراضي. ويساعد تحقيق قفزات نوعية في التوسع الحضري في الصحراء على الحفاظ على الأراضي الزراعية النادرة في المناطق شبه الحضرية واحتواء الازدحام في المدن القائمة، غير أن لها تكلفة اقتصادية واجتماعية وبيئية ينبغي تقديرها. ولا يزال استصلاح الأراضي لأغراض التنمية الحضرية وكذلك الزراعة مدرجا إلى حد كبير على جدول أعمال بلدان مثل مصر، حيث يهدف المشروع القومي لاستصلاح الأراضي والزراعة لعام 2015 إلى زيادة الأراضي الزراعية بنسبة 20%. لكن التجارب السابقة أظهرت أن هذه المبادرات ليست باهظة التكلفة فحسب، بل تزيد أيضاً من الضغوط على الموارد المائية، وتذكي التوترات بشأن إمكانية الحصول على المياه.[19] وفي ضوء الآثار المتوقعة لتغير المناخ والتوسع الحضري الخارج عن السيطرة، من غير المرجح أن يكون استصلاح الأراضي قادراً على عكس اتجاه التصحر وتدهور الأراضي على المدى الطويل.

وتشير الاتجاهات الحالية في ندرة الأراضي والمياه إلى ضرورة أن تتغلب بلدان المنطقة على اعتمادها المتزايد على الواردات الغذائية وأن تضع آليات كافية لإدارة مواطن الضعف ذات الصلة. ولكي تستمر زيادة الواردات الغذائية على المدى الطويل، يجب أن تكون مصحوبة بإجراءات تضمن الجدوى المالية والاجتماعية على حد سواء. ولدفع تكاليف زيادة الواردات الغذائية، سيتعين على تلك البلدان زيادة الدخل من خلال الصادرات وإعطاء الأولوية لتنويع النشاط الاقتصادي. ونظراً لأن الاعتماد على الواردات ينطوي على قابلية التأثر بالصدمات التي تؤثر على الإنتاج الدولي وأسعار السلع الزراعية، فإن شبكات الأمان على هيئة تحويلات نقدية أو مساندة عينية يمكن أن تساعد في حماية الفقراء من هذه الصدمات. وقد يساعد التخزين الإستراتيجي للإنتاج الزراعي، وإن كان مكلفاً، البلدان على تخفيف الصدمات العالمية التي يتعرض لها الإنتاج الزراعي.

ولا يزال تجزؤ الأراضي الزراعية الناجم عن سياسات إعادة توزيع الأراضي، أو تقسيم قطع الأراضي بعد الميراث، مشكلة شائعة في منطقة الشرق الأوسط وشمال أفريقيا، خاصة في الجزائر ومصر والمغرب وتونس. وقد حققت السياسات الحالية التي تسعى إلى توحيد الأراضي من خلال التعاونيات نجاحاً متفاوتاً بسبب القيود المعلقة على الأصعدة الاجتماعية والقانونية والفنية والمتعلقة بالقدرات. وينبغي النظر في خيارات السياسات الأخرى، مثل البنوك العقارية، التي ثبت نجاحها في سياقات أخرى. فقد حاولت بعض البلدان معالجة تجزؤ الأراضي عن طريق تجميعها في تعاونيات يمكنها تحقيق وفورات الحجم في الإنتاج الزراعي. ففي إيران، على سبيل المثال، سعت سياسة الحكومة إلى تشجيع إنشاء تعاونيات للمزارعين من خلال حملات التوعية والحوافز

المالية.[20] بيد أن نجاح التعاونيات كان محدوداً بسبب القيود الاجتماعية والاقتصادية والفنية، بما في ذلك إحجام المزارعين عن التخلي عن الأراضي، ولا سيما قطع الأراضي التي ورثوها، فضلاً عن صعوبة تنفيذ تجميع الأراضي في مناطق معينة نظرا لعدم مراعاة تجميع المياه في التصميم (عبد الله زاده وآخرون 2012؛ وشتي 2006).

وتجدر الإشارة إلى أنه لم يتم السعي في منطقة الشرق الأوسط وشمال أفريقيا إلى تحقيق التجميع على نطاق واسع باستخدام أدوات تكميلية يمكن أن تكون بمثابة أدوات وسيطة في عملية تجميع الأراضي. وأحد الأمثلة على ذلك هو البنوك العقارية، التي أثبتت نجاحها نسبياً في سياقات أخرى، كما هو الحال في بعض بلدان أوروبا الشرقية في فترة ما بعد المرحلة الاشتراكية. وقد انطوت محاولات أخرى للتخفيف من تجزؤ الأراضي في الشرق الأوسط وشمال أفريقيا على نُهُج تشريعية لتفادي التجزؤ المفرط. فعلى سبيل المثال، وضع المغرب حدودا لتقسيم الأراضي بحد أدنى 5 هكتارات داخل المناطق المروية. وخارج المنطقة، طبقت تركيا نهجاً مماثلاً، حيث ينص قانون الحفاظ على التربة واستخدام الأراضي على حد أدنى لحجم المزرعة ويحظر تقسيم الأراضي دون الحد عن طريق الميراث أو البيع. وقد أثبت النهج التركي نجاحه إلى حد ما – إذ تشير التقديرات إلى عدم خضوع 700 ألف هكتار للتقسيم، ونقل 6.4 ملايين قطعة أرض إلى ورثة دون تقسيم (الفاو 2014). وتركز جميع هذه النُهُج التي تعالج التجزؤ على تسهيل انتقال الأراضي. ويمكن أن تصاحبها إجراءات تدخلية لضمان أن تتاح لأصحاب الأراضي فرص بديلة لتوليد الدخل توفر لهم حوافز لاستئجار أرضهم أو بيعها بدلاً من التمسك بها.

الاستجابة لاحتياجات المناطق الحضرية من الأراضي

من الضروري تحسين حوكمة الأراضي وزيادة كفاءة تعبئة الأراضي العامة لتحفيز أسواق الأراضي وزيادة المعروض الرسمي من الأراضي لأغراض التنمية الحضرية. وستتطلب تعبئة الأراضي العامة سياسة واضحة بشأن إدارة تلك الأراضي، وتحديد أفضل استخدام محتمل لرصيد الأراضي العامة، وسبلا فعالة لإتاحة جزء من هذا الرصيد للاستثمار. وفي الوقت نفسه، يتناقص رصيد الأراضي العامة في المواقع المناسبة للتنمية الحضرية، مما يشير إلى أن النموذج التقليدي للاعتماد على الأراضي العامة لأغراض التنمية الحضرية يواجه تحديات خطيرة. وفي كثير من الحالات، أدى تقلص توافر الأراضي العامة إلى اختيار مواقع دون المستوى الأمثل للتنمية الحضرية، وخاصة للمساكن الاقتصادية (كما هو الحال في العراق والأردن والسعودية) وتدخلات لنقل العشوائيات (كما هو الحال في مصر والمغرب وتونس). وقد أسهم هذا الوضع في عدم كفاءة التنمية المكانية. واضطرت برامج الإسكان الاقتصادي إلى الانتقال إلى أطراف المدن دون ربطها بشبكة البنية التحتية، مما أدى إلى تفاقم الزحف المكاني، وصعوبات في تقديم الخدمات، وفرض ضغوط على شبكات النقل، وخلق آثار ضارة على البيئة. وبالإضافة إلى ذلك، فإن الاتجاه إلى اختيار خيارات مكانية دون المستوى الأمثل يمثل تحايلاً على الحل الصعب لقضايا حيازة الأراضي في المدن القائمة، مما يؤدي إلى تفضيل الإنشاءات الجديدة على التطوير. وللتغلب على هذه التحديات، سيتعين على حكومات المنطقة إيجاد نماذج بديلة يمكنها تعبئة الأراضي الخاصة إلى حد أكبر من أجل التنمية الحضرية. وسيتطلب ذلك إدخال تحسينات كبيرة على حوكمة الأراضي لتوضيح أوضاع حيازة الأراضي وحقوق الملكية، وإنشاء البنية التحتية الملائمة للتقييم السوقي للأراضي، ومعالجة مسألة الأراضي المعطلة. وهذه التدابير ضرورية لا لتحفيز إمدادات الأراضي الرسمية لتلبية الاحتياجات العمرانية فحسب، بل أيضاً لضمان أن تصبح عمليات تحويل الأراضي لأغراض الاستخدام العمراني أكثر شفافية وإنصافاً.

وهناك حاجة إلى نُهُج مصممة خصيصاً لمعالجة القضية المشتركة المتعلقة بالأراضي الشاغرة. فهناك عدة بلدان في المنطقة تواجه مفارقة وجود مساحات كبيرة من الأراضي غير المطورة في مدنها ونقصاً في المساكن. وفي الواقع، أدت الأراضي الشاغرة إلى تفاقم نقص الأراضي في المناطق الحضرية، مما أدى إلى ارتفاع أسعار العقارات (انظر على سبيل المثال حالة رام الله في الضفة الغربية). وتتصدى السعودية، التي تواجه مشكلة مماثلة، لذلك من خلال فرض ضرائب على الأراضي الشاغرة (انظر التحليل الوارد في الفصل الرابع). وتحذو دول مجلس التعاون الخليجي الأخرى حذوها أو تخطط لذلك (الكويت وعمان).

ويواجه العديد من بلدان المنطقة أيضاً مشكلة الوحدات السكنية الشاغرة. ففي الأردن، تعزى هذه الظاهرة في جانب منها إلى السياسات الضريبية الحالية التي تفرض ضرائب عقارية أقل على الوحدات السكنية الشاغرة، وهو ما قد يكون أسهم في تحقيق معدل شغور يقدر بنسبة 18% من معروض المساكن بالبلد (البنك الدولي 2018). ومن ثم، يلزم تنسيق المعدلات الضريبية للوحدات الشاغرة والمشغولة (مع فرض ضرائب على الوحدات الشاغرة بالمعدل ذاته المفروض على الوحدات المشغولة أو أعلى) وينبغي أن يكون ذلك ممكناً على المدى القصير. غير أن فرض الضرائب على الأراضي الشاغرة والوحدات السكنية الشاغرة يواجه معارضة قوية. فقد كان من المتوخى فرض ضريبة على العقارات السكنية الشاغرة في مصر، ولكن المحكمة الدستورية العليا اعتبرتها غير دستورية بحجة أن الضريبة مرتفعة للغاية وستكون معادلة لشكل من أشكال المصادرة.[21]

ويتطلب التغلب على معارضة فرض الضرائب على الأراضي الشاغرة أو الوحدات السكنية الشاغرة تحسين التواصل مع الجمهور العام وسلطات الدولة بشأن المنافع العامة وعدالة النهج الضريبي للحد من الشواغر. ومع ذلك، قد يكون من الصعب تطبيق العقوبات الضريبية عندما يغيب الوضوح بشأن ملكية الأراضي وافتقار الإدارة الضريبية إلى القدرات اللازمة. وفي حالة

الأراضي الشاغرة، فإن العقوبات الضريبية حتى وإن كانت ممكنة، قد لا تكون كافية لتحفيز البناء لأن هناك عقبات أخرى قد تعوق التطوير العقاري، مثل صعوبة الحصول على تراخيص البناء أو نقص التمويل اللازم للتطوير العقاري. وتتطلب معالجة هذه الأسباب الأخرى للأراضي الشاغرة إجراءات تدخلية أخرى لحوكمة الأراضي – من بينها إدخال تحسينات على اللوائح التنظيمية لاستخدام الأراضي لتشجيع عمليات تطوير الجيوب العمرانية، وفي إدارة الأراضي بغية تخفيض التكاليف المرتبطة بنقل ملكية العقارات وتطويرها، وفي تخطيط الأراضي في المناطق الحضرية بشكل عام، بما في ذلك تحسين إدارة الأراضي العامة في المواقع الرئيسية. ومن الممكن أيضاً أن تساعد الإجراءات التدخلية الأخرى خارج قطاع الأراضي في الحد من الأراضي الشاغرة. فعلى سبيل المثال، من شأن سياسات الاقتصاد الكلي التي تحفز الائتمان، أو تجتذب الاستثمار، أو توفر خيارات ادخار بديلة للأسر أن تشجع على البناء وردع الاحتفاظ بالأراضي لأغراض المضاربة. ومن المرجح أن يكون نهج السياسات الذي يجمع بين هذه الأدوات المالية والتنظيمية أكثر فعالية.

وسيكون من الضروري أيضاً زيادة المعروض الرسمي من الأراضي وتمكين أسواق الأراضي الرسمية من العمل بكفاءة أكبر من أجل تحسين قدرة الشركات على الحصول على الأراضي. واعتمدت حكومات المنطقة نُهُجاً مختلفة لتسهيل الحصول على الأراضي في المناطق التي يمكن للشركات التجمع فيها. ففي مصر، على سبيل المثال، تشجع الحكومة المناطق الصناعية منذ أواخر الثمانينيات، ولكن مع تحقيق نتائج غير ملحوظة. وقد استجاب إنشاء مناطق صناعية على الأراضي العامة إلى حد ما للصعوبات التي تواجهها الشركات في الحصول على مساحات كافية من الأراضي الرسمية بتكلفة معقولة، لكن التنفيذ الأكثر نجاحاً سيتطلب تحسين المواقع (انظر التحليل الوارد في الفصل الرابع)، وتحسين البنية التحتية للخدمات، وتحسين إدارة هذه المناطق، بما في ذلك من خلال الشراكات بين القطاعين العام والخاص. وبالإضافة إلى تعبئة الأراضي من أجل التجمعات الاقتصادية، يجب أن تظل الإجراءات التدخلية لتوضيح حقوق الملكية وتبسيط إجراءات إدارة الأراضي للشركات للوصول إلى الأراضي أولوية تكميلية رئيسية.

تعزيز تكافؤ فرص حصول النساء والفئات الأولى بالرعاية على الأراضي

ثمة تشجيع على المساواة بين الجنسين في حقوق الأراضي على الصعيد الدولي، وكان هذا التشجيع ملهماً لقيام مبادرات في المنطقة، لكن الأمثلة لا تزال محدودة. فمنذ ستينيات القرن الماضي، كان تحسين حقوق المرأة في الأراضي والملكية جانباً محورياً في الجهود التي يبذلها المجتمع الدولي للحد من الفقر وتمكين المرأة اقتصادياً في منطقة الشرق الأوسط وشمال أفريقيا (المفوضية السامية لحقوق الإنسان وهيئة الأمم المتحدة للمرأة 2013). وفي عام 2000، اعتمدت لجنة حقوق الإنسان التابعة للأمم المتحدة التعليق العام رقم 28 بشأن "المساواة في الحقوق بين الرجال والنساء". وهو تعديل للمادة 3 من العهد الدولي الخاص بالحقوق المدنية والسياسية لعام 1966، يلزم الدول بضمان المساواة في حقوق المرأة في الميراث (مركز حقوق السكن والإخلاء 2006). ودعا إعلان ومنهاج عمل بكين لعام 1995 في المؤتمر الرابع المعني بالمرأة الدول إلى "إتاحة فرص كاملة ومتساوية للمرأة في الحصول على الموارد الاقتصادية، بما في ذلك الحق في الميراث وملكية الأراضي والعقارات". وكانت هذه المبادرات العمود الفقري لجهود الإصلاح التشريعي، بما في ذلك في تونس. وفي الواقع، اقترح رئيس تونس في عام 2018، بناء على توصية لجنة الحرية الفردية والمساواة رفيعة المستوى، مشروع قانون يرسي المساواة بين المرأة والرجل في مسائل الميراث. وعلى الرغم من أن مجلس الوزراء وافق عليه في نوفمبر/تشرين الثاني 2018، فإنه واجه معارضة سياسية قوية ولم يسن قانوناً (تانر 2020).

والبلدان التي أحرزت تقدما قد فعلت ذلك بضغط من المجتمع المدني، ولكنها اتخذت خطوات تدريجية. واستجابة للنداءات الموجهة من بعض شرائح المجتمع المدني، اعتمد العديد من البلدان تدابير لضمان تحسين إمكانية حصول المرأة على الأراضي والتمتع بحقوق ملكية قوية. فعلى سبيل المثال، كانت المناقشات في تونس بشأن ضمان المساواة في حصص الميراث في طليعة المناقشات المدنية على مدى السنوات العشر الماضية (مؤسسة نساء الأورو-متوسط 2018). وفي عام 2011، أدخل الأردن تعديلات تشريعية لتحديد "فترة تهدئة نفوس" مدتها ثلاثة أشهر بعد تسجيل حصص الميراث لا يسمح خلالها بالتخلي عن الحقوق (انظر الفصل الثالث). وفي مصر، وفي أعقاب حملة واسعة النطاق استمرت سنوات من جانب الأطراف الفاعلة في المجتمع المدني، تم إنشاء محاكم للأسرة في عام 2004 لتوفير نظام الشباك الواحد لقضايا الأسرة والأحوال الشخصية، بما في ذلك قضايا الملكية والميراث (انظر الإطار 5-1). وفي عام 2005، عدلت الجزائر قانون الأحوال الشخصية بها للسماح للمرأة بمنح جنسيتها لأطفالها، مع ما لذلك من آثار على ميراث الأرض والممتلكات والحصول على التمويل. وفي المغرب، حققت حركة السلاليات العديد من الإصلاحات التشريعية الملحوظة لصالح المرأة، مثل الاعتراف الرسمي بالمرأة كمستفيدة من التعويضات بعد نقل الأراضي الجماعية (انظر الإطار 5-2). وأخيراً، في إيران، مكن التفسير الاجتهادي للقانون من جانب القائد الأعلى للثورة الإسلامية في عام 2009 من إصلاح القانون المدني لإعطاء المرأة الحق في وراثة الأرض (انظر الإطار 5-3).

الإطار 5-1 إصلاح نظام الميراث في مصر

في ديسمبر/كانون الأول 2017، تولى البرلمان المصري زمام المبادرة في مساندة حقوق المرأة في الميراث في منطقة الشرق الأوسط وشمال أفريقيا، ووافق على تعديلين لقانون المواريث (رقم 77 لسنة 1943) لمعاقبة من يتعمدون منع الورثة (وخاصة النساء) من الحصول على نصيبهم من الميراث. والعقوبة هي السجن لمدة ستة أشهر وغرامة تتراوح بين 20 ألف و100 ألف جنيه مصري أو 1200 - 6 آلاف دولار (المركز المصري لحقوق المرأة 2017). وينبع هذا التغيير الإيجابي من حملة استمرت عامين بقيادة المجلس القومي للمرأة، بما في ذلك الاتحاد النوعي لنساء مصر ومؤسسة المرأة الجديدة، لتوعية 1.2 مليون امرأة ريفية حرمن من حقوقهن في الميراث. وكانت حملة طرق الأبواب جزءاً من الإستراتيجية الوطنية لتمكين المرأة المصرية 2030، التي أطلقها المجلس القومي للمرأة في عام 2017.

المصدر: منظمة التعاون والتنمية الاقتصادية، ومنظمة العمل الدولية، ومركز المرأة العربية للتدريب والبحوث (2020).

الإطار 5-2 التعبئة الاجتماعية للسلاليات من أجل الأراضي الجماعية بالمناطق الريفية في المغرب

في المغرب، بدأت التعبئة الاجتماعية غير المسبوقة للريفيات - السلاليات- كجهد للحصول على حقوق متساوية في الميراث. وأسفر ذلك عن وضع برنامج لنقل الأراضي الجماعية قانونا إلى النساء. وقبل عام 2007، كانت الأراضي الجماعية تنتمي إلى مجموعات الأقارب، وبالتالي لم يكن من الممكن بيعها. غير أن الحق في استخدام الأرض لأغراض الزراعة والاستفادة من حصيلتها نقل عرفيا من الأب إلى الابن. ونظرا لأن 42% من الأراضي في المغرب - أي 12 مليون هكتار - كانت في ذلك الوقت خاضعة للقانون العرفي، فإن هذه الممارسة كان لها وزن اقتصادي مهم. وأدت طبيعة حوكمة الأراضي الجماعية المرتبطة بالنوع الاجتماعي إلى استبعاد النساء من التعويضات، وتعريض الأرامل والنساء غير المتزوجات بشكل خاص للخطر.

وتطلب الأمر عدة سنوات من الحملات التثقيفية والاحتجاجات، في مناطق مثل الرباط والقنيطرة، ودعماً من الجمعية الديمقراطية لنساء المغرب لتغيير الرأي العام بشأن حقوق المرأة في الميراث. وفي عام 2009، اعتمدت الحكومة تعميمين باعتبار النساء مستفيدات من الأراضي الجماعية. وفي عام 2012، تم توسيع نطاق حقوق المرأة في ملكية الأراضي لتشمل الأراضي غير المنقولة. وأخيراً، في أغسطس/آب 2019، صدر القانون رقم 62-17 لمعالجة الأراضي المملوكة للمجتمعات القبلية "العرقية". حيث أكد القانون الجديد على حق المرأة في الاستفادة من أراضيها المتوارثة إلى جانب الرجل. ورسخت الموافقة على القانون خطوة مهمة في الكفاح من أجل المساواة بين الجنسين في حقوق الأراضي التي استمرت على مدى عشر سنوات. وحتى الآن، لم يوزع سوى 128 هكتاراً على 867 امرأة حافظن منذ ذلك الحين على السيطرة على الأرض.

المصادر: القيراط العلام (2020)؛ الناصري (2020).

الإطار 5-3 إصلاح نظام الميراث في إيران

في مايو/أيار 2009، قام البرلمان الإيراني بتعديل المادة 949 من القانون المدني لإعطاء المرأة الحق في وراثة الأرض، وإلغاء القيود المفروضة على نسبة الممتلكات المنقولة التي يمكن للمرأة أن ترثها. وحتى عام 2009، كان يمكن تعويض الورثة من النساء عن قيمة "الأرض والأشجار" دون أن يرثن الأرض نفسها – وهو حكم كان يهدف في البداية إلى إبقاء الأرض داخل الأسر في حالة تزوج الأمهات من جديد. وبسبب معارضة الشخصيات الدينية التي رأت أن التعديل لا يتوافق مع الإسلام، لم يقر البرلمان الإيراني القانون الجديد إلا بعد أن طلب مجلس صيانة الثورة الإسلامية رأيا دينيا (فتوى) من القائد الأعلى للثورة الإسلامية. ولأنه فضل هذا التفسير الديناميكي الجديد (الاجتهاد) للشرع، أصدر آية الله خامنئي الفتوى، واستطاع البرلمان الموافقة على التعديل الذي طلبه المجتمع المدني.

المصدر: مكتبة الكونجرس الأمريكية، "إيران: إنفاذ قانون الميراث الجديد للمرأة"، https://www.loc.gov/item/global-legal-monitor/2009-05-15/iran-new-womens-inheritance-law-is-enforced/#:~:text=%28May%2015%2C%202009%29%20The%20Iranian%20government%20has%20begun,to%20inherit%20all%20forms%20of%20their%20husband%27s%20property.

ويمكن للسياسات الرامية إلى تضييق الفجوة بين الجنسين في الحصول على الأراضي أن تلعب دوراً مهماً في معالجة الاختلالات النظامية الأوسع نطاقاً بين الجنسين في المنطقة. ومع ذلك، وعلى الرغم من ظهور مبادرات ناجحة من أجل التغيير وإصلاح السياسات في جميع أنحاء المنطقة، فإنها غالباً ما تشجع إما من جانب قطاعات صغيرة من المجتمع المدني أو مجموعة فرعية من الأطراف الفاعلة الحكومية، وتفتقر بصفة عامة إلى الدعم من جميع شرائح المجتمع. والواقع أن غالبية المجتمع المدني في معظم البلدان تؤيد تطبيق الشريعة الإسلامية، التي ينظر إليها على أنها داعمة للمرأة وحقوقها. ونتيجة لذلك، يجب على معظم النشطاء العمل مع السلطات الدينية لتنفيذ الشريعة الإسلامية في مسائل الميراث.

وبالإضافة إلى ذلك، غالباً ما تتوقف الإصلاحات على التوصيات الصادرة عن الميثاق العربي لحقوق الإنسان (التي أقرتها جامعة الدول العربية في عام 1994)، والتي تحمي الحق في المساواة للجميع "في ظل التمييز الإيجابي الذي أقرته الشريعة

الإسلامية لصالح المرأة" (مركز حقوق السكن والإخلاء 2006). ووفقاً للجنة المعنية بالقضاء على التمييز ضد المرأة، سيكون من الضروري أن "تطبق، دون تأخير، إستراتيجية شاملة لتعديل أو القضاء على المواقف والقوالب النمطية الأبوية التي تميز ضد المرأة والقضاء عليها. وينبغي أن تشمل هذه التدابير بذل جهود، بالتعاون مع المجتمع المدني وقادة المجتمع ورجال الدين، للتثقيف والتوعية بشأن المساواة الفعلية بين النساء والرجال، وينبغي أن تستهدف النساء والرجال على جميع مستويات المجتمع" (اتفاقية القضاء على جميع أشكال التمييز ضد المرأة 2017). ويمكن محاكاة سياسات مثل تلك التي تم تنفيذها في تونس والأردن والتي تعالج بشكل مباشر التباينات في ميراث الأراضي والعقارات في بلدان في جميع أنحاء المنطقة لتحسين تكافؤ فرص الحصول على الأراضي. وفي ضوء معارضة مثل هذه الإصلاحات، هناك خيار آخر يتمثل في الاستعانة بسياسات الأراضي للحد من أوجه عدم المساواة بين الجنسين حتى وإن لم يعالج ذلك بشكل مباشر أوجه التفاوت في إمكانية الحصول على الأراضي. فعلى سبيل المثال، يمكن أن يتمثل أحد النُهُج في فرض ضرائب على الذكور المستفيدين من تخلي الإناث عن الأراضي من أجل تمويل المبادرات الرامية إلى تعزيز تمكين المرأة (من خلال، على سبيل المثال، الحصول على التعليم والرعاية الصحية).

المرفق 5أ: تصنيف بلدان منطقة الشرق الأوسط وشمال أفريقيا - قضايا الأراضي

كشف التحليل الوارد في هذا التقرير أن بلدان المنطقة تشترك مع بعضها مع بعض وتختلف تبعا لسياقاتها الاقتصادية والمؤسسية والجغرافية والديموغرافية. ويمكن قياس هذه الأبعاد لكل بلد من خلال تطبيق المؤشرات التالية ذات الصلة: الثروة الوطنية (مقيسة بنصيب الفرد من إجمالي الناتج المحلي)، وجودة مؤسسات الأراضي (مقيسة بمؤشر جودة إدارة الأراضي لتقرير ممارسة أنشطة الأعمال)، والفجوة بين الجنسين (مقيسة بمؤشر عدم المساواة بين الجنسين لبرنامج الأمم المتحدة الإنمائي)، والضغوط الديموغرافية (مقيسة بنسبة الزيادة المتوقعة في عدد السكان بحلول عام 2050)، وندرة الأراضي (مقيسة بمقدار نصيب الفرد من الأراضي المحصولية المرئية من الفضاء والمبلغ عنها في بيانات الغطاء الأرضي لمقياس موديس، وكذلك بنصيب الفرد من الأراضي العشبية التي يمكن تحويلها إلى الزراعة البعلية). ويعرض الجدول 5أ-1 القيم القُطْرية لهذه المؤشرات.

الجدول 5أ-1 مؤشرات مختارة، منطقة الشرق الأوسط وشمال أفريقيا

البلد/الاقتصاد	نصيب الفرد من إجمالي الناتج المحلي (دولار)	جودة إدارة الأراضي	مؤشر عدم المساواة بين الجنسين	النمو السكاني المتوقع بحلول عام 2050 (%)	نصيب الفرد من الأراضي المحصولية (بالهكتار)	نصيب الفرد من الأراضي غير المزروعة الصالحة للزراعة البعلية (بالهكتار)
الجزائر	4154	7.5	0.443	32.5	0.145	0.047
البحرين	23991	19.5	0.207	37.1	0.000	0.000
جيبوتي	3142	7.0	0.421	30.8	0.000	0.000
مصر	2537	9.0	0.450	49.0	0.033	0.000
إيران	3598	16.0	0.492	11.9	0.087	0.018
العراق	5523	10.5	0.540	96.3	0.115	0.019
إسرائيل	41705	22.5	0.100	44.3	0.059	0.023
الأردن	4308	22.5	0.469	39.0	0.026	0.001
الكويت	33399	18.5	0.245	31.2	0.000	0.000
لبنان	8013	16.0	0.362	-10.1	0.029	0.011
ليبيا	7877	7.0	0.172	21.9	0.175	0.007
مالطة	30672	12.5	0.195	-3.5	0.000	0.005
المغرب	3227	17.0	0.492	23.2	0.223	0.029
عمان	16521	17.0	0.304	31.2	0.004	0.000
قطر	65908	26.0	0.202	35.2	0.000	0.000
السعودية	23337	14.0	0.224	29.8	0.011	0.000
سوريا	2378	8.5	0.547	79.8	0.219	0.025

تابع

الجدول 5 أ-1 مؤشرات مختارة، منطقة الشرق الأوسط وشمال أفريقيا (تابع)

البلد/الاقتصاد	نصيب الفرد من إجمالي الناتج المحلي (دولار)	جودة إدارة الأراضي	مؤشر عدم المساواة بين الجنسين	النمو السكاني المتوقع بحلول عام 2050 (%)	نصيب الفرد من الأراضي المحصولية (بالهكتار)	نصيب الفرد من الأراضي غير المزروعة الصالحة للزراعة البعلية (بالهكتار)
تونس	3439	13.5	0.300	16.6	0.226	0.012
الإمارات	43839	21.0	0.113	34.1	0.000	0.000
الضفة الغربية وقطاع غزة	3562	13.5	0.457	82.3	0.038	0.016
اليمن	824	7.0	0.834	59.7	0.011	0.000
المتوسط القُطْريّ لمنطقة الشرق الأوسط وشمال أفريقيا	*15807*	*14.6*	*0.360*	*36.8*	*0.067*	*0.010*
انحراف معياري	*17552*	*5.6*	*0.175*	*25.5*	*0.080*	*0.013*

المصادر: البنك الدولي، مؤشرات التنمية العالمية (قاعدة بيانات)، https://databank.worldbank.org/source/world-development-indicators؛ البنك الدولي، تقرير ممارسة أنشطة الأعمال 2004–2020 (قاعدة بيانات)، https://archive.doingbusiness.org/en/doingbusiness؛ برنامج الأمم المتحدة الإنمائي، تقارير التنمية البشرية، مؤشر عدم المساواة بين الجنسين (لوحة البيانات)، https://hdr.undp.org/en/content/gender-inequality-index-gii؛ الأمم المتحدة، إدارة الشؤون الاقتصادية والاجتماعية، آفاق التحضر في العالم لعام 2018 (لوحة البيانات)، /https://population.un.org/wup؛ نوع الغطاء الأرضي (MCD12Q1) لمقياس موديس الإصدار 6، /https://lpdaac.usgs.gov/products/mcd12q1v006؛ منظمة الأغذية والزراعة، https://gaez.fao.org، GAEZ-FAO V4.0.

ملحوظة: نصيب الفرد من إجمالي الناتج المحلي في 2018 بالقيمة الحالية للدولار الأمريكي. وفي ظل غياب بيانات عن سوريا منذ عام 2007، يستخدم نصيب الفرد الاسمي من إجمالي الناتج المحلي السوري لعام 2007 الذي تم تحويله إلى الدولار الأمريكي في عام 2018. وفي مجموعة بيانات ممارسة أنشطة الأعمال لعام 2020، سجلت ليبيا "لا توجد ممارسة" لجودة إدارة الأراضي. وأعيد بناء درجة ليبيا من خلال إعطائها تقديرا قدره 7 نقاط، وهو ما يماثل أدنى درجة في العينة تعادل تلك التي سجلتها جيبوتي أو اليمن. ونظراً لعدم وجود قيمة لمؤشر عدم المساواة بين الجنسين لعام 2020 في الضفة الغربية وقطاع غزة، فقد أعيد بناؤه بتطبيق المنهجية المبينة في الملاحظات الفنية المرفقة بتقرير التنمية البشرية لعام 2020، باستخدام البيانات الأولية الواردة في الجدول الإحصائي المرفق 5 من تقرير التنمية البشرية، وتمثل نسبة المرأة في البرلمان 12.9%. كما أعيد بناء مؤشر قيمة عدم المساواة بين الجنسين في جيبوتي باستخدام معدل إتمام التعليم الإعدادي حسب النوع الاجتماعي لعام 2006 – وهو العام الوحيد الذي تتوافر عنه هذه البيانات – بدلاً من النسبة المئوية للسكان الحاصلين على بعض التعليم الثانوي على الأقل حسب النوع الاجتماعي، وهو ما يستخدم في حساب المؤشر الخاص بالبلدان الأخرى ولكنه غير متاح لجيبوتي لأي عام. ويرد وصف لتقدير نصيب الفرد من الأراضي المحصولية ونصيب الفرد من الأراضي غير المزروعة المناسبة للزراعة البعلية في المرفق 1أ.

وتم الحصول على تصنيف لبلدان المنطقة بناءً على هذه المؤشرات من خلال إجراء تحليل المكونات الرئيسية باستخدام البيانات الواردة في الجدول 5أ1-. وأدى التحليل إلى اختيار مكونين يمثلان 70% من التباين في البيانات.[22] أجري دوران فاريماكس لتسهيل تفسير المكونات، ويعرض الجدول 5أ-2 "أحمال" المكونين اللذين أجري لهما الدوران على المتغيرات الستة. ومع إبقاء قيم التحميل فوق 0.3 للتفسير، يظهر تفسير واضح لكل مكون. ومن خلال التحميل السلبي لنصيب الفرد من إجمالي الناتج المحلي وجودة إدارة الأراضي والتحميل الإيجابي لمؤشر عدم المساواة بين الجنسين، يميز المكون 1 بين البلدان الأفقر التي تعاني من ضعف الحوكمة والبلدان الأكثر ثراء التي تتمتع بحوكمة أقوى. ومن ثم، يمكن من خلال التحميل الإيجابي للنمو السكاني المتوقع تفسير المكون 1 بأنه يقيس ضعف الحوكمة والضغوط الديموغرافية. وفي ضوء الحمولات الإيجابية القوية بالنسبة لنصيب الفرد من الأراضي المحصولية ونصيب الفرد من الأراضي غير المزروعة المناسبة للزراعة البعلية، يقيس المكون 2 بوضوح توافر الأراضي الزراعية - وهو مقياس عكسي لندرة الأراضي. ويعرض الشكل 5-1، الوارد آنفاً في هذا الفصل، رسماً لدرجات البلدان على هذين المكونين ويشكل أساس التصنيف القُطْريّ.[23]

الجدول 5أ-2 حمولات المكونات

المؤشر	المكون 1 "ضعف الحوكمة والضغوط الديموغرافية"	المكون 2 "توفر الأراضي للزراعة البعلية"	نسبة التباينات غير المبررة
نصيب الفرد من إجمالي الناتج المحلي	**−.501**	−.161	.22
جودة إدارة الأراضي	**−.477**	−.087	.37
مؤشر عدم المساواة بين الجنسين	**.595**	−.085	.21
النمو السكاني المتوقع بحلول عام 2050	**.409**	−.175	.65
نصيب الفرد من الأراضي المحصولية	.024	**.683**	.15
نصيب الفرد من الأراضي غير المزروعة المناسبة للزراعة البعلية	−.024	**.680**	.22

المصدر: البنك الدولي. انظر الجدول 5 أ-1 للاطلاع على مصادر البيانات.

ملحوظة: يتم عرض الحمولات التي تزيد قيمتها على 0.3 بالقيمة المطلقة بالخط الغامق وتستخدم لتفسير المكونات.

ملحوظات

1. البنك الدولي، تقرير ممارسة أنشطة الأعمال 2004–2020 (قاعدة بيانات)، https://archive.doingbusiness.org/en/doingbusiness؛ برنامج الأمم المتحدة الإنمائي، تقارير التنمية البشرية، مؤشر عدم المساواة بين الجنسين (لوحة بيانات)، https://hdr.undp.org/en/content/gender-inequality-index-gii؛ الأمم المتحدة، إدارة الشؤون الاقتصادية والاجتماعية، آفاق التوسع الحضري في العالم 2018 (لوحة بيانات)، https://population.un.org/wup/.

2. نوع الغطاء الأرضي لمقياس موديس (MCD12Q1) الإصدار 6، https://lpdaac.usgs.gov/products/mcd12q1v006/؛ منظمة الأغذية والزراعة، منهجية الفاو الخاصة بالمناطق الإيكولوجية الزراعية في العالم (GAEZ) V4.0، https://gaez.fao.org/. انظر المرفق 1أ للاطلاع على إيضاحات عن كيفية قياس الأراضي المتبقية المناسبة للزراعة.

3. تم تسجيل أكثر من 800 ألف سند ملكية. وهي تغطي 13% من الأراضي المستخدمة – والبقية أرض صحراوية.

4. قرار مجلس الوزراء 2017/171/01.

5. البنك الدولي، تقرير ممارسة أنشطة الأعمال 2004–2020 (قاعدة بيانات)، https://archive.doingbusiness.org/en/doingbusiness.

6. في عام 2002، عين المغرب أيضاً هيئة واحدة مسؤولة عن التسجيل وسجل الأراضي الممسوحة ووضع الخرائط (الوكالة الوطنية للمحافظة العقارية والمسح العقاري والخرائطية). وبالمثل، وللتصدي للتوسع العمراني السريع بعد اكتشاف النفط في عام 1972، سارعت عمان في عام 1972 إلى تطوير عمليات إدارة الأراضي وإسناد المسؤولية الوحيدة عن إدارة الأراضي إلى وزارة شؤون الأراضي والبلديات (وهي الآن وزارة الإسكان والتخطيط العمراني).

7. القانون 196 لسنة 2008.

8. قانون رسوم التحسين رقم 222 لسنة 1955.

9. على الرغم من عدم النص صراحة على استصلاح الأراضي في مصر، فإنه يمثل أيضاً وسيلة لتوليد الإيرادات من خلال بيع الأراضي العامة.

10. يثير التأثير على المياه قلقاً خاصاً بسبب ارتفاع الطلب على مياه النيل وعلى المياه الجوفية (سويتسمان وكوليبالي وأديل 2015).

11. من المتوقع أن تستورد بلدان المنطقة ما يصل إلى 60-70% من غذائها بحلول عام 2050 (انظر لو موال وشميت 2018).

12. في منطقة الشرق الأوسط وشمال أفريقيا، يعد الانخفاض في توافر المياه (بسبب الزراعة بالأساس) كبيراً. وفي حين بلغ نصيب الفرد من المياه العذبة المتاحة 4000 متر مكعب في عام 1950، فمن المقدر أن ينخفض إلى 200 متر مكعب للفرد في ثلثي بلدان المنطقة بحلول 2040–2050 (أنطونيلي وتاميا 2015).

13. يتوقع لو موال وشميت (2018) أن نصف الأراضي الصالحة للزراعة في المغرب العربي ستختفي بحلول 2040–2050، وأن 70% من الاستهلاك الغذائي لبلدان المغرب العربي سيأتي في الوقت نفسه من الواردات.

14. فعلى سبيل المثال، كشفت دراسة أن واردات مصر السنوية البالغة 8.3 ملايين طن من القمح أسهمت في "توفير" 1.3 مليون هكتار من الأراضي و7.5 مليارات متر مكعب من مياه الري خلال الفترة 2000–2012.

15. يفقد نحو ثلث إجمالي الأغذية المنتجة في منطقة الشرق الأدنى وشمال أفريقيا (التي تشمل السودان وموريتانيا) أو يهدر سنوياً (الفاو 2017).

16. عن طريق، على سبيل المثال، تحديث مرافق تخزين الحبوب أو سلاسل التبريد للمنتجات القابلة للتلف.

17. انخرطت السعودية في إنتاج القمح على نطاق واسع لخدمة هدفها المتمثل في تحقيق الاكتفاء الذاتي وتنويع إيراداتها من النفط عن طريق تصدير القمح (وهي إستراتيجية اتبعت في تسعينيات القرن الماضي عندما كانت أسعار النفط منخفضة). وقد نظم هذا الإنتاج بمعرفة وكالة حكومية حتى عام 2016. وفي عام 2008، وبعد عشر سنوات من الزيادات في أسعار النفط، عكست البلاد سياستها بحظر الإنتاج تدريجياً للحفاظ على المياه. ودعا الحظر، الذي صاحبه تعويض للمزارعين الممولين من عائدات النفط، إلى الإلغاء التدريجي للإنتاج المحلي للقمح بحلول عام 2016؛ إلغاء تعريفة الواردات على الحبوب والأعلاف الحيوانية ودقيق القمح؛ وخفض التعريفة العامة على المواد الغذائية من 75% إلى 5% (نابولي وآخرون 2016).

18. انظر على وجه الخصوص مبادئ الاستثمار الزراعي المسؤول التي تحترم الحقوق وسبل كسب العيش والموارد (الفاو وآخرون 2010)؛ والمبادئ التوجيهية الطوعية بشأن الحوكمة المسؤولة لحيازة الأراضي ومصائد الأسماك والغابات في سياق الأمن الغذائي الوطني (الفاو 2012)؛ ومبادئ الاستثمار المسؤول في الزراعة والنظم الغذائية (الفاو 2014).

19. بدأ استصلاح الأراضي في مصر في ثلاثينيات القرن الماضي. وأدى استصلاح الأراضي في شبه جزيرة سيناء خلال الثمانينيات والتسعينيات إلى تحويل مسار المياه من النيل، مما أدى إلى تقليل المياه المتاحة للمزارعين في دلتا النيل (فيشيلنس 2002).

20. للتشجيع على دمج الملكيات الصغيرة للأراضي، تمول الحكومة الدراسات الضرورية، بما في ذلك تصميم دمج الملكيات الصغيرة، وكذلك تسوية الأراضي والبنية التحتية مثل الطرق وشبكات الري.

21. القانون رقم 34 لسنة 1978، الذي اعتبرته المحكمة الدستورية العليا غير دستوري في عام 1993.

22. المكونات هي مزيج خطي من المتغيرات (في هذه الحالة المؤشرات الستة الواردة في الجدول 5 أ-1)، والتي يتم اختيارها على النحو الأمثل لتفسير أقصى تباين في البيانات.

23. لقد أجريت اختبارات التحقق من الدقة عن طريق إجراء تحليلات للمكونات الرئيسية مع متغيرات أخرى مرتبطة باختيار المتغيرات (باستخدام درجة حقوق الملكية لمؤشر برتلسمان للتحول بدلا من درجة مؤشر جودة إدارة الأراضي لتقرير ممارسة أنشطة الأعمال). وأسفرت هذه العملية عن نتائج مماثلة للغاية من حيث تفسير المكونات ومجموعات البلدان.

المراجع

Abdelkader, A., A. Elshorbagy, M. Tuninetti, F. Laio, L. F. G. G. M. Ridolfi, H. Fahmy, and A. Y. Hoekstra. 2018. "National Water, Food, and Trade Modeling Framework: The Case of Egypt." *Science of the Total Environment* 639: 485–96.

Abdollahzadeh, G., K. Kalantari, A. Sharifzadeh, and A. Sehat. 2012. "Farmland Fragmentation and Consolidation Issues in Iran: An Investigation from Landholder's Viewpoint." *Journal of Agricultural Science and Technology* 14 (7): 1441–1452.

Abubakar, I. R., and U. L. Dano. 2020. "Sustainable Urban Planning Strategies for Mitigating Climate Change in Saudi Arabia." *Environment, Development and Sustainability* 22 (6): 5129–52.

Al Naber, M., and F. Molle. 2016. "The Politics of Accessing Desert Land in Jordan." *Land Use Policy* 59: 492–503.

Antonelli, M., and S. Tamea. 2015. "Food-Water Security and Virtual Water Trade in the Middle East and North Africa." *International Journal of Water Resources Development* 31 (3): 326–42.

Arezki, M. R., M. C. Bogmans, and M. H. Selod. 2018. "The Globalization of Farmland: Theory and Empirical Evidence." Policy Research Working Paper 8456, World Bank, Washington, DC.

CEDAW (Committee on the Elimination of Discrimination against Women). 2017. "Concluding Observations on the Sixth Periodic Report of Jordan." Office of the United Nations High Commissioner on Human Rights, Geneva. https://www.refworld.org/docid/596f495b4.html.

COHRE (Centre on Housing Rights and Evictions). 2006. "In Search of Equality: A Survey of Law and Practice Related to Women's Inheritance Rights in the Middle East and North Africa (MENA) Region." COHRE, Geneva.

ECWR (Egyptian Center for Women's Rights). 2017. "ECWR Welcomes the Amendment of the Inheritance Law." November 27, 2017. http://ecwronline.org/?p=7509.

El Kirat el Allame, Y. 2020. "Gender Matters: Women as Actors of Change and Sustainable Development in Morocco." In *Women's Grassroots Mobilization in the MENA Region Post-2011*, edited by K. P. Norman. Baker Institute for Public Policy, Rice University, Houston, TX.

Euro-Mediterranean Women's Foundation. 2018. *Report of the Committee on Personal Freedoms and Equality*. Barcelona: Committee on Personal Freedoms and Equality (Colibe).

FAO (Food and Agriculture Organization). 2012. *Voluntary Guidelines on the Responsible Governance of Tenure of Land, Fisheries and Forests in the Context of National Food Security*. Rome: FAO.

FAO (Food and Agriculture Organization). 2014. *Principles for Responsible Investment in Agriculture and Food Systems*. Rome: FAO.

FAO (Food and Agriculture Organization). 2017. *Near East and North Africa Regional Overview of Food Insecurity 2016*. Cairo: FAO.

FAO (Food and Agriculture Organization), IFAD (International Fund for Agricultural Development), UNCTAD (United Nations Conference on Trade and Development), and World Bank Group. 2010. *Principles for Responsible Agricultural Investment that Respects Rights, Livelihoods, and Resources*. Washington, DC: World Bank.

Jägerskog, A., and K. Kim. 2016. "Land Acquisition: A Means to Mitigate Water Scarcity and Reduce Conflict?" *Hydrological Sciences Journal* 61 (7): 1338–45.

Le Mouël, C., and B. Schmitt, eds. 2018. *Food Dependency in the Middle East and North Africa Region: Retrospective Analysis and Projections to 2050.* New York: Springer.

Naciri, R. 2020. "The Moroccan Soulalyat Movement: A Story of Exclusion and Empowerment." In *Women's Grassroots Mobilization in the MENA Region Post-2011*, edited by K. P. Norman. Baker Institute for Public Policy, Rice University, Houston, TX.

Napoli, C., B. Wise, D. Wogan, and L. Yaseen. 2016. "Policy Options for Reducing Water for Agriculture in Saudi Arabia." KASPARC Discussion Paper KS-1630-DP024A, King Abdullah Petroleum Studies and Research Center, Riyadh, Saudi Arabia.

OECD (Organisation for Economic Co-operation and Development). No date. "Public-Private Partnerships in the Middle East and North Africa: A Handbook for Policy Makers." OECD, Paris.

OECD (Organisation for Economic Co-operation and Development), ILO (International Labour Organization), and CAWTAR (Centre of Arab Women for Training and Research). 2020. *Changing Laws and Breaking Barriers for Women's Economic Empowerment in Egypt, Jordan, Morocco and Tunisia.* Paris: OECD Publishing. https://doi.org/10.1787/ac780735-en.

OHCHR (Office of the High Commissioner for Human Rights) and UN Women. 2013. *Realizing Women's Rights to Land and Other Productive Resources.* New York: United Nations.

Shetty, S. 2006. Water, *Food Security and Agricultural Policy in the Middle East and North Africa Region.* Washington, DC: World Bank.

Switzman, H., P. Coulibaly, and Z. Adeel. 2015. "Modeling the Impacts of Dryland Agricultural Reclamation on Groundwater Resources in Northern Egypt Using Sparse Data." *Journal of Hydrology* 520: 420–38.

Tanner, V. 2020. "Developing Alternatives. Strengthening Women's Control over Land: Inheritance Reform in Tunisia." DAI, Bethesda, MD. https://dai-global-developments.com/articles/strengthening-womens-control-over-land-inheritance-reform-in-tunisia.

USAID (US Agency for International Development). 2018. "USAID Country Profile—Property Rights and Resource Governance—Jordan." https://www.land-links.org/wp-content/uploads/2018/06/USAID_Land_Tenure_Profile_Jordan.pdf.

Varis, O., and K. Abu-Zeid. 2009. "Socio-economic and Environmental Aspects of Water Management in the 21st Century: Trends, Challenges and Prospects for the MENA Region." *International Journal of Water Resources Development* 25 (3): 507–22.

Wichelns, D. 2002. "An Economic Perspective on the Potential Gains from Improvements in Irrigation Water Management." *Agricultural Water Management* 52 (3): 233–48.

World Bank. 2006a. *Egypt Public Land Management Strategy. Volume I: Policy Note.* Washington, DC: World Bank.

World Bank. 2006b. *Egypt Public Land Management Strategy. Volume II: Background Notes on Access to Public Land by Investment Sector: Industry, Tourism, Agriculture and Real Estate Development.* Washington, DC: World Bank.

World Bank. 2018. "Jordan Housing Sector Review." World Bank, Washington, DC.

World Bank. Forthcoming. *Economics of Water Scarcity in MENA: Institutional Solutions.* Washington, DC: World Bank.

الخاتمة وأولويات الإصلاح

في منطقة الشرق الأوسط وشمال أفريقيا، تعاني الأراضي، وهي من الأصول الاقتصادية الرئيسية، من الندرة ومن ضغوط تزايد أعداد السكان والتوسع الحضري وآثار تغير المناخ والصراعات. ولا يحول ضعف حوكمة الأراضي دون كفاءة استخدام الأراضي فحسب، بل إنه أيضاً مكلف ويضعف الاقتصاد. وفضلاً عن ذلك، فإنه يحول دون اتخاذ القرارات الإستراتيجية بشأن المفاضلات اللازمة لضمان الاستخدام المستدام للأراضي مع الاستجابة في الوقت نفسه لاحتياجات السكان مثل الإسكان والأمن الغذائي. وتتجلى التفاوتات الاقتصادية والاجتماعية الحالية في استمرار الصعوبات التي تواجهها النساء والفئات الضعيفة في الحصول على الأراضي.

وتتمثل إحدى أولويات التدخل تحديث إدارة الأراضي، بما في ذلك من خلال الرقمنة وتحسين شفافية المعلومات المتعلقة بالأراضي. وتعد التكنولوجيا مهمة نظراً لنطاق التحول الرقمي في المنطقة والفرص التي تتيحها التكنولوجيا للحلول الفعالة من حيث التكلفة، وتوليد البيانات وتبادلها، وتقديم الخدمات، والشفافية، وكلها عوامل تفتقر إليها المنطقة بشدة. وفضلاً عن ذلك، بينما تنظر حكومات المنطقة في التكنولوجيات الجديدة، مثل تطبيقات المدينة الذكية وإنترنت الأشياء، لتزويد مواطنيها والشركات بخدمات وبنية تحتية أفضل، سيتعين عليها أن تضع في اعتبارها أن المعلومات الجغرافية المكانية الدقيقة والموثوقة ستكون حجر الزاوية لنجاح أي مبادرة. وستساعد السجلات النصية والسجلات المساحية الكاملة للأراضي، وكذلك الأطر القانونية والمؤسسية الشاملة التي تعزز أمن الحيازة، المسؤولين الحكوميين وأصحاب المصلحة الرئيسيين على اتخاذ قرارات مستنيرة بشأن مبادرات المدينة الذكية مثل إنشاء مراكز للابتكار في أنشطة الأعمال أو ممرات النقل الخضراء، مع ضمان حماية حقوق مالكي الأراضي والعقارات. ولكن إذا لم تتم معالجة تحديات انعدام أمن حيازة الأراضي، فإن القدرة على توليد المعلومات الجغرافية المكانية الأساسية اللازمة لمبادرات المدن الذكية وتحقيق المنفعة للمواطنين ومؤسسات الأعمال في أنحاء منطقة الشرق الأوسط وشمال أفريقيا ستكون محدودة للغاية.

ولا تقتصر الإصلاحات اللازمة في قطاع الأراضي على إدارة الأراضي وحوكمتها. بل ينبغي أن تشمل أيضاً القضايا المحيطة بالاستدامة، والاستخدام الإستراتيجي لأصول الأراضي، وإمكانية حصول الفئات الأولى بالرعاية على الأراضي. ولكل هذه التدخلات على صعيد السياسات آثار توزيعية إلى حد ما، تسفر عن رابحين وخاسرين محتملين. وفي بعض الأحيان، فإن الجهات المعارضة للإصلاحات في قطاع الأراضي هي المؤسسات نفسها، خوفا من فقدان سلطتها ونفوذها (بما في ذلك، في بعض الحالات، فقدان فرص الحصول على الريع، وكذلك احتمال فقدان فرص العمل). وفي الوقت نفسه، كشفت البحوث أن المصالح المكتسبة يمكن أن تحول دون إجراء الإصلاحات وأن الأنظمة السياسية هي العامل المحرك لنوع الإصلاحات المنفذة. وعلى هذا المنوال، وجد الباحثون الذين يحققون في أكثر من 300 إصلاح للأراضي منذ عام 1900 أن الديمقراطيات تفضّل في العادة إصلاحات الأراضي الموجهة لصالح الفقراء والحد من عدم المساواة (بهاتاشاريا وميترا وألوباش أوغلو 2019). ومع ذلك، يمكن للحكومات أن تجد صعوبة في إجراء إصلاحات في الأراضي تهدد مصالح النخب. وفي الواقع، وجدت دراسة عالمية أخرى

لإصلاحات الأراضي أنه منذ عام 1945 كان من المرجح أن يؤدي نزع ملكية الدولة لممتلكات النخب الغائبة إلى تعجيل فشل النظام (هارتنيت 2018). وحتى الإصلاحات الأقل دراماتيكية تظل قيد المناقشة إلى أجل غير مسمى ولا تصدق عليها السلطات.

غير أن تحديث إدارة الأراضي ليس كافيا. وتتمثل الحاجة الملحة في معالجة فجوة البيانات من أجل تحسين حوكمة الأراضي. وهناك حاجة أيضاً إلى بيانات عن الأراضي من أجل تعزيز القدرة على الصمود في وجه الصدمات (الاقتصادية والطبيعية والصحية والمتعلقة بالصراعات) ولتسهيل التعافي بعد انتهاء الصراعات مثل تلبية احتياجات اللاجئين في مجالات الإسكان والأراضي وحقوق الملكية.

وقد أدت أزمات الصحة العامة الأخيرة والصراعات العنيفة إلى تفاقم مواطن الضعف الناجمة عن ضعف حقوق الأراضي. كما أن الآثار غير المتناسبة على النساء والفئات الأولى بالرعاية التي تتجسد في شكل مصاعب اقتصادية، وكذلك انعدام أمن الحيازة على نحو أكثر حدة، تجعل إدماجهم في قطاع الأراضي أكثر إلحاحا. وقد سلطت هذه الآثار الضوء أيضاً على الدور الذي يمكن أن يلعبه قطاع الأراضي في التعافي لأن الاستفادة من الأراضي يمكن أن تتيح فرصة لتحقيق إيرادات في سياق ضيق الحيز المتاح في المالية العامة.

وأخيراً، يضع التقرير في الصدارة ضرورة أن تفكر بلدان المنطقة في الأراضي على نحو أكثر شمولية، وأن تعيد تقييم المفاضلات الإستراتيجية التي تنطوي على الأراضي، مع الحد من تشوهات الأراضي. وتبرز أربعة دروس رئيسية. أولاً، يجب أن يكون نطاق سياسات الأراضي شاملاً، وليس قطاعياً فقط، وأن يراعي مبادئ السوق والاعتبارات الاقتصادية والمتعلقة بالاستدامة. ثانياً، لا يمكن تفادي المفاضلات بين قضايا استقلالية الغذاء والكفاءة الاقتصادية والعدالة الاجتماعية والاستدامة، لكن ينبغي النظر فيها على نحو سليم عند تصميم سياسات وإستراتيجيات الأراضي في ظل السياق المتطور لتغير المناخ والنمو السكاني والتحديات العديدة التي تواجهها اقتصادات المنطقة (مثل البطالة وعدم المساواة بين الجنسين وعدم المساواة الاقتصادية وتقادم نموذج ريع الموارد). ثالثاً، على الرغم من أن استخدام الأراضي للوفاء بالعقد الاجتماعي قد تكون له أهداف اجتماعية جديرة بالثناء، فقد أدى إلى عدم كفاءة استخدام الأراضي ويبدو أنه ثاني أفضل نهج يفتقر إلى الكفاءة (وغير مُرضٍ) لمعالجة المشاكل الأكثر أهمية المتمثلة في عدم إعادة التوزيع الاقتصادي والشمول الاقتصادي. وأخيراً، على الرغم من أن التقدم في حوكمة الأراضي لا يمكن إنكاره في بعض البلدان وفي بعض جوانب قطاع الأراضي، هناك حاجة إلى وضع مسارات واضحة للإصلاح وإستراتيجيات لإزالة العقبات التي حالت باستمرار دون الإصلاح.

المراجع

Bhattacharya, P. S., D. Mitra, and M. A. Ulubaşoğlu. 2019. "The Political Economy of Land Reform Enactments: New Cross-National Evidence (1900–2010)." *Journal of Development Economics* 139: 50–68.

Hartnett, A. S. 2018. "Land Reform and Regime Survival in the Middle East and North Africa." Draft prepared for AALIMS-Princeton Conference on the Political Economy of the Muslim World, Princeton University, Princeton, NJ. https://aalims.org/uploads/Hartnett_Land%20Reform%20and%20Regime%20Survival%20in%20MENA_Aalims.pdf.

المراجعة البيئية

بيان المنافع البيئية

تلتزم مجموعة البنك الدولي بالحد من آثارها على البيئة. ودعماً لهذا الالتزام، نستغل خيارات النشر الإلكتروني وتكنولوجيا الطبع عند الطلب، والموجودة في مراكز إقليمية حول العالم. وتتيح هذه المبادرات معاً تقليل مرات الطباعة وتقليص مسافات الشحن، بما يؤدي إلى الحد من استهلاك الورق، واستخدام الكيماويات، وانبعاثات الغازات المسببة للاحتباس الحراري، والنفايات. وتُطبع تقاريرنا على أوراق معتمدة من مجلس رعاية الغابات، بحد أدنى يبلغ 10% من المحتوى المعاد تدويره. أما الألياف المستخدمة في ورق كتابنا فهي إما غير مبيضة أو مبيضة باستخدام عمليات خالية تماما من الكلور، أو خالية من الكلور المعالج، أو خالية من الكلور العنصري المحسن. ويمكن الرجوع إلى الموقع التالي للاطلاع على مزيد من المعلومات عن فلسفة البنك البيئية. http://www.worldbank.org/corporateresponsibility